Kleine Herren

Carl von Siemens

Kleine Herren

Ein Deutscher in Oxford

Scherz

www.fischerverlage.de

Erschienen bei Scherz, einem Verlag
der S. Fischer Verlag GmbH, Frankfurt am Main

Satz: Pinkuin Satz und Datentechnik, Berlin
Druck und Bindung: Bercker, Graphischer Betrieb GmbH, Kevelaer
Printed in Germany

ISBN 978-3-502-15159-3

BENNETT:
Ah, but what Lenin wholly failed to see was,
I shall be *the ruling class.*

JUDD:
Oh, yes? Grovelling about to kings and queens,
walking backwards and kissing hands!
Lenin understood all right!
You're utterly imbued with the spirit of servility.

BENNETT:
You mean – he wouldn't have liked me?

JUDD:
No.

Julian Mitchell, »Another Country«

I. Michaelmas

»Hemden gibt's in der Jermyn Street, Anzüge in der Savile Row. Alles sehr vornehm, sehr *posh*, aber als armer Student gehst du besser zu Hackett's. Hier an der Ecke gibt's den Burberry, doch für euch junge Leute ist der ja angeblich zu altmodisch – hab ich mir auf jeden Fall sagen lassen, ich versteh davon ja nichts. Ihr habt jetzt alle eure Barbourjacken und anderes verrücktes Zeug!«

An diesem sechsten Oktobertag des Jahres 1987 stand kein Wölkchen an dem strahlenden Herbsthimmel, als Rupert Fillinghausen seinen Patensohn Daniel in einem steifen Kanter durch die Geschäfte der Londoner Stadtteile Piccadilly und Mayfair führte. In der Luft lag der Geruch des Hyde Parks mit seinen Wiesen und weißen Bänken, den Pferden und dem Gelächter arabischer Familien. Im Revers seines Nadelstreifenanzugs steckte eine Klatschmohnblüte aus Papier, der *poppy*, die ihn, den deutschen Bankier, als Zuwender des Wohlfahrtsverbands der britischen Armee auswies. Anstelle eines Mantels trug er einen Regenschirm; der glänzende Griff aus Kirschholz mit seinem Gummiring und dem Hoflieferantensiegel des Herstellers Swayne Adenay Brigg and Sons Limited drehte sich in seiner Hand.

»Frack und Cut leihe dir bei Moss Brothers, den Smoking auch, wenn du selber keinen hast. Sag bloß nicht ›Kött‹, in England heißt das *morning coat*. Gehst du auf Hochzeiten? Ach was, du bist noch jung, amüsier dich – stoß dir erst einmal die Hörner ab. Aber was auch immer du tust – achte auf die Schuhe.

Man erkennt einen Herrn immer an seinen Schuhen. Churchs macht ganz anständige, aber ich finde die viel zu teuer, eine richtige Apotheke sind die. Ich persönlich mag ja die von Alden am liebsten, aber die gibt's nur in Boston und New York. *No brown after six*, auch wenn du auf dem Land bist, obwohl dort«, zähmte er einen Schauder, der seinen Körper durchlief, »die Säfte etwas freier fließen dürfen. Bist du schon aufs Land eingeladen worden? Nein? Sieh zu, dass du dir eine Einladung in eines der großen Häuser verschaffst. Wenn dich die Engländer einmal ins Herz geschlossen haben, dann bist du da drin. Betrinke dich auf jeden Fall, sonst bist du kein *good sport*, aber trinke immer ein Glas weniger als der Gastgeber. Schlafe niemals mit seiner Frau – es sei denn, er bittet dich darum. Wenn du sprichst, dann niemals mehr als anderthalb Sätze am Stück – sonst langweilst du die Leute. Erzähl auf keinen Fall irgendwelche Witze – wir Deutschen können das nicht. Wenn du fluchen musst, dann fluche – aber benutze dabei Sexual- und keine Fäkalsprache. Und zieh dir bloß keine Wanderschuhe an, sonst bist du gleich wieder draußen. Schießt du? Nicht einmal auf Tontauben? Meinetwegen; wenn's trotzdem über den Acker geht, dann immer nur in Gummistiefeln. Ich glaube nicht an Hunter – irgendeine von diesen dämlichen Royals hat sie getragen; als Hanseat bin ich Republikaner. Am besten, du besorgst dir welche ohne Logo. Helfen dir deine Eltern? Brauchst du Geld? Hast du irgendwelche Wechsel unterschrieben? Schnupfst du? Bei dir mache ich mir überhaupt keine Illusionen mehr. Es wird ein schlimmes Ende mit dir nehmen, du warst in der Schule viel zu brav.«

»Krass«, murmelte Daniel und fuhr sich mit der linken Hand durchs Haar. Da es zur Lockenbildung neigte, hatte er es mit Pomade aus der Stirn über den Schädel nach hinten gestrichen. Die Oberlippe seines dicken, ein wenig empfindsamen Mundes zitterte. Beinahe wäre er gestolpert und mit der ganzen Visage der Länge nach aufs Pflaster geschlagen, vor den holzgerahmten Auslagen mit Rasierpinseln, Schrotflinten und alten Meistern. Doch schon hatte er sich wieder aufgerappelt und stolzierte seinem Patenonkel hinterher, in einer Bomberjacke mit Lammfellkragen und in Jeans, die sich nach unten, zu den weißen Strümpfen in seinen Docksiders hin verjüngten. Er hatte beide Arme vom Körper abgespreizt, die Handflächen nach hinten gedreht, und schob seine Zunge von einer Backe in die andere. Wart nur ab, Freundchen!, schien er zu sagen, dir werd ich es aber noch zeigen!

»Hat man dir denn nicht gesagt, was du in Oxford brauchst?« Rupert Fillinghausen verlangsamte seinen Schritt und schielte über die Schulter nach seinem Patensohn, eine Augenbraue nach oben gezogen.

»Eine Daunendecke. Drei Bettlaken. Drei Kopfkissenbezüge. Drei Handtücher. Und drei Badetücher. Natürlich alle mit Namensschildern versehen. Einen Wasserkocher. Geschirr und Besteck. Und Poster!«

Mit einem Pfeifen entwich die Luft aus der nadelbestreiften Brust. »Gut, das ist wenigstens billig. Komm, lass uns einen trinken gehen.«

Mit frischem Elan stürmte Rupert Fillinghausen auf ein Public House zu, dessen lackierte Holzfassade sich unter herabhängenden Geranien verbarg; als er nach der Tür griff, schielte er wieder über seine Schulter und hob den Zeigefinger. »Weißt du, was der alte Voltaire gesagt hat? England ist wie eine Kokosnuss – seine Werte gedeihen überall, wenn man ihnen nur das geeignete Klima bietet.«

Im Iron Duke roch es nach Teppich und Bier. Gedämpftes Licht fiel auf dunkles Holz und spiegelte sich in den Zapfhähnen, hinter denen sich der spanische Kellner Paella-Reste von den Fingern schleckte. Auf dem Bildschirm des Fernsehers über ihrem Kopf marschierten britische Musikkorps zu den Melodien von Georg Friedrich Händel im Trommelwirbel über die Sägespäne der Westfalenhalle. Es gab ohrenbetäubende Dudelsäcke und Hörner und rote Röcke und Bärenfellmützen und Kilts. Schulterstücke, Messingknöpfe und die Uniform eines zweitrangigen Mitgliedes des Königshauses gleißten im Scheinwerferlicht. Daneben thronte die massige Gestalt des Oberkommandierenden der Rheinarmee mit zitterndem Backenbart in der Loge, den Feldherrenstab in der Hand. Um sie herum saßen sozialdemokratische Zivilisten, unschlüssig darüber, ob sie sich in ihren Sitzschalen aufrichten oder demonstrativ entspannen sollten. Die Regimenter fächerten aus, machten an den Banden kehrt und marschierten hinter dem Stock des Tambourmajors her erneut aufeinander zu, um miteinander zu verschmelzen und, noch einmal, auszufächern in Rauten, Rhomben und Quadrate, deren Teilchen in ständiger Bewegung waren und dennoch immer die gleiche Ordnung beibehielten.

»Und – nervös?«

»Ich? Nein, nein, nein. Ach wo!«

»Junge, das wird schon. – Was studierst du noch mal?«

»PPE. Philosophie. Politologie. Und *Economics* – Ökonomie.«

»Donnerwetter. Alles zusammen?«

»Ja, aber jeweils nur zu einem Drittel.«

»Das ist praktisch, da kommt man mit. Bist du wenigstens gut untergebracht? Hast du schon eine Bude?«

»Ich wohne im College. Oxford besteht aus lauter einzelnen Colleges, in denen man lebt und lernt«, fügte er hinzu, als er in das fragende Gesicht seines Patenonkels sah, »die Universität selbst ist eigentlich nur für die Abschlussprüfungen zuständig. Und einige Colleges sind besser als andere!«

»Jetzt hab ich's kapiert: Die einen machen das so, und die anderen machen das so. Freier Wettbewerb mit denselben Regeln, das gefällt mir. *Very British indeed.* Und«, schürzte er seine Lippen, »hast du auch so ein College?«

»Natürlich. Ohne College geht gar nichts.«

»Wie heißt es denn, dein College da?«

»Trinity.«

»Klar, kenn ich!« Rupert Fillinghausen schlug mit der flachen Hand auf den Tisch. »Trinity College.« Bei der Vorstellung, dass sein Patensohn an einem so berühmten Ort studieren würde, erhellte sich sein Gesicht – auch, weil er es ein wenig mit dessen bekannteren Namensvettern in Cambridge und Dublin verwechselte.

Sein Patensohn nahm derweil einen weiteren Schluck von seinem Bier, die Wärme stieg ihm in den Kopf, und im Traum begann Oxford, vor ihm Gestalt anzunehmen: Mal reflektierten goldgeprägte Buchrücken das Feuer von Kaminen, deren gusseiserne Roste in teuflische Fratzen ausliefen, mal dienten mittelalterliche Kreuzgänge als Kulisse für wüste Togapartys, in denen die Hormone sexuell ausgehungerter Internatsschüler entfesselt nach oben kochen durften. Er träumte von wechselnden Liebschaften, die mal wie Diana Rigg, mal wie die junge Jane Birkin aussahen. In einem zweisitzigen Austin Healey würden sie über sich windende Landstraßen davonbrettern, Laborkittel überstreifen oder Nadelstreifenanzüge tragen, mit Degen in ihren Regenschirmen bulgarische Spione aufspießen, Shortbread essen, das Geheimnis der Kernfusion lüften, durch eine spektakuläre Übersetzung der Schriftrollen von Qumran die Geschichte des Christentums neu schreiben und dafür von der ewig gleichen Herzogin von Kent mit einer Einladung in ihre Loge in Wimbledon belohnt werden.

»Und?«, riss ihn sein Patenonkel aus seinen Tagträumereien. »Wann geht es denn los?«

»Morgen. Ich muss mich bis achtzehn Uhr beim Pförtner melden.«

Etwas mehr als vierundzwanzig Stunden später hatte er sich in Trinity beim Pförtner gemeldet, zwei Schlüssel in Empfang genommen und sein Zimmer bezogen. Nun hatte er bis zum Abendessen eine halbe Stunde zu überbrücken.

Für einige Augenblicke schritt er vor der Tür des Speisesaals im Durham Quad auf und ab, das den kleinsten und innersten Hof des College bildete. Er spürte die mönchischen Steinplatten unter seinen Schuhen, ihre Erhebungen und Mulden, die im Lauf der Jahrhunderte entstanden waren, und paffte dabei wie wild an seiner Zigarette; dann zertrat er sie auf dem Boden, blickte über beide Schultern und hob rasch den Stummel wieder auf, um ihn in seiner Hosentasche verschwinden zu lassen.

Über ihm, auf dem Turm der barocken Kapelle, schwenkten vier Statuen die moosbewachsenen Symbole von Geometrie, Astronomie, Theologie und Medizin. Raben saßen auf ihren Armen und schwangen sich über das Steingeländer der Aussichtsplattform empor in die Luft. Ein schweres und trauriges Krächzen erklang; ansonsten war hier keine Seele zu sehen, und er fühlte sich wie auf einem Friedhof.

Vorsichtig drückte er die Türe auf. Sie führte in einen schmalen Gang, in dem es rechts, nach einer Garderobenstange, hinab in den Bierkeller ging; gegenüber führten zwei Portale in den Speisesaal.

Dieser war zu dieser Stunde noch leer; bauchig und klein

wartete er, unter einer klassizistischen Stuckdecke in Grisaille, auf den letzten Anstrich der Restaurierung. Pseudogotische Fächerbögen unterteilten die Fenster nach draußen zum Durham Quad; auf der anderen Seite öffnete sich die Manschette eines Kamins neben dem Durchgang zur Küche. Am Kopfende rahmten Pilaster mit dorischen Kapitellen fünf Porträts ein, Bilder ziegennasiger Gesichter mit Perücken, oben begrenzt von einem Trompe-l'Œil und einem mit Wappen geschmückten Sims. Darüber hing die Fleischervisage des Collegegründers, Sir Thomas Popes, eines Selfmademans im Ozelotmantel, mit dicken Ringen an seinen Fingern; die Tafel darunter war der Leitung des College vorbehalten, dem *Governing Body*.

Im rechten Winkel zu dieser Tafel füllten Refektoriumstische den Rest des Raums. Ihr Geschirr und ihre Gläser schimmerten im Abendlicht. Das Holz der Tischplatten glänzte wie die Oberfläche eines Paares gut eingetragener Armeestiefel, das, für den Besuch eines Inspektors oder Generals, auf Hochglanz poliert worden war.

Er hatte das Gefühl zu stören und zog schnell seinen Kopf zurück. Da an der Garderobenstange keine Kleidungsstücke hingen, fragte er sich, ob nicht auch sie höheren Zwecken vorbehalten wäre. Er wog seine Bomberjacke unschlüssig in der Hand. Den beiden Portalen zum Speisesaal gegenüber gähnte ein Loch, das hinab in den Bierkeller führte. Von unten wummerte Geklingel und Geschrei die Treppe empor, das ihn noch mehr einschüchterte – und so nahm er Reißaus und rannte zurück auf sein Zimmer.

Er lief durch den Torbogen, der unter dem Turm der Kapelle vom Durham Quad in den Front Quad führte, vorbei an der Anschlagtafel. Um die Wartezeit auf das Abendessen zu verkürzen, hatte er die Aushänge intensiv studiert und aus Angst, jemand könnte ihn beobachten, so getan, als interessiere ihn jedes Detail: die Einzelheiten der Aushänge des Präsidenten und des *Senior Tutor* etwa, der für die akademischen Belange des College zuständig war; die Mitteilungen des *Domestic Bursar*, der die Verwaltung leitete und die Zimmer vergab; die Gebote des *Junior Dean*, der offenbar eine Art Disziplinarinstanz darstellte, und schließlich der Aushang des *J. C. R.* oder *Junior Common Room*, der alle *Undergraduates* bezeichnete, Studenten, die auf ihr erstes Examen hinarbeiteten.

Vor ihm tat sich eine großzügige Fläche auf, ein baumbestandener Rasen, den zwei riesige Atlaszedern dominierten. Die gesamte rechte Seite der Grünanlage wurde von einer Mauer begrenzt, hinter der sich die Zinnen des Balliol College erhoben. Hinter seinem Rücken stand neben der Kapelle der majestätische Solitär der Residenz des Collegepräsidenten und im rechten Winkel dazu, direkt gegenüber von Balliol, die von Giebeln und Erkern gegliederte Fassade des viktorianischen Jackson Building. Dort, im ersten Stock, verdeckt von einem Catalpabaum und einem Storax, befand sich sein Zimmer.

Er hatte Trinity gewählt, da ihn die Anlage nicht an die klösterliche Strenge eines typischen Oxforder College, sondern an The Old Rectory erinnerte, das Landhaus der Fillinghausens. Denn keine Mauer schützte Trinity vor den Blicken der Außenwelt; von der Straße, ihm direkt gegenüber, trennte es lediglich ein luftiges Gatter, das einen hochherrschaftlichen Einblick in den Park mit seinen Bäumen, der Auffahrt zur Kapelle und der Residenz des Präsidenten gewährte. Während des Trimesters blieb dieser Eingang verschlossen, und Studenten wie Besucher mussten sich mit einer Holztüre begnügen, die sich neben dem Pförtnerhaus befand – doch heute, an diesem besonderen Tag, stand das Tor zur Broad Street weit offen.

Es war der Tag der Anreise. Es war der erste Tag von Michaelmas, dem Herbsttrimester, der erste Tag des akademischen Jahres.

Es war Daniels erster Tag an der Universität.

Seit den Mittagsstunden war ein Auto nach dem anderen durch das offene Tor gefahren, bis sich die Wagen vor dem Gebäude des Präsidenten gedrängelt hatten und in einer Reihe auf der Einfahrt geparkt worden waren, die von der Straße zur Kapelle führte. Grüne Rover hatten neben blauen Fords gestanden, weiße Hondas neben roten Vauxhalls und schlammbespritzten Volvo Kombis. Väter in Blazern und Turnschuhen und Mütter in Röcken von Laura Ashley hatten geholfen, das Gepäck auszuladen und auf die Zimmer zu schaffen. Doch nun, kurz vor dem Abendessen, war die Auffahrt verwaist; nur ein jämmerlicher Morris Minor stand noch vor den Quergebäuden, in die Daniel zurückeilte, um seine Jacke abzulegen.

Auf der Türschwelle stieß er auf zwei Männer und eine Frau. Der ältere Mann versuchte, seine roten Pranken um den jüngeren zu legen, während dieser unter dem Gewicht einer Zimmerpflanze schwankte; er war auffallend, ja, beinahe grotesk mager. Die Frau wühlte in den Geranien am Mauervorsprung, auf der Suche nach dem Wasserkocher, der dort hineingekullert war. Schnell richtete sie sich auf, strich die Falten ihres Blümchenkleides glatt und blickte ihm mit einem Lächeln nach, als er, eine Entschuldigung murmelnd, durch die Gruppe brach und, zwei Treppenstufen auf einmal nehmend, nach oben in den ersten Stock auf sein Zimmer stürmte.

Sein Zimmer war lang und schmal. Auf einem dunkelgrünen Teppich stand links das Bett mit der Daunendecke, auf der anderen Seite ein Schrank. An den Schrank schloss sich ein Waschbecken mit Spiegel an und ein Schreibtisch, gegenüber leuchtete ein mit orangefarbenem Stoff bezogener Sessel. Oberhalb des grellen Möbelstücks war ein Regal an die Wand geschraubt, auf dem er drei Bücher an die dicke, einbändige Ausgabe des »Concise Oxford Dictionary« gelehnt hatte. Es war nur ein Bruchteil dessen, was ihm auf einer Leseliste als Lektüre vor dem Antritt seines Studiums ans Herz gelegt worden war: John Stuart Mills »Über die Freiheit«, Mary McAuleys »Politics and the Soviet Union« und Richard Lipseys »An Introduction to Positive Economics«. Keines dieser Bücher hatte er angerührt; seine Aufmerksamkeit hatte vielmehr der kleinen Handbibliothek gegolten, die ein Sammelsurium von Geschenken seiner Eltern und Geschenken der Fillinghausens darstellte; er war noch nicht dazu gekommen, sie um eigene Anschaffungen zu ergänzen. So stand George Mikes' »How to be an Alien« Seite an Seite mit Tolkiens »Der kleine Hobbit«, dem »Oxford Book of English Ghost Stories« und einer Gesamtausgabe der Theaterstücke von Oscar Wilde. Shakespeare fehlte. Doch Nancy Mitfords »Noblesse Oblige« war in die Sammlung aufgenommen worden, »Zuleika Dobson« von Max Beerbohm und zu viele Bände Fitzgerald.

Zwischen Schreibtisch und Sessel konnte er durch ein Sprossenfenster auf den Front Quad blicken. Die Fensterluken waren aus schwarzem Eisen; sie konnten aufgeklappt, mit einer Riegelkonstruktion wieder gegen den Rahmen gepresst und geschlossen werden. Hielt er eine Hand vor die Scheiben, fühlte er an seinen Fingern einen kalten Zug.

Er warf sich auf sein Bett; er stand wieder auf.

Bevor er sein Zimmer verließ, sah er noch einmal in den Spiegel. Da seine blonden Locken vom Kopf abzustehen begannen, griff er in einen Topf Pomade, verteilte diese auf den Handflächen und strich seine Haare mit einem schmatzenden

Geräusch an den Schädel. Die vorstehende Oberlippe seines dicken, ein wenig empfindsamen Mundes zitterte; dennoch deutete er mit dem Zeigefinger auf sein Abbild und warf ihm zum Abschied einen finster entschlossenen Blick aus braunen Augen zu.

Als er aus seinem Zimmer trat, hatte endgültig der Abend begonnen; die Luft war voller Wassertröpfchen und roch aromatisch nach Herbst. In den Scheinwerferkegeln des Morris schob die bullige Gestalt des Pförtners einen Flügel des Gatters zurück. Das Auto verließ das Collegegelände und bog in die Broad Street ein. Hinter ihm holperte das Tor auf einer Schiene mit einem schleifenden Geräusch zurück in sein Schloss.

Mauerwerk türmte sich in den Himmel, die Fenster des College waren dunkel. Er konnte seinen Atem sehen. Mit eingezogenen Köpfen hasteten Gestalten über die Wege zum Torbogen unter der Kapelle, alleine, aber auch zu zweit oder dritt. Trotz der Kälte trug niemand eine Jacke; wie er auch, hatten aber alle über die Kleidung ihren *gown* geworfen, der nach wie vor das formale Gewand der Studenten in Oxford war.

An die Schultern des halblangen Talares waren zwei Stoffbahnen genäht, die hinter ihren Trägern herbaumelten wie die Flügelstummel des Riesenalks, eines Vogels, der im Lauf der Evolution das Fliegen verlernt hatte. Bis zu seiner Ausrottung Mitte des 19. Jahrhunderts nistete der letzte Schwarm auf dem Eldey-Felsen in einer Schäre vor der Küste von Island. Der graue Atlantik peitschte in Schlieren über seine Klippen; das jährliche Ei zwischen den Flossen, drehten die Vögel ihre Schnäbel gen Festland, während die eiskalten Schaumkronen über sie hinweg wanderten; mit auf- und absteigenden Rudern kamen Boote über die Wellen getanzt, um sich ausgestopfte Exemplare für die

Museen von Darmstadt, Kopenhagen und London zu sichern. In den Booten saßen Fischer, die sich seit Generationen von der See ernährten; sie deuteten das Paar weißer Wülste über den Augen der Tiere als den Blick der Geister ihrer Vorfahren, die sie abstraften, wenn sie nicht mit reichem Fang nach Hause kämen.

»Jetzt mach dir mal nicht in die Hosen!«, ermutigte er sich selbst. »Die kochen hier doch auch nur mit Wasser! Lass uns lieber mal rausfinden, was uns die Engländer heute Abend für einen Kantinenfraß auftischen wollen. *English food* – damit kann's ja nicht weit her sein!«

Im Garderobengang schlossen ihn die schwarzen Talare von allen Seiten her ein. Durch die Portale hörte er Teller und Stimmen; gegenüber schwoll das Geklingel und Geschrei aus dem Bierkeller immer mehr an. Er hatte kaum Zeit, den Kopf zu drehen, als mehrere Gestalten die Treppe emporgepoltert kamen und ihn mit sich in den Speisesaal schwemmten, an das Ende des letzten freien Tisches.

Da standen sie wie die Orgelpfeifen, die meisten sogar noch jünger als er selbst, und senkten brav die Blicke. *»Hello!«*, rief er, wobei ihm sein deutscher Akzent wie Blech in den Ohren schepperte. »Mein Name ist Daniel Groß-Blotekamp!«

Mit einem Schlag endete die Unterhaltung. In den Gesichtern las er nacktes Entsetzen, so, als wäre er die SS persönlich, die von der Ladefläche eines Truppentransporters vom Typ 33 D1 der Firma Henschel & Sohn (Kassel) direkt auf den Abendbrottisch des Trinity College in Oxford sprang, in Stiefeln und Ledermantel, mit durch die Nacht huschenden Schäferhunden, Sturmgewehren und Nickelbrillen, in denen sich die Heuhaufen der Résistance spiegelten mit ihren darin versteckten englischen Piloten und die Häuser des brennenden Dünkirchen.

»Tatsächlich?«, sagte ein schlaksiger Bursche in auberginefarbenem Strickpulver, mit herunterhängender Habsburgerlippe, »meiner nicht.«

»It's Rattles to me, mate!« Über den Tisch streckte ihm ein stiernackiger Australier die Hand entgegen; er hatte die geröteten Wangen eines Cherubs und trug ein Rugbyhemd mit der Nummer Acht. Die Lider des schlaksigen Burschen mit der Habsburgerlippe zuckten. *»Are you German?«*

In diesem Moment unterbrach sie das Geräusch einer aufspringenden Tür. Zu dem Donnern, das erklang, als sich einhundertfünfzig Menschen von ihren Bänken erhoben, stürmte der magere Bursche aus dem Quergebäude in den Saal. Schlagartig brachen sämtliche Gespräche ab; es war so still geworden, dass man eine Nadel hätte fallen hören.

Mit laut auf den Steinfliesen aufschlagenden Absätzen stürmte der zu spät Kommende zwischen den Tischen hindurch, das Haupt gesenkt, während sich sein Talar hinter ihm aufbauschte, und hielt direkt auf den *High Table* zu, die festlich gedeckte Tafel am oberen Ende des Saals. Wenige Schritte davor hielt er schwankend inne und fiel dann, begleitet von einem erstaunten Raunen der Menge, auf die Knie. Eine brechende Knabenstimme erfüllte den Raum:

»Miserere nostri
te quaesumus Domine
tuisque donis
quae de tua benignitate percepturi sumus
benedicito per Iesum Christum
Dominum nostrum.
Amen.«

»Amen!«, donnerte es aus der Halle zurück. Nachdem der Student für einige Augenblicke auf den Knien verharrt hatte, erhob er sich, machte kehrt und huschte mit hochrotem Kopf zurück an einen der Tische. Dies war das Startsignal für das Collegepersonal, Servierwagen mit einem Stew aus Rindfleisch, Rosmarinkartoffeln und Erbsen aus der Küche in den Saal zu schieben. Die Räder ratterten über den Boden, als um sie herum das Getöse der Abendunterhaltung einsetzte.

»Jemand hat sich tatsächlich im Speisesaal hingekniet!« Paxman, der Bursche mit der Habsburgerlippe, hatte die Gesichter der neuen Studenten fest im Blick. »Das dürfte seit den katholischen Zeiten nicht mehr vorgekommen sein.«

»Wahrscheinlich nicht mehr seit Kardinal Newman!«, posaunte die Nummer Acht zurück. Die neuen Studenten sogen jedes Wort mit entrückten Gesichtern auf. Dabei jagte eine junge Frau eine Erbse mit dem Löffel über den Tisch, während ihr Haar, mit einem Samtband zurückgehalten, auf die Schulterpolster einer Ärmelbündchenbluse strömte; das Doggengesicht ihrer Nachbarin war vor Aufregung angelaufen, und die Rhomben ihrer asymmetrischen Ohrgehänge schimmerten, als sie von einem Sprecher zum nächsten blickte und atemlos prustete: »Geh! Geh! Geh!«

»Wahrscheinlich nicht mehr seit Kardinal Newman«, unterbrach sie ein Echo vom unteren Ende des Tisches. Für einen Augenblick wandten sich alle einem jungen Mann mit einem bleichen, sommersprossigen Gesicht und hohen, fast slawischen Wangenknochen zu, der gehässig jedes Wort wiederholte – und dabei stieg ihm das Gesagte so zu Kopf, dass dieser fast zu glühen begann.

»Wer war Kardinal Newman?«

»Wer war Kardinal Newman?«, flüsterte das Echo böse.

Bei Kardinal Newman, wurde Rattles, der diesen Namen behalten sollte, von Paxman belehrt, handele es sich um den berühmtesten Absolventen des College; im neunzehnten Jahrhundert habe dieser als einer der führenden Köpfe des *Oxford Movement* um eine Annäherung der Anglikanischen Kirche an Rom gestritten; später sei er selber zum katholischen Glauben konvertiert. Rattles entging nicht, dass die Antwort der Nummer Acht eine versteckte Spitze enthalten hatte, korrigierte sie doch die ursprüngliche These um drei ganze Jahrhunderte nach vorn. Es konnte sein, dass der Athlet Paxman nicht mochte; möglicherweise hielt er ihn für einen Streber.

»Ich wusste gar nicht, dass Hoops religiös ist.«

»Du machst Witze; der hat's erfunden.«

Paxman sprach von dem dünnen Burschen aus dem Quergebäude, der vor einigen Momenten auf die Knie gefallen war. Beide trugen statt des kurzen *gowns* der gewöhnlichen Studenten den langen Talar der Stipendiaten, der ihnen majestätisch von den Schultern floss. Er verlieh ihnen die Würde junger Professoren; zudem kam er ohne die albernen Flügelstummel am Rücken aus.

»Er wurde zum Präsidenten gebeten.«

»Zum Präsidenten«, raunte es gehässig am Tisch.

Rattles folgte ihrem Blick zum *High Table*, wo dieser Hoops gerade vor Sir Anthony Bruntons massiger Form seine Aufwartung machte. Dort nahm das Gelage seinen Lauf; zwischen den Köpfen aber erkannte er die Halbglatze von Professor Adrian Shamrack wieder, um die ein Kranz schlohweißer Haare wehte. In seinem Aufnahmegespräch hatte er Rattles gebeten, folgenden Satz zu kommentieren: »*During a bombardement the safest place is a shell hole because shells rarely fall twice into the same hole.*« Später würde Rattles nachgeschlagen haben, dass *shell* im Englischen auch das Wort für »Granate« war; damals hatte er nur an das Logo eines Mineralölkonzerns gedacht und sich gefragt, ob es angebracht sei, sich bei einem Bombenangriff in einem Bohrloch zu verstecken. Als er seine Augen geschlossen hatte, um Konzentration vorzutäuschen, war ihm ein Schwarm Jakobsmuscheln erschienen, der sich im Zwielicht über den Boden des Atlantiks bewegte; er hatte versucht, ihn in geometrischen Formen zu arrangieren wie die Affen in Kekulés Traum. Von oben hatte das Sonnenlicht in Strahlen durch das Plankton getanzt, Seepferdchen hatten in der Strömung geschwankt, und im Hintergrund hatten die Tangbüschel der Sargassosee geweht wie das Haar einer Meerjungfrau. Manchmal hatte er eine sich öffnende Schale gesehen, die in ihrem Inneren eine sanft opalisierende Perle preisgab; andere Muscheln hatten einen Strauß anemonenähnlicher Tentakel geboren, die sich in den Grund hineingefressen, ihren Panzer mit einem Ruck unter die Erde gezogen und im Wasser nichts hinterlassen hatten als ein Wölkchen Sand, das vom Golfstrom mit der nächsten Welle davongetragen worden war. Als der Professor mit seinen Unterlagen geraschelt hatte, war Rattles aus seiner Vision gerissen worden, und jener hatte ihm nicht mehr aufmunternd zugenickt, sondern betreten zu Boden geblickt. Die Aussage sei inkonsistent, hatte daraufhin Rattles mit belegter Stimme das Schweigen gebrochen, da unterschiedliche Bombenangriffe nicht logisch miteinander verbunden seien; weil die Bomben, die während eines Angriffs fielen, keine Beziehung zu den Bomben des nächsten Angriffs hätten; weil deshalb die Wahrscheinlichkeit, mit der während des ersten Angriffs eine bestimmte Bombe ein Ziel x treffe, genau dieselbe sei, mit der während des nächsten Angriffs eine Bombe an genau demselben Punkt x einschlage; dass seine Rechnung freilich nur aufgehe, wenn bei beiden Angriffen die Bomben mit derselben statistischen Verteilung herabregneten, wenn es sich also um Streubomben handle, und dass man die ganze Frage elektronischer Zielerfassung in diesem Fall am besten außer Acht lasse; dass das Argument einerseits zwar nicht stimme, dass es aber andererseits dennoch sinnvoll sei, sich während eines Bombenangriffes in einem Loch zu verstecken, da dieses zwar nicht vor herabfallenden Geschossen, aber vor umherirrenden Splittern schütze und deswegen nicht horizontale, wohl aber vertikale Deckung liefere usw. usw. –

Diesem Gespräch, durchfuhr es Rattles, verdankte er womöglich seine berufliche Zukunft! Und so, einem Impuls folgend, erhob er sich, um seinen Professor mit Handschlag zu begrüßen.

Er stapfte zwischen den Tischen hindurch, an denen die Studenten, in ihren Talaren über die Tische gebeugt, lärmend in sich hineinfutterten. Einer nach dem anderen hob den Kopf und sah, wie er zum *High Table* schwankte, beide Arme vom Körper abgespreizt, die Handflächen nach hinten gedreht, und als er den Präsidenten am Kopfende ohne Grußwort umkurvte, schob er seine Zunge von einer Backe in die andere.

Auf der Eichenholzplatte des *High Table* funkelten Burgunderweine in Dekantern. Zu dem Summen der Unterhaltung spiegelte sich das Kerzenlicht auf Tafelsilber, Schläfen, Brillen, Perlmuttknöpfen und Besteck. Dieses kam wie die Klauen eines Krabbenschwarms aus den Umhängen gefahren und kratzte nun und arbeitete auf den Tellern mit ihren bleichen Soufflés, den Pfefferkörnern und Parmesanflocken, dem Grün und Rot der offenen Feigen.

»Hallo, Professor Shamrack!«, krähte Rattles munter drauflos.

»Ah«, schreckte dieser auf und lächelte fleischig, »Oh ja. Sie sind's.«

»Wer ist denn das?«, raunte es an dem Tisch; alle Vogelaugen waren nun auf Rattles gerichtet.

»Mein Name ist Daniel Groß-Blotekamp«, erstarb seine Stimme. »Wir kennen uns von der Aufnahmeprüfung. Ich war der mit den Granaten. Eigentlich wollte ich nur ›hallo‹ sagen –«

»Hallo.«

»Mein Gott!«, donnerte Sir Anthonys Stimme vom Kopfende über den Tisch. »Wenn alle *freshmen* so bewundernswert höflich wären wie dieser junge Herr, dann würden wir hier wahrscheinlich noch bis morgen sitzen.«

Die Gesellschaft dankte ihm mit Gelächter; Rattles aber zog seine Hand wie verbrannt wieder zurück. »Ich freue mich darauf, bei Ihnen studieren zu dürfen!«, rief er. »Guten Abend!« Dann knallte er seine Absätze zusammen, machte kehrt und stiefelte zurück auf seinen Platz.

»Warum hast du das getan?«, fragte ihn Paxman.

»Ich habe Professor Shamrack schon vorher kennengelernt«, erwiderte Rattles, der durchaus nicht unzufrieden mit sich war.

»Du alter Streber!« Rattles erinnerte sich an Matthew Selwyns sommersprossiges Gesicht mit den hohen, fast slawischen Wangenknochen noch vom schriftlichen Teil der Aufnahmeprüfung her – war dessen Kugelschreiber doch, zum Entsetzen aller Prüflinge, die ganze Zeit, ohne Unterlass, in irrwitziger Geschwindigkeit über das Papier geflogen. »Du hast das mit Absicht getan, um auf dich aufmerksam zu machen.«

»Geh, wie ist es denn da oben, am *High Table*?«, streckte Tamsin ihr gerötetes Doggengesicht nach vorn; die Ohrgehänge schimmerten.

»Voll Silber!«, rief Rattles und sah, verblüfft auflachend, von einem Gesicht in das nächste. Sein Blick ruhte noch eine ganze Weile auf dem Gedeck der hohen Tafel, wo das Festessen ungestört seinen Fortgang nahm, obwohl sich der Speisesaal um sie herum bereits geleert hatte; schließlich aber erhob sich auch er und folgte, mit einigem Zögern, den anderen die Treppe hinab in den Bierkeller.

Dort war jeder Tisch bis auf den letzten Platz besetzt. Rattles drängelte sich zwischen eine Gruppe von Mods an die Bar. Mit der traumwandlerischen Sicherheit eines Faultiers hangelte sich hinter dem Tresen ein weißhaariges Ehepaar von Zapfhahn zu Zapfhahn; noch während er die Brauereiplaketten studierte, auf denen Namen standen wie »Carling Black Label«, »Strongbow«, »Tetley«, »Foster« und »Morrell's«, schob sich Jane, das Mädchen in der Ärmelbündchenbluse, überfallartig an ihn heran. »Und du – du kommst also aus Deutschland.«

Er nickte vorsichtig.

»Woher denn?«

»Aus Frankfurt.«

»Wie schön! Ich bin auch mal in Deutschland gewesen. Rate mal, wo! Ich war in Munkengladback.« Der Stolz, diesen Zungenbrecher bewältigt zu haben, war nicht zu übersehen.

»Krass! Warum ausgerechnet Mönchengladbach?«

»Mein Bruder ist dort stationiert.«

»Ah, er ist dort stationiert. In der Armee!« Rattles machte sein Lieblingsgesicht, das daraus bestand, die Brauen in die Höhe zu ziehen und dabei eine tiefe Falte zwischen den Augen erscheinen zu lassen; dazu lächelte er und zeigte seine Zähne.

»Wie gefällt es dir denn hier?«, zwitscherte sie gnadenlos fort. »Ist es nicht toll, dass alle immerzu miteinander reden? Ich habe mir schon Gedanken gemacht, dass alle Leute hier total versnobt wären, lauter schnöselige Internatskinder und so, aber das College ist in Wirklichkeit total freundlich und bodenständig. Ich hab vorher voll die Angst gehabt, dass wahrscheinlich überhaupt niemand mit mir sprechen mag.«

Rattles hatte den Kragen seines Polohemds hochgestellt und zündete sich eine neue Zigarette an; eine Locke erhob sich trotzig aus seiner Stirn. Hinter ihm klingelte Dr. Zekyls Flipper; aus der Jukebox drang »More than a feeling« und mattes Licht; daneben warfen die Mitglieder der Home Brew Gang ihre Pfeile auf eine Dartscheibe oder schossen, nach ewigem Maßnehmen, in das Dreieck der Snookerkugeln, die sich mit einem explosionsartigen Knall über den Filz verbreiteten.

»Es ist hier so toll!«, rief Jane. »Und ich dachte schon, in Trinity käme jeder aus Eton.«

»Geh, wer war hier in Eton?« Tamsin hielt ihr drittes Glas Ale in der Hand. Als sie in die Pubertät gekommen war, zwei Jahre nach dem *Winter of Discontent*, hatte die Verfilmung von Evelyn Waughs »Wiedersehen mit Brideshead« verschwenderische Bilder in den Alltag des Krämerladens ihrer Eltern in Liverpool gebracht; nun schob Hauptmann Charles Ryder, zu den Klängen einer barocken Trompete, erneut Lord Sebastian Flyte durch die tropischen Gärten von Castle Howard. »Wie schaut's denn mit dir aus, Rattles?«

»Rattles, ist das dein echter Name?«

»Nein. Das ist mein Spitzname.«

»Oh, sie haben dir bereits einen Spitznamen gegeben«, murmelte Matthew Selwyn gallig. »Das war aber böse von ihnen.«

»Warst du in England in der Schule?«, fragte Jane, in Hinblick auf seinen deutschen Akzent.

»Nein. Ich war in der Schweiz. Im Internat!«

Jane starrte ihn entsetzt an. »Also doch: in der Schweiz, im

Internat! War das nicht richtig teuer? Ich bin so enttäuscht – auf den ersten Blick dachte ich, du wärst vollkommen normal.«

»Fährst du Ski?«

»Jeden Winter.«

Auch wenn er gerne Ski fahre, versuchte sich Rattles zu retten, sei sein Lieblingssport in Wahrheit Eton Fives gewesen; durch die diesem Spiel innewohnende Absurdität habe er die englische Kultur und ihr Fairplay quasi mit der Muttermilch aufgenommen.

Jane nestelte an ihrem Kragen. Die Nummer Acht ließ den Kopf hängen, stemmte beide Fäuste in die Hüften und starrte auf einen Fleck auf dem Boden. Mit einem Krachen zermalmte Paxmans Kiefer eine Handvoll Nüsse.

Rattles stieg das Blut in den Kopf. Hastig erklärte er, dass Eton Fives von zwei Teams mit je zwei Personen gespielt werde, die mit wattierten Lederhandschuhen einen Kautschukball gegen eine Wand zu dreschen hätten; dieses Spiel, in Eton als *The Wall Game* bekannt, sei natürlich vollkommen sinnlos, doch lehre es jeden Kombattanten, dass man über sich selber hinauswachsen müsse, um zu gewinnen, und dass dazu alle dieselben Regeln zu befolgen hätten. Außerhalb des Vereinigten Königreichs werde Eton Fives an keiner Schule gespielt außer der seinen. Dort, in einem Engadiner Bergdorf, auf achtzehnhundert Metern Höhe und im Schatten des Piz Bernina, habe man weder Kosten noch Mühe gescheut, um eine Ecke der berühmten Schule nachzubauen, den Sockel eines gotischen Mauervorsprungs inklusive, und so, auf fremdem Boden, für immer ein Stückchen England geschaffen.

»Geh, du da«, lallte Tamsin, die von Rattles' Ausführungen nur die Hälfte verstanden hatte. »Warst du jetzt in Eton oder nicht?«

»Ich war auf einer Schule in der Schweiz!«, verkündete Rattles, dem bei den Blicken seiner Kommilitonen zusehends der Kamm schwoll, »aber wir haben einen Sport gemacht, der aus Eton kam. Und andere auch!« In seiner Erinnerung spielten nun weißgekleidete Jünglinge Kricket zum Rauschen eines Bergbachs; im Winter federten sie mit Skiern auf knirschendem Schnee über das Rondell, während sich die Sonne in den Gläsern ihrer Ray-Ban Aviators brach. Er hatte bereits verdrängt, dass er bei seiner Ankunft zur Begrüßung von zwei Prügelprinzen erst einmal die Treppe hinuntergeworfen worden war und dass er sich deswegen nach der Maturitätsprüfung geschworen hatte, nie wieder von seiner Zeit auf der Galeere zu sprechen.

»Dann warst du also auf dem ›Eton der Schweiz‹.«

»Robert McMurray war in Eton. Komm, Robs, kläre uns auf!«, rief Paxman einem der älteren Studenten zu, der in einem ausgeleierten Bauernpulli unter den Fenstern zum Durham Quad saß; er hatte die blauen Augen von Peter O'Toole, in die ein Wust schwarzer Haare fiel, und trug einen steinlosen Siegelring am kleinen Finger der linken Hand.

»Lass die Hosen runter, Kollege! Als Schotte solltest du heute ohnehin besser dein Tutu tragen.« Das ozeanische Cockney der Nummer Acht hatte die Lässigkeit verträumter Inseln, die Rattles gleichzeitig anzog und abstieß.

Roberts schlüpfrige Antwort zog die Lacher auf seine Seite; dabei aber hatte seine Stimme einen sonoren, fast bellenden Klang, der eine ganze Oktave tiefer war als der Tonfall der anderen Studenten. Rattles erinnerte sein Englisch an Aufführungen der Royal Shakespeare Company, an »Macbeth« und »König Lear«.

So müsste man sprechen!, dachte er sich, als sie schon um

acht Uhr wieder ins Freie gesetzt wurden, dann würde sich niemand mehr in die Hosen machen, wenn ich mich an fremde Tische setze und den Mund aufreiße!

Zwei Tage später radebrechten sich Rattles und Matthew Selwyn durch ihr erstes Tutorium; die Lehrerin trug Halbschuhe, das graue Haar zu einem Knoten gebunden und war, wie sie später in Erfahrung bringen sollten, ein Produkt des Frauencollege Sommerville.

Eine schriftliche Vorbereitung auf die Stunde war nicht nötig gewesen; dafür drang Oktoberlicht durch das Sprossenfenster und strich über Bleistifte und einen Apfel, während Kerenski vor der Duma sprach und Lenin vom deutschen Generalstab nach Russland geschickt wurde. Spätestens als die Tschechoslowakische Legion das Kasaner Zarengold raubte und sich in gepanzerten Eisenbahnwaggons ihren Weg durch Sibirien bis nach Wladiwostok freischoss, gerieten sie in eine Art Rausch; sie verließen den Raum mit dem Gefühl, ihr Studium nun endgültig angetreten zu haben und ihren Platz an der Universität auch behaupten zu können, da die anderen tatsächlich nicht klüger waren als sie selbst.

Am Samstag der Immatrikulation in die Universität versammelten sich alle neuen Studenten von Trinity im Durham Quad für das Jahrgangsfoto. Drei Viertel davon waren Männer; sie trugen Anzüge unter ihren *gowns* und weiße Fliegen. Den Frauen flatterte ein Band um den Hals, während sie einen Dreispitz in ihrem Rockschoß drehten. Der Vorschrift entsprechend waren alle Schuhe schwarz, doch es gab Doc Martens und Brogues und Lackschuhe und sogar zwei Paar Sandalen mit Wollsocken drin.

Der Fotograf hantierte mit dem Belichtungsmesser, während

der Jahrgang, in sechs Reihen hintereinander aufgestellt, mit der entschlossenen Miene des Personals eines Krankenwagens in die Kamera blickte; es liefen bereits die ersten Wetten, welches der Gesichter später von seinem Biographen mit einem Kreis hervorgehoben werden würde.

Für alle *freshmen* der Universität fand danach eine Zeremonie im Sheldonian Theatre statt. Schwarz und weiß wie Dominosteine saßen die Studienanfänger auf den Holzbänken im Licht der Bögen und Galerien, während man auf Englisch und Latein zu ihnen sprach; danach zogen sie in einer betrunkenen Schar durch die Stadt.

Wolkenfetzen trieben über sie hinweg. Die Feuchtigkeit fraß sich durch die Schuhe und kletterte in ihre Knochen; es roch wie in einem Park. Sie fotografierten sich vor den Kings Arms und dem Lamb & Flag, Biergläser auf dem Kopf balancierend. Sie fotografierten sich mit japanischen Familien. Sie fotografierten sich Arm in Arm und dachten, ihre Freundschaft werde ewig halten. Rattles warf seinen Hut in die Luft. Er lachte; im Hintergrund knallten Champagnerkorken.

Als einzigen Deutschen im College umgab ihn schnell ein kleiner Nimbus. Es war übereingekommen worden, ihn mit Baron von Trapp zu vergleichen, dem Helden aus Rodgers & Hammersteins Singspiel »The Sound of Music«, von dem man irrtümlicherweise annahm, dass er Friedrich heiße. Rattles hatte weder das Musical noch dessen Verfilmung gesehen; auf seine Fragen bekam er unterschiedliche Auskünfte.

Jane erklärte, der Film handele von der segensreichen Wirkung von Bühne und Musik, mit deren Hilfe eine englische Gouvernante sieben Kinder aus dem militärischen Regiment eines verwitweten österreichischen Offiziers und vor den Nationalsozialisten rettete. Paxman geißelte das Aufflackern völkischer Träume im Sinne der anglogermanischen Allianz eines Sir Oswald Mosley. Nummer Acht schwadronierte über seinen Besuch auf dem Oktoberfest. Matthew Selwyn aber verbreitete sich über blonde Förster im Unterholz, denen nasse Farnbüschel gegen die Lederhosen klatschten; das Gespräch mit ihm verstärkte Rattles' Eindruck, dass er die falschen Phantasien seiner Mitmenschen bediene.

»Was hat dich bewogen, nach Oxford zu gehen?« In seinem Zimmer lümmelte Matthew Selwyn auf einem grünen Fauteuil, ein Bein über die Lehne gehängt. Die Luft roch nach Teppichkleber. Im Hintergrund fauchte die Gasflamme des Kaminimitats. Auf dem Sims lagen Quentin Crisps »The Naked Civil Servant« und Leonard L. Shapiros »The Communist Party of the Soviet Union«.

»Geil, all diese alten Traditionen. Und Werte!«

»Gibt es keine guten Universitäten in Deutschland?«

»Nein! Die Universitäten können sich ihre Studenten nicht aussuchen, die Hörsäle sind überfüllt, die Bibliotheken geschlossen, die Professoren wählen SPD, die Studenten demonstrieren; und nach dem Studium sind alle arbeitslos.«

»Auch in Heidelberg? Ich stell mir das dort sehr traditionell vor.«

»Auch in Heidelberg.«

»Habt ihr nicht diese Burschenschaften, das Bollwerk teutonischer Reaktionäre?«

»Ich gehe doch nicht an eine Universität zum Kampftrinken!«

»Nein? Wie schade. Warum dann?«

»Moment mal, Kollege! Wir wollen hier schon gern den Leistungsträger geben!«

»Weshalb Leistungsträger?«

»Weil ich Verantwortung übernehmen will!«

»Verantwortung!« Er lachte hämisch. »Du berufst dich doch nur auf einen höheren Zweck, um dir später die Taschen vollzumachen.«

»Moment!«

»Verantwortung wofür?«

»Verantwortung für die Gesellschaft, ich möchte ihr etwas von den Privilegien zurückgeben, die ich genossen habe.«

»Oh, du hast also Privilegien genossen.«

»Das Privileg«, sprach Rattles mit ihm selbst ungewohnter Feierlichkeit, »von Bildung. Und Kultur!«

»Was machen eigentlich deine Eltern?«

»Mein Vater ist Direktor.« Rattles wurde rot.

»Deine Eltern sind bestimmt stinkreich.«

»Sie sind überhaupt nicht stinkreich!«, fuchtelte Rattles in der Luft herum. »Sie sind gleich! Sie kommen aus der Mittelklasse. Jeder in Deutschland kommt aus der Mittelklasse.«

Tatsächlich war sein Vater Kirchenmusikdirektor in einer Kleinstadt im Taunus, wo Rosen an Fachwerkhäusern hochkletterten, der Gockel auf dem Misthaufen schrie und Rattles vor der Backsteingotik eines Damenstifts Theater hatte spielen müssen, verkleidet als Schaf. Denn seine Mutter entstammte einer Dynastie pausbäckiger Pädagogen, begründet durch den Hauslehrer eines preußischen Prinzen. Ihr Vater war Anthroposoph gewesen, der nach der Pensionierung seine Unterwäsche verbrannt hatte, um Frauenkleider zu tragen und sich mit langem Haar unter Birken zu drehen, mit einem Tamburin in der Hand. Seine Zehen hatten in den Sandalen getanzt, als ihr über Generationen angespartes, kleines Vermögen der Christengemeinde überschrieben wurde und er seiner Tochter nichts hinterließ außer einer Sammlung wertloser Mineralien, deren kristalline Struktur – wie er damals überzeugt war – die Ordnung des Universums repräsentierte.

»Und trotzdem warst du auf einem exklusiven Internat.«

»Aber in der Schweiz, dort ist alles anders; die Schweiz ist neutral.«

Er verschwieg, dass er diesen Aufenthalt vor allem dem Mäzenat seines Patenonkels verdankte, der die Armuts- und Abstiegsängste seiner Mutter geschickt gegen den orgeltosenden Stolz seines Vaters ausgespielt hatte.

»Warum bist du dann in Trinity gelandet und nicht in Christ Church?«

»Warum Christ Church?«

»Es ist das College für privilegierte Leute deines Schlages.«

»Ich hatte die Chance, mich für Trinity zu bewerben«, zögerte Rattles.

»Und du bereust es.«

»Nein, tue ich nicht.«

»Tust du wohl.«

»Tue ich nicht.«

»Natürlich bereust du es.« Matthew Selwyns Augen verengten sich zu Schlitzen, in denen ein maliziöses Feuer zu glimmen begann. Er musterte ihn vom Scheitel bis zur Sohle. »Ein reiches Bürschchen also. Und dennoch bist du ein Kevin.«

»Was ist ein Keffin?«

»Ein Kevin ist ein Mittelschichtsausdruck für jemanden, der aus der Unterschicht kommt.«

Rattles riss die Augen auf. »Und warum bin ich ein Coffin?«

»Weil du weiße Socken trägst.«

»Es tut mir schrecklich leid, aber ich bediene mich keiner Mittelschichtsausdrücke!«, hatte Rattles zwar schlagfertig gekontert und würde später diese Antwort als sein erstes englisches Bonmot feiern, seinen ersten *witticism* – doch schon auf seinem Zimmer kam er ins Grübeln, waren weiße Socken an seiner alten Schule doch noch überaus smart gewesen. »Krass!«, sagte er zu sich selber, »jetzt bin ich endlich frei und kann in alle Richtungen durchstarten und weiß gar nicht, in welche und wie. Eines aber ist klar: Morgen gehe ich Strümpfe kaufen. Bei Marks & Spencer! Ein Coffin! Wartet nur ab, Freunde, euch werde ich es allen zeigen; ihr werdet schon noch sehen!«

»Was denkt John Stuart Mill über Freiheit?«

Adrian Shamrack unterrichtete in einem Zimmer auf der Rückseite des College, wo eine Autoschranke zu der Fläche von St. Giles führt; auf der anderen Straßenseite, gegenüber von St. Johns College, hatten früher J. R. R. Tolkien und C. S. Lewis im The Eagle & Child ihre Trolle und Elfen gegeneinander antreten lassen.

Gekrümmt von ihrem eigenen Gewicht und in unterschiedlichen Stadien des Zerfalls, standen vergilbte Taschenbücher in Sperrholzregalen vom Boden bis zur Decke; sie drohten, jeden Moment in einer Lawine zu Boden zu rutschen. Auch die restlichen Möbel waren mit Büchern bedeckt, ebenso der kaum mehr sichtbare Teppich. Geschirr und eine Dose Kondensmilch beschwerten Stapel von ungelesenen und korrigierten Essays, die über vier oder fünf Seiten mit der Hand auf Blockpapier geschrieben waren. Tee- und Kaffeereste waren auf dem Boden der Becher eingetrocknet; die Milch hatte ihr Verfallsdatum überschritten.

Adrian Shamrack trug Fellschuhe an den nackten Füßen und keinen Gürtel; sein Hemd hing über den Hosenbund; er hatte sich darauf spezialisiert, Philosophie im Spiegel der Natur zu lesen. Seine Haut war von der Sonne gegerbt, da er jeden

Sommer durch die Wälder des Heiligtums der Nymphe Egeria schlich, in den Albanerbergen, südöstlich von Rom. Dort, an den Ufern des Nemi-Sees, hatte in archaischer Zeit ein entlaufener Sklave eine Eiche bewacht, und zwar so lange, bis es dem nächsten entlaufenen Sklaven gelungen war, ihn zu erschlagen, einen Zweig vom Baum zu brechen und als neuer Priesterkönig und Rex Nemorensis seinen Platz einzunehmen.

»Mill sagt, dass jeder Mensch wie ein Baum ist, der das Recht hat, sich frei zu entfalten.«

»Ein schönes Bild. Was geschieht mit den Bäumen, die schwächer sind als andere?«

»Es besteht die Gefahr, dass ihnen das Licht genommen wird.«

Der Professor nickte. Rattles bekam eine Tasse Kaffee, die ihn noch mehr dehydrierte; sein Gegenüber stopfte sich eine Pfeife.

»Einerseits«, sagte Rattles, »hat jeder Baum das Recht, sich frei zu entfalten. Andererseits gibt es Bäume, die stärker sind, und andere, die schwächer sind. Es ist deshalb sinnvoll, die stärkeren Bäume zu beschneiden, damit die schwächeren wachsen können.«

»Woher kommt dieses Recht? Was heißt überhaupt, ›ein Recht haben‹?«

Rattles erinnerte sich an seine Schulzeit. Sein Englischlehrer war ein bärtiger Amerikaner deutscher Abstammung aus Berkeley gewesen, den man der Schule verwiesen hatte, da er es als Teil seiner Mission verstanden hatte, den Maturanden zur Musik von Bob Marley Marihuanazigaretten zu reichen; zwischen den Zügen hatten sie Thomas Paine gelesen und sein Pamphlet »Die Rechte des Menschen«.

»Es gibt Bürgerrechte. Grundrechte. Menschenrechte.«

»Woher kommen diese Rechte? Wer verleiht sie?«

»Gott?«

»Und was, wenn Gott tot ist?« Adrian Shamrack lächelte entwaffnend. »Friedrich Nietzsche, ein Landsmann von Ihnen –«

»Diese Rechte sind Teil unserer Kultur.«

»Und was ist zum Beispiel mit den Maya? Den Inka? Den Azteken? Hatten sie keine Rechte?«

»Vielleicht haben die Bäume kein Recht. Aber sie haben ein Interesse. Interessen werden postuliert.«

»Ganz genau«, Adrian Shamrack nickte, »hier setzt zum Beispiel Robert Nozick an, mit seiner anspruchsbasierten Theorie der Gerechtigkeit. Dazu kommen wir später, bleiben wir bei Mill. Die schwächeren Bäume haben ein Interesse, die stärkeren auch. Wer hat recht?«

»Die Schwächeren«, murmelte Rattles, mit Zweifel in der Stimme.

»Warum sollten die schwächeren Bäume gedeihen? Es gab Ideologen, sogar Wissenschaftler, die gesagt haben, dass es durchaus sinnvoll sein kann, wenn nur die Stärksten überleben.« Ein erneutes Lächeln machte seinen Mund noch breiter. »Charles Darwin etwa.«

»Vielleicht hat Mill unrecht, wenn er sagt, die schwächeren Bäume sollen gedeihen«, sagte Rattles. »Aber sie möchten gedeihen. Nur wenn sie gedeihen können, sind sie frei.«

»Was bedeutet Freiheit für sie?«

Er überlegte. »Gedeihen dürfen«, sagte er zögerlich.

»Was hindert sie daran?«

»Hat nicht jemand geschrieben: Der Mensch ist frei geboren, doch er liegt überall in Ketten?«

»Freiheit heißt also, nicht in Ketten zu liegen?«

»Ganz genau.«

»Bedeutet Freiheit nur die Abwesenheit von Zwängen?«

»Das ist mir als Begriff zu negativ. Frei sein heißt, die Freiheit zu haben, Sachen zu tun. Freiheit bedeutet das Recht, Dinge zu schaffen.«

»Was ist mit einem Blinden?«

»Was soll mit einem Blinden sein?«

»Nehmen wir an, der Blinde wächst in einer Gesellschaft auf, in der er absolut frei von Zwängen ist. Ist er trotzdem frei? Ist er genauso frei wie ein Sehender? Er kann viele Dinge nicht tun, die ein Sehender kann: einer schönen Frau nachsehen, Bilder malen, ins Kino gehen –«

»Es mag unterschiedliche Freiheiten geben. Es gibt körperliche Freiheiten, geistige Freiheiten, politische Freiheiten. Freiheit in einem Bereich bedeutet aber nicht auch zwangsläufig Freiheit in allen anderen Bereichen.«

»Dann verlassen wir einmal den Bereich des Individuums«, fuhr Adrian Shamrack fort, »und sprechen von der Gesellschaft. Vielleicht können wir nicht abschließend beweisen, welcher Baum welche Rechte hat, ob Bäume beschnitten werden müssen oder nicht; alle haben ihre Interessen. Wir müssten nachweisen, dass es Interessen gibt, die Vorrang vor anderen Interessen haben.« Er machte eine unbestimmte Geste mit der Hand, um die Unmöglichkeit dieses Unterfangens zu beschreiben. »Aber wie schaut es mit Gesellschaften aus, deren moralisches Gerüst auf eben diesen Antipoden beruht? Können wir zwischen den Interessen differenzieren? Und wie hilft dabei Mill?«

»Mills Utilitarismus besagt, dass der Maßstab das größte Glück für möglichst viele Menschen ist. Nehmen wir an, wir hätten zwei Wälder mit je neunzig Bäumen. Der erste Wald sprießt unbeschnitten. In ihm gibt es dreißig starke, glückliche Bäume und dreißig schwache, unglückliche Bäume; das letzte

Drittel ist tot und hat Humus für die anderen geliefert. Der zweite Wald ist beschnitten. Es gibt dreißig starke Bäume, die beschnitten worden sind und deswegen nur halb glücklich sind, aber die dreißig schwachen Bäume sind glücklich, und die letzten dreißig sind ebenfalls glücklich, weil sie sich ein wenig entfalten durften. Der zweite Wald ist glücklicher als der erste.«

»Und wer beschneidet?«

»Wie meinen Sie das?«

»Wer hat das Recht, Bäume zu beschneiden? Was sagt ihm, welche Bäume er beschneiden soll? Und wann?«

»Der Staat!«

»Ah, der Staat.« Adrian Shamrack inszenierte eine Denkpause. »Der paternalistische Staat, der Moral erzwingt und Glück für alle.« Wieder lächelte er matt, wieder beschrieb seine Hand eine unbestimmte Figur in der Luft. »Nehmen wir an, Sie leben in einem glücklichen Wald«, fuhr er geduldig fort. »Meinetwegen mit einem guten Gärtner. Der Wald nebenan ist ein unglücklicher Wald, die starken Bäume unterdrücken die schwächeren. Haben Sie das Recht zu intervenieren?«

»Nach Mill schon – wenn dadurch die Summe der glücklichen Bäume maximiert wird.«

»Und wie soll das geschehen? Vielleicht geht ihr eigener Wald bei dem Versuch zugrunde, und es gibt dann überhaupt keine glücklichen Bäume mehr –«

»Was ist, wenn ich den Gärtner schicke?«

Sein Professor warf einen Blick auf die Uhr; sie hatten noch eine Viertelstunde Zeit. »Beschäftigen wir uns doch einmal mit Glück. Kann man Glück überhaupt messen?«

Nach seinem Tutorium eilte Rattles durch den Front Quad in Richtung Pförtnerhäuschen. Es war kurz vor zwölf, der *Freshers'*

Fair musste bereits vor einigen Stunden begonnen haben. Von den Gesellschaften und Vereinigungen, die dort um neue Mitglieder warben, versprach er sich Kontakte zu allen Bereichen der Universität; noch ungelebt, breiteten sich die Leidenschaften der kommenden Jahre vor ihm aus. Doch in jedes Bild drängelte sich Jane, das Ärmelbündchenblusenmädchen mit ihrem Gezwitscher, und im Hintergrund erklang dazu die höhnische Stimme von Matthew Selwyn: Warum bist du dann in Trinity gelandet? Du bereust es, natürlich bereust du es. Wie als Antwort darauf erhob sich das Läuten der Glocken von All Souls über die Dächer der Stadt, und die Glocken von Christ Churchs Old Tom, von Magdalen und von New College fielen ein.

»Ich bereue überhaupt nichts«, murmelte Rattles und ballte seine Hände in den Taschen zu Fäusten. »Ich muss einfach neue Leute kennenlernen! Jetzt! Sofort! Auf! Auf! Ich darf keine Zeit mehr verlieren!«

Dafür war Michaelmas, das Herbsttrimester, sicherlich ein guter Zeitpunkt – doch halt! Verdankte es nicht seinen Namen dem Tag, an dem Satan in einen Brombeerstrauch gefallen war und all diejenigen verflucht hatte, die von da an von seinen Früchten aßen? Hilary, das Wintertrimester, konnte man ohnehin vergessen, denn sein Taufpate war ein Kirchenvater, der sich im Arianischen Streit mit der These durchgesetzt hatte, dass Jesus kein untergeordnetes Geschöpf Gottes sei, sondern mit diesem eins; wer mochte daraus noch schlau werden?

Blieb nur noch Trinity als Pferd, auf das es zu setzen galt! Denn Trinity war nicht nur der Name seines College, sondern auch der des Sommertrimesters. Diese Gemeinsamkeit fand ihren symbolischen Ausdruck in dem Rasen, der, im rechten Winkel zum Front Quad angelegt, zum Wadham College hin auf ein barockes Tor zulief, das erst geöffnet würde, wenn wieder ein Stuart den Thron bestieg. Außerdem bezeichnete Trinity die Dreifaltigkeit, die drei Trimester des akademischen Jahres, die dreijährige Dauer der meisten Studiengänge sowie die Wurzel aus der Quersumme von zweiundsiebzig Wochen, die man so in Oxford verbrachte.

Die Zahl Zweiundsiebzig ergab sich aus der schlichten Tatsache, dass jedes Trimester acht Wochen dauerte, und zwar genau – acht.

Stand nicht die Zahl Acht für den Montag nach dem Ende der Schöpfung und damit für den Beginn eines ewigen Kreislaufes, den Anbeginn einer neuen Zeit? Und hielt nicht eine unsichtbare Macht ihre Hand über diese Zahl – nicht zuletzt, weil es keinem Studenten gestattet war, nach dem Ende des Trimesters noch im College zu bleiben, nicht einmal für einen einzigen Tag?

Vor seinem inneren Auge traten sie aus ihren Bilderrahmen wie Geister, die Schöpfer dieser kabbalistischen Ordnung, mit ihren Hermelinkrägen und Prunkketten, die Gier der Rosenkriege im Gesicht; er stellte sie sich vor, wie sie Codices mit Texten von Aristoteles oder Thomas Morus zwischen ihren wächsernen Fingern drehten oder metallisch surrende Astrolabien, die ihr Weltbild in ein Korsett geometrisch exakt ineinandergreifender Ringe pressten. Und während sie sich über die neuen Seekarten beugten, von Walter Raleigh oder Sir Francis Drake, erreichte sie Kunde von etwas viel Größerem, etwas unendlich Schrecklichem, das sich gerade am anderen Ende der Welt abspielte: Sie sahen Holzschnitte von nackten Inka, sterbend an Bäume gebunden, in Kesseln gekocht, auf offenem Feuer, dessen Flammen wie Palmenblätter über den Boden wuchsen und schon bald auf die eigene Insel überzugreifen drohten, in der Form jener schrecklichen Armada unter dem Kommando des Herzogs von Medina Sidonia, deren Galeeren unter den dumpfen Paukenschlägen afrikanischer Rudersklaven am 28. Mai 1588 von Lissabon aus in See stachen, um Kurs auf die Küste Cornwalls zu nehmen.

»Zweiundsiebzig Wochen Studienzeit; oder nur noch einundsiebzig! Siebzig! Und wenn man die ersten beiden Trimester abzieht, nur noch sechsundfünfzig Wochen! Mir bleibt gerade mal ein gutes Jahr!«

Das schlechte Wetter der vergangenen Tage hatte sich gelegt, weiße Wolken standen am strahlenden Himmel, doch Rattles wich alle Farbe aus dem Gesicht; ihn überwältigte das Gefühl, im Inneren einer Sanduhr zu sitzen, deren Füllung unter ihm mit erbarmungsloser Geschwindigkeit verrann. Ein Schluchzen entrang sich seiner Kehle; dann fasste er sich mit beiden Händen an den Kopf und begann zu rennen – so, als wäre der Teufel aus dem Brombeerstrauch persönlich hinter ihm her.

Ganz atemlos erreichte er das Pförtnerhaus. Das Gebäude hatte spitze, gegeneinanderversetzte Giebel mit Schornsteinen drauf und Fenster zur Straße und zum Hof hin. Es bestand aus einem einzigen Raum, an dessen Kopfende die bullige Gestalt des *Head Porter* gerade die Mittagspost verteilte.

Rattles' Postfach war leer.

»Hello, Mr. Schlamp!«

Weasle war die einzige Person im College, die ihn weder bei seinem Spitznamen noch bei seinem richtigen Namen nannte. Vielleicht, mutmaßte Rattles, tat er dies mit Absicht: Sein Vater war in Dünkirchen gefallen – wie Paxman geglaubt hatte, ihm erklären zu müssen; ein Großvater an der Somme. Dessen Bruder aber war mit faulenden Beinen im Schlamm eines Schützengrabens bei Passchendaele gelegen, inmitten von Überresten abgestorbener Bäume, als während der Ypernschlacht eine Wolke gelber Luft auf ihn zutrieb. Das Letzte, was er sah, waren die Geschütztürme ausgebrannter Mark-II-Panzer, die vor dem von Kanonenfeuer erhellten Himmel zur Hälfte aus dem Acker ragten; hoch über ihm in der Luft aber steuerten Piloten unter der Pickelhaube ein quälend langsames Geschwader propellergetriebener Doppeldecker auf ihre Stellung zu, träge wie Hummeln, das weiße Kreuz des Deutschherrenordens auf ihren Planken. Noch viele Jahre später riss er in den Stunden vor Morgengrauen den Kopf seines Großneffen wie eine Gasmaske an seine Brust und rief mit blinden Augen: »Zitronen! Zitronen!«

»*Hello, Mr. Weasle.* Wie geht es Ihnen?«

»Oh, keine Beschwerden, Mr. Schlamp, keine Beschwerden.«

Mit breiter Brust schwankte Weasle an ihm vorüber, wobei die Flächen seiner Hände nach hinten wiesen und sich die Finger öffneten und schlossen. Dann nahm er hinter seiner Glasscheibe Platz, drehte Rattles den Rücken zu und starrte brütend hinaus auf die Broad Street.

Eine Gruppe von Japanern in Sherlock-Holmes-Mützen verkeilte sich vor dem in den Rasen gerammten Schild: »College closed to Visitors«. Die Hosenbeine mit Klammern hochgesteckt, radelte der Kurier des universitären Botendienstes klingelnd an ihnen vorbei und in Richtung Blackwells Buchladen davon. Dabei wäre er beinahe mit Tamsin zusammengestoßen, die mit einer indischen Freundin vor dem Sheldonian Theatre über die Straße eilte; ihre Köpfe drehten sich synchron nach den aus allen Richtungen schießenden Radfahrern im Takt nach rechts und links. Die Augen der Frauen glänzten hungrig, ihre Blicke hefteten sich auf den Speisesaal. Die Fremde hatte er noch nie gesehen; sie musste eine Besucherin aus einem anderen College sein.

Rattles fand sie wunderschön.

Entschlossen trat er in den Eingang, um sich den beiden in den Weg zu stellen; sein Herz pochte bis zum Hals.

»Das ist Rattles!« Tamsin präsentierte ihn wie einen Jahrmarktsclown. »Sieht er nicht aus wie Friedrich von Trapp?«

Die Fremde strich sich einige Haarsträhnen aus der Stirn; ihr Pony hob sich auf Höhe der Ohren wie ein Pilz. »Rattles?«, fragte sie spöttisch. »Ich bin sicher, der Name hat Tradition.«

»Eines Tages wird er Tradition sein«, konterte er flink.

Sie hatte Simone de Beauvoir gelesen und streckte ihm die Hand entgegen. »Ich bin Laxmi.«

Er tat, als hätte er den Namen schon hundertmal gehört. »Freut mich, dich kennenzulernen, *Schnie.* Woher kommst du?«

»Aus London.« Unter der braunen Haut war ihr Gesicht bleich vor Übernächtigung, die schwarzen Augen glänzten.

Rattles spürte, dass er etwas Falsches gefragt hatte.

»Laxmi ist die Göttin von Reichtum und Glück«, schickte sie hintendrein.

»Ich bin sicher, es ist auch die Göttin der Liebe.«

»Die Göttin der Liebe ist Parvati, die Gefährtin Shivas.«

»Eigentlich heiße ich Daniel.«

»Ich glaube, ich mag Rattles lieber.«

Er zeigte seine Zähne und machte sein Lieblingsgesicht.

»Bist du auf dem Weg zum *Freshers' Fair*?«, fragte sie schnell.

»Ja. Und ihr?«

»Wir waren gerade.« Rattles' Enttäuschung war wohl zu offensichtlich; Laxmi versuchte, ein lautes Lachen zu unterdrücken. »Tamsin wird Kugeln stoßen. Ich bekomme ein *Blue* im Bogenschießen. Natürlich nur, wenn ich unglaublich hart arbeite.«

»Was ist ein *Blue*?«

Beide Frauen sahen ihn mitleidig an. »Wenn du gegen Cambridge spielst, bekommst du ein *Blue*.«

Rattles erinnerte sich an Monty-Python-Sketche, in denen die Figuren so wirkten, als spielten die Schauspieler nur sich selbst. Diese Art des Humors, hatte sein Lehrer aus Berkeley erklärt, begründe sich mit dem gesellschaftlichen Druck, sich selbst nicht zu ernst zu nehmen. Der deutsche Humor ziele darauf ab, das andere als Opfer darzustellen und zum Sündenbock zu machen, und speise sich deswegen aus Schadenfreude; sein Lachen sei das Zähnefletschen des zum Sprung ansetzenden Tieres. Die Qualität des englischen Humors hingegen hänge von der Fähigkeit ab, das Typische der eigenen Person aus Bescheidenheit auf den Punkt zu bringen. Seine Meister seien Zauberer und Schamanen, denn funktioniere der Sketch, so werde der Zuschauer darin etwas erkennen, was über die Persönlichkeit des Schauspielers hinausweise und einen Archetypen darstellte, etwas also, das allen gleichermaßen zu eigen sei. Unreflektiert und spontan, also in einem Moment der Erleuchtung, berühre der Zuschauer das »Große Ganze« – und damit in letzter Instanz berühre er Gott. Gott aber habe dem Menschen als Lohn für diese Berührung das Lachen geschenkt, und weil diesem Lachen eine Intuition zugrunde liege, die nicht dem trügerischen Wirken des Verstandes entspringe, sondern unmittelbar aus der Seele spreche, sei dieses Lachen das Lachen eines Buddha.

»Soso, Cambridge!«, tönte Rattles und schlug dabei die Hacken zusammen, um gleichzeitig die Selbstbezogenheit Oxfords und seine eigenen deutschen Wurzeln zu parodieren. »Wo liegt denn das?«

Die Mädchen kicherten. Rattles machte keine Anstalten zu gehen. Tamsin blickte erneut in Richtung Speisesaal. Laxmi verschränkte die Arme vor der Brust. »Wirst du mir später erzählen, welchen wilden und verruchten Organisationen du beigetreten bist?«

»Ja, gerne. Wie mache ich das?«

Sie zögerte eine Sekunde. »Schreib mir doch einfach«, sagte sie schließlich; es war ihr nichts Besseres eingefallen.

»In welchem College bist du?«

»Lincoln.«

Rattles vermied es, sie ein zweites Mal nach ihrem Namen zu fragen, da er sich nicht blamieren wollte. Sie war verblüfft, dass er ihr Angebot angenommen hatte; es war ihr alles sehr peinlich.

»Und, welchen wilden und verruchten Organisationen bist du beigetreten?« Ihre Oberlippe zuckte spöttisch; Haarsträhnen fielen ihr vor die Augen; die Zähne leuchteten.

»Dem Club für sexuelle Ausschweifung und Dekadenz, der Königlich Psychedelischen Vereinigung, der Cheese and Wine Appreciation Society, den Humbug-Trappern und dem Schachclub. Dazu möchte ich fechten und segeln lernen. Außerdem wäre ich gerne Journalist. Und Berater!«

Rattles hatte einen Tisch für zwei Personen in einem französischen Restaurant in der Walton Street reserviert, im Nordwesten Oxfords. Mittelalter und Tudor des Stadtkerns wichen hier der Eleganz des achtzehnten Jahrhunderts; nur wenige Schritte von der Ruskin School of Art entfernt, streckten sich die Bogengänge von Worcester College in palladischer Majestät um die Ufer eines künstlichen Sees.

Laxmis Blick wanderte neugierig durch den Raum. Ungefähr so hatte sie sich Oxford vorgestellt, und ungefähr so hatte Rattles diesen Abend geplant: Pflanzen standen in einem Wintergarten, Korbstühle knarrten, es gab Weinbergschnecken und Kerzen, wie ein gutgeölter Rasenmäher knarzte aus einem Lautsprechersystem der Firma Cambridge Audio die Stimme von Edith Piaf – es war zum Dahinschmelzen.

»Meine Güte!«

»Ich habe ein wenig übertrieben.«

Sie wirkte enttäuscht. »Du solltest tatsächlich Journalist werden.«

»Dem Club für sexuelle Ausschweifung und Dekadenz bin ich nicht beigetreten.« Rattles zwinkerte bedeutungsvoll.

»Ich kann dir das nicht zum Vorwurf machen.«

»Auch der Königlich Psychedelischen Vereinigung nicht!« Er warf seinen Kopf in den Nacken und lachte. Psychedelische Vereinigung!, sagte das Lachen, wie komisch, dass es so etwas überhaupt gibt! Die sind mir vielleicht ein Völkchen, diese Engländer!

»Warum nicht?«, fragte Laxmi. »Das klingt doch lustig. Nimmst du gar keine Drogen?«

Ihr Blick umnebelte sich. Sie sah sie noch heute, die weißen Schläger aus der Arbeiterklasse mit ihren Blousons, Springerstiefeln und Baseballschlägern. In der Schule hatte man sie als »Paki« beschimpft; in den Momenten, in denen ihr der Kopf zu bersten drohte, war sie zu ihrem Onkel geschlüpft, in seine Kellerwohnung in Crystal Palace. Seit dem Tod seiner Frau hielt er das Zimmer verdunkelt, um in Paisleyhemden von Liberty Charas zu rauchen und dazu ein Tonband mit der »Gitanjali«

des Rabindranath Tagore zu hören. Eine langsam zur Neige gehende Flasche Johnny Walker Red Label vor sich auf dem Tisch, waren sie in das violettgeblümte Polstermöbel gesunken; dann hatte ihr Onkel den Ton des Fernsehers ausgeschaltet und so lange die Programme gewechselt, bis, vor dem Hintergrund des in einer hohen, fast weinerlichen Fistelstimme vorgetragenen Bengali, die Eiserne Lady mit Kopftuch aus einem Panzer schoss und Dr. Who durch Zeit und Weltraum flog.

»Ich? Niemals! Ich habe keine Lust, als Abhängiger zu enden und der Gesellschaft zur Last zu fallen!« Rattles warf sich in die Brust. Er schlug mit der Faust auf den Tisch. Alle Gläser hüpften. Vom Nebentisch blickte ein amerikanisches Ehepaar erschrocken zu ihnen herüber.

»Warum trittst du nicht Amnesty International bei?«, fragte sie, auf einmal bockig.

»Wie kommst du denn darauf?«

»Wenn du schon Angst davor hast, der ›Gesellschaft zur Last‹ zu fallen, könntest du wenigstens etwas Intelligenteres tun, als dich selber zu bestrafen.«

»Amnesty International? Ich habe keine Lust auf Leute, die mit der Mao-Bibel wedeln, um schöne Frauen abzuschleppen. Dann besaufe ich mich lieber ehrlich.«

Sie schüttelte ungläubig den Kopf. »Das ist so deutsch.«

»Warum?«

»Bei der Cheese and Wine Appreciation Society wirst du ganz in deinem Element sein.«

»Sind das Deutsche?«

»Nein, Sloane Rangers.«

»Sloane was?«

»Hast du noch nie von den Sloane Rangers gehört?«

»Rangers – das sind so etwas wie Cowboys, nicht wahr?«

»Sloane Rangers sind diese Leute, die in der Gegend um den Sloane Square leben, in Chelsea. Sie sind alle wahnsinnig britisch und ländlich und tragen Barbourjacken und Gummistiefel und fahren Range Rover; sie tun so, als ob sie Landgüter besitzen. Nun, einige besitzen tatsächlich Landgüter. Oder Cottages. Sie waren auf Internaten und wollen nach Oxford oder Cambridge, doch die meisten sind nicht intelligent genug, zumindest nicht die Frauen. Ohne deine Intelligenz wärst du als Engländer vielleicht auch ein Sloane Ranger geworden.«

»Ich habe es allerdings nach Oxford geschafft, vielen Dank.«

»Ja, das meinte ich doch.« Sie biss sich auf die Zunge.

»Hältst du mich für bourgeois?«

»Bitte, keineswegs.«

»Bei uns heißen diese Leute ›Schwenker‹.« Rattles suchte nach dem englischen Wort; schließlich versuchte er es mit »shakers«.

»Ich dachte, das wäre eine amerikanische Sekte.«

»Sie studieren Jura oder BWL. Die Jungs tragen Streifenhemden und die Mädchen Perlenketten.«

»Das tun Sloane Rangers auch. Aber was für ein seltsamer Name!«

»Er kommt daher, dass ihre Eltern aufwendige Feste für sie organisieren, in richtigen Ballsälen. Man nennt diese Feste ›Schwenkerfeten‹. Dabei tanzen die Schwenker eine Art von Rock'n' Roll, bei dem die Jungs die Mädchen zu Schlagermusik an einer Hand durch die Gegend schwenken; sie dürfen zunächst nur mit der Frau zu ihrer Rechten tanzen. Manche lassen sich dafür sogar die Ärmel mit Marienkäfern bedrucken! – Ach ja, und dann haben wir auch noch die Poppers.«

»Poppers? Das sind doch –« Laxmi biss sich auf die Zunge.

»Poppers wohnen vor allem in Hamburg. Ihre Eltern sind Zahnärzte. Sie zeigen ihr Geld, um damit die Linken zu ärgern.«

»In England würde sich niemand so etwas trauen.«

»In Deutschland ist das fast schon ein Sport.«

»In was für einem seltsamen Land du lebst.«

»Wir haben auch die Neue Deutsche Welle. Mit Nena!«

»Ich mag Nena.«

Rattles rutschte tiefer in seinen Stuhl. »Und, was ist denn sonst noch so los mit diesen Sloane Rangers da?«

»Sie arbeiten bei Auktionshäusern wie Sotheby's oder Christie's, vielleicht bei einem Immobilienmakler oder, wenn sie können, in der City. Die Frauen haben Pferdezähne und tragen Samtbänder im Haar und Hermèstücher und Perlenketten und stellen ihre Krägen hoch. Sie sind *schrecklich* nett und *wahnsinnig* freundlich. Die Prinzessin von Wales gilt als der größte weibliche Sloane. Die Jungs tragen senfgelbe Cordhosen und Streifenhemden und Oxford Brogues, du weißt schon, diese richtig britischen Herrenschuhe. Hast du ›Pygmalion‹ gelesen, von George Bernard Shaw? ›Klarer Fall: ein besserer Herr! Kurzer Blick auf die Schuhe genügt!‹ Und alle sagen die ganze Zeit *yah* statt *yes*.«

Rattles saß ihr aufrecht gegenüber. Wenn sie sprach, lauschte er ihr mit etwas zur Seite gelegtem Kopf; ihr fiel auf, dass er Wert darauf legte, weder Kartoffeln noch Salat mit dem Messer zu zerteilen.

»*O. k., yah!*«, rief sie mit tiefer Stimme und Basedow'schen Augen und kicherte sich in eine Art Rage. »*O. k., yah! Yah, yah!*« Es klang wie das Japsen eines Beagles. »Eigentlich kann ich Sloanes nicht ausstehen. Ich glaube«, rief sie glücklich, »ich bin wirklich sehr links!«

Sie verstand das erboste Funkeln in seinen Augen nicht, sondern hielt es für eine besonders ausländische Laune. Neugierig beobachtete sie seine Hand, die sich über die schwindenden

Reihen von Gedecken an die ihre heranschob, als wäre sie Teil einer anthropologischen Studie oder der Anfang ihrer Lehrjahre des Gefühls.

Als sie beim Nachtisch waren, blickte sie ihn über den Rand ihres Weinglases hinweg an und senkte im Zeitlupentempo die Lider; auf dem Nachhauseweg drehte sich der Chablis angenehm in ihrem Körper. Als er ein zweites Mal ihre Hand ergriff, erwiderte sie den Druck, um zu signalisieren, dass er sie küssen sollte.

Vor dem Gatter von Trinity bat er sie auf eine Tasse Tee in sein Zimmer; sie war erleichtert darüber, dass er ihr die Frage abgenommen hatte.

Die Tür knarrte in ihren Scharnieren. Arm in Arm liefen sie über den Front Quad; ihre Herzen schlugen bis in die Kehlen. Der Weg schimmerte nass, die herzförmigen Blätter des Catalpabaums flüsterten im Wind; die Zinnen von Balliol, die Residenz des Collegepräsidenten und die Kapelle standen wie Scherenschnitte gegen den Mond.

Als wollten sie insgeheim auf sich aufmerksam machen, polterten sie die Treppe empor, während sie den Griff um die Taillen verstärkten. Rattles nestelte mit dem Schlüssel am Schloss. Sie sanken auf sein Bett und, immer noch lachend, rammten sie sich gegenseitig die Zungen in den Mund. Es gab ein Gewirr aus Stoffen, als sie sich aus den Kleidern schälten; Flächen jugendlicher Haut wurden sichtbar und verschmolzen mit ihren frischen, eigenen Gerüchen.

Ihr Keuchen verebbte; jeder war mit seinen Gedanken allein. Laxmis Brustkasten hob und senkte sich. Rattles kauerte auf der Fensterbank, rauchte eine Zigarette und blickte hinab in den Front Quad.

Über dem Pförtnerhaus schaltete sich eine Laterne ein; gleich darauf wankte eine Gruppe aus drei aufeinandergestützten Gestalten ins College und torkelte in Schlangenlinien über den Hof.

Die Arme eines Mannes hingen auf den Schultern von zwei Frauen. Seine Füße waren abgeknickt und schleiften über den Boden. Er trug einen Frack mit Blume im Knopfloch und eine originelle Weste. Es war Robert McMurray; ein Wust öliger Haare bedeckte sein Gesicht.

Die Frau zu seiner Linken hatte den Saum ihrer Hosen über die Stiefel nach oben gerollt und eine Hand unter seinen Gürtel geschoben; von einem Band zurückgehalten, strömte das Haar der anderen Frau, goldenschimmernd, über den Rücken einer an den Ellenbogen geflickten Jacke aus Tweed. Die Melodie eines Liedes von Kraftwerk summend, segelten die drei in Richtung Kapelle.

»Willst du mich nicht in den Arm nehmen?«

Laxmi lag halb unter der Daunendecke; ihre Brustwarzen schimmerten schwarz in der Dunkelheit.

»Lass mich nur noch die Zigarette zu Ende rauchen.« Sein Blick irrlichterte aus dem Fenster; sie spürte, dass er log.

»Komm zu mir. Du kannst auch hier rauchen.«

»Ich komme gleich.«

»Rattles, ich bin hier.«

»Ich liebe dich sehr«, sagte er. Seine Finger tasteten nach einer zweiten Zigarette, während er sich nicht vom Fenster zu lösen vermochte; unten war die Gruppe verschwunden, wie ein Traum.

»Arschloch.«

»Was?«

Laxmi war es, als hätte er sich innerlich bereits darauf eingestellt, sie zu verletzen. Ihr Mund wurde groß, die Haare zitterten. »Bist du ein Mensch?«, zischte sie. »Hast du Gefühle? Hast du überhaupt irgendwelche Gefühle, Rattles? Was ist an dir menschlich? Hast du Schwächen? Bist du in deinem Leben jemals aufs Klo gegangen? Ich kann mir das bei dir nicht mehr vorstellen.«

Er breitete hilflos seine Arme aus.

»Scheiße!«, schimpfte sie, während sie sich, einem Impuls folgend, aus dem Bett hob und hastig in die Strumpfhosen stieg. »Ihr Typen wollt alle nur ficken! Ihr fickt und fickt und fickt!«

An der Zimmertür dämmerte ihr, dass sie das Collegetor ohne Schlüssel nicht von innen würde öffnen können. Schon sah sie sich bis zum Morgengrauen unter einem Baum wippen, vor Kälte um sich schlagend, fiebernd, schwanger, eine tragische Gestalt, der vom Regen der Kajal über die Wangen gewaschen wurde, bis Tamsin sie dort finden und für eine Schlampe halten würde.

»Bringst du mich raus?«, fragte sie leise.

Finster vor sich hin brütend, stapften sie nebeneinander über den Front Quad. Im diesem Moment flammte in einem einsamen Zimmer über ihnen das Licht auf. Am Himmel standen Sterne. Es war eisig kalt. Dann arbeitete sich der erste Klarinettenton von George Gershwins »Rhapsody in Blue« durch das Fenster und ergoss sich in schmachtender Länge über das schlafende Mauerwerk von College und Stadt.

Sie sahen einander an; Laxmi hakte sich bei Rattles unter.

»Stell dir mal vor, wenn man uns jetzt beobachten würde«, flüsterte er vertraulich. »Wenn uns Tamsin jetzt sehen könnte. Oder der Präsident des College! Sie würden wahrscheinlich mit dem Finger auf uns zeigen und sagen: ›Na, das war ja eine tolle Vorstellung!‹«

Laxmis Blick verlor seine letzte Gnade. Sie zog ihre Hand

aus seinem Arm. Rattles' Mundwinkel sackten nach unten. Er ächzte, als er ihr die Tür aufsperrte. »Bist du o.k.?«

»Ja, ich bin o.k.«, sagte sie wütend. »Gute Nacht«.

»Ich melde mich bei dir«.

»Ich glaube, dass ich in den nächsten Tagen viel zu tun haben werde«, rammte sie ihre Nase in die Luft. »Ich muss mein Essay schreiben – und anderes.«

Als Rattles am darauffolgenden Morgen den Weg seines Toastbrots durch die Röstmaschine im Speisesaal verfolgte, wogten noch etliche widersprüchliche Empfindungen in seiner Brust; doch schon im Lauf des Vormittags obsiegte der Stolz über die erste Kerbe in seinem Gürtel. Sein Schritt wurde fester, das Blut pulsierte in seinen Adern, die Essays flossen ihm locker aus der Hand, er fühlte sich als Mann.

Er hatte seine Texte zunächst in der Bibliothek des College verfasst, die ihn mit den hohen Fenstern – wie auch der Speisesaal – an das Schiff einer Kirche erinnerte. Zwischen den Fenstern ragten Regale auf beiden Seiten in den Mittelgang; eine der Nischen dazwischen hatte er zu seinem Arbeitsplatz auserkoren. Doch seit die von ihm benötigte Literatur zu Stoßzeiten immer öfter verliehen war, arbeitete er im *PPE Reading Room*, der außerhalb des College lag, von der Universität betrieben wurde und allen Studenten zur Verfügung stand. Das Gebäude stammte aus den zwanziger Jahren und war in seinem Inneren weitaus funktionaler eingerichtet als die Bibliothek von Trinity. Es befand sich am linken Ende der Broad Street, direkt um die Ecke von Blackwells Buchladen, gegenüber den Kings Arms.

Mittags verließ er für ein Sandwich kurz die Bibliothek. Als sich Weißbrot und Chicken Tikka in seinem Magen zersetzten, wurde ihm warm. Vor ihm auf dem Tisch lagen drei von Zetteln segmentierte Jahresbände des *Journal of Philosophy*. Beim Geruch von verstaubtem Papier erging er sich in erotischen Tagträumereien und verfasste bald darauf ein Billet an seine Geliebte der vergangenen Nacht. Er bat sie darin um Entschuldigung, gelobte Besserung und lud sie zur CHAPSOC-Party am darauffolgenden Samstag ein.

Er warf einen Blick auf die Uhr; würde er den Brief noch an diesem Abend auf den Weg bringen, könnte ihn der Botendienst noch rechtzeitig am nächsten Morgen ausliefern.

Als Rattles das Gebäude verließ, ging ein stiller Tag zu Ende; der Himmel weitete sich, und der Wind trieb das Laub die Parks Road hinunter, am Gartentor auf der Rückseite von Trinity vorbei und über die Kreuzung.

Im schwindenden Licht stand ein Pulk von Studenten auf dem Bürgersteig vor den Kings Arms. Rattles wollte seine Schritte schon nach Hause lenken, als unter den Jeans, Pullovern und nackten Armen und Beinen goldenschimmerndes Haar aufleuchtete, das, von einem Samtband zurückgehalten, über den Rücken eines Kamelhaarpullis floss.

Er blieb abrupt stehen; auf der anderen Straßenseite stand Robert McMurray mit den beiden Frauen der vergangenen Nacht.

Rattles wog den Brief an Laxmi in der Hand und überlegte; sicher würde noch ausreichend Zeit sein, das Kuvert in den Briefkasten zu stecken. So gab er sich einen Ruck, überquerte die Straße, holte ein Bier an der Bar und schob sich dann zu der kleinen Gruppe ins Freie.

»Ah, Rattles, alter Junge!«, rief Robert. Sein Blick war heiter; offenbar war er erfreut darüber, ihn zu sehen. »Großartig! Fabelhaft!«

Beide Frauen hatten breite, kräftige Gesichter mit etwas zu weit auseinanderliegenden Augen. Offenbar verfügten sie über genügend Mittel, um sich mit teuren Produkten der Kosmetikindustrie zu pflegen; die Haut der Blondine war weiß wie Elfenbein, die Sommersprossen der Dunkelhaarigen ließen ihren Teint eine halbe Nuance dunkler erscheinen. Beide waren in Oxford, um zu üben; aus ihren Blicken sprach das seit Generationen ins Erbgut eingesickerte Wissen, niemals in ihrem Leben auf jemanden angewiesen zu sein, den sie nicht mochten. So musterten sie Rattles vom Scheitel bis zur Sohle; gebadet in ein doppeltes Lächeln, fühlte dieser sich größer – ja, er hielt sich für den Mittelpunkt der Welt.

»Rattles, das ist meine Schwester Apricot. Apricot, darf ich vorstellen? Das ist Rattles.«

»Das ist Emma«, stellte die Blondine ihre Freundin in den Springerstiefeln vor. Um Apricots Hüften spannte sich ein schwarzer Minirock wie ein Gürtel aus Krepp. Ihre Beine steckten in Wollstrumpfhosen, und aus den Laschen ihrer Mokassins ragte die obere Hälfte einer Münze. An Emmas Handgelenk glänzten Handarbeiten aus marokkanischem Silber. Rattles starrte die beiden mit aufgerissenem Mund an. »Grozzartig!«, rief er, lauter als beabsichtigt, und: »Vabelhaft!«

In dem Moment, als ihm sein deutscher Akzent wieder einmal unüberhörbar in den eigenen Ohren schepperte, war ihm, als schnappte in den Mienen der Frauen ein unsichtbarer Riegel ein. Es war nur eine leichte Verschiebung der Tektonik ihrer Gesichter, doch sie reichte aus, um Rattles an Türsteher vor Londoner Nachtclubs zu erinnern, die gar nicht erst den Mund aufmachen mussten um zu sagen: *»Sorry mate, t'night it's members only.«*

»Kommst du aus Deutschland?« Apricot hob ihre Augenbrauen genau so weit, um Interesse, aber kein Erstaunen zu signalisieren. »Ostdeutschland oder Westdeutschland?«

»Westdeutschland«, antwortete Rattles beleidigt. »Wenn ich aus Ostdeutschland käme, dürfte ich sicherlich nicht reisen.«

»Es sei denn, du wärst ein Spion.« Robert sah ihn gleichbleibend freundlich an, seine Brust wurde größer. »›Rattles, der aus der Kälte kam‹. Berlin, die Glienicker Brücke und all der ganze Kram.«

»Ich komme aus Frankfurt.«

»Aus dem Rheinland? Kennst du Clemens von Corvey? Wir haben ihn gerade in Oriel besucht.«

»Nein, kenne ich nicht. Hat er einen jüngeren Bruder namens Leopold?«

»Ich bin mir nicht sicher –«

»Doch, natürlich!« Emma fasste sie aufgeregt am Arm. »Poldi!«

»Ah, der Poldi.«

»Ich war mit ihm auf der Schule in der Schweiz.«

»Du warst doch nicht etwa in Aiglon?«, japste Emma ungläubig.

»Nein, im deutschsprachigen Teil der Schweiz. Im Engadin. In der Nähe von St. Moritz.«

»Ems war in Aiglon«, erklärte Apricot.

»Hat es dir gefallen?«

»Grozzartig!«, rief Rattles, »Vabelhaft! Diese Schule war so englisch! Wir haben Kricket gespielt. Und Eton Fives.«

»St. Moritz, das ist doch da, wo dieser Cresta Run ist.« Robert baute sich vor ihm auf, die Kappen seiner Brogues nach außen gedreht, die Hände in die Hosentaschen geschoben. »Digby und seine Hunnen!«

»Der Cresta Run!«, rief Rattles, weitete ebenfalls seine Brust und hob die Arme, so, als würde man ihn bejubeln. »Mit einhundertundachtzig Stundenkilometer auf einem Schlitten durch den Eiskanal, zehn Zentimeter über dem Boden. Krass!«

»Im College hat sich schon herumgesprochen«, sagte Robert mit hintergründigem Lächeln, »dass du ein ziemlicher Draufgänger bist.«

»Auf welchem College bist du, Apricot?«

»Ich bin gar nicht mehr in Oxford. Ich war früher in Worcester. Und nun arbeite ich in London. Ich bin Reiseschriftstellerin für *Harpers & Queen's*. Ems hier ist in Christ Church.«

»Oh, Christ Church!«, rief Rattles aufgeregt. »Wie ist es da?«

»Komm doch mal zum Abendessen vorbei! Wir haben zweimal im Trimester ein wahnsinnig wichtigtuerisches Essen, zu dem wir Gäste mitbringen dürfen. Das ist immer sehr hübsch – vorausgesetzt natürlich«, fügte sie kokett hinzu, »es macht dir nichts aus, dich für den Anlass ein wenig aufzubrezeln.«

»Das macht mir überhaupt nichts aus!«, beteuerte Rattles hastig.

»Als Reiseschriftstellerin hat Apricot den besten Job von uns allen!«, Roberts Bass erfüllte die Luft. »Sie reist von Party zu Party.«

Seine Schwester warf ihm einen giftigen Blick zu. »Bhutan war nicht unbedingt das, was ich unter einer Party verstehe. Vielen Dank.«

Rattles' Kopf pendelte zwischen den beiden Frauen hin und her. »Was hast du studiert?«

»Geschichte und moderne Sprachen.«

»Und du, Emma?«

»Englisch«, antwortete Emma. Rattles hatte das Gefühl, dass sie sich zu langweilen begannen. Ich muss lustiger werden, schoss es ihm durch den Kopf, origineller. Englischer Humor, das ist das Gebot der Stunde. Habe ich nicht auch Laxmi damit gewinnen können?

»Hast du dieses Buch da gelesen?« Robert trank sein drittes Bier, seine Augen schimmerten glasig. »Adolf Maria Remarque?«

»Erich Maria Remarque.«

»Exakt, Erich Maria Remarque. ›Im Westen nichts Neues‹. Ein ziemlich gelungener Wurf, muss ich schon sagen.«

Die drei sahen Rattles wortlos an. Über den gotischen Dächern läuteten die Glocken. Rattles gab sich geschlagen, sein Brief an Laxmi brannte ihm in der Tasche. »Ich glaube, es ist Zeit fürs Abendessen.«

»Gehst du zurück in dein College?«, fragte ihn Emma.

»Ich *liebe* Trinity«, gab ihm Apricot mit auf den Weg, »es ist so nett.«

»Schön.« Rattles zögerte. »Ich hoffe, wir sehen uns mal!«

»Auf jeden Fall.«

»Du *musst* uns mal in Schottland besuchen kommen.« Roberts Schwester schien sich zu bemühen, ihn beim Abschied nicht zu berühren. »Unbedingt. Du *musst.*«

»Wartet nur, Kollegen«, murmelte er zwischen zusammengebissenen Zähnen, während er zurück in Richtung Trinity hastete. »Im Westen nichts Neues? Das werden wir aber noch sehen.«

Am nächsten Morgen hatte der Catalpabaum seine letzten Blätter verloren, und der Storax stand in bunten Farben; aus Rattles' Zimmer kam Getöse und Geschrei. Angelockt von dem Lärm, versammelte sich eine Menschentraube vor seiner Tür.

»Da ist wieder eine Frau in seinem Zimmer«, flüsterte Hooper und wurde rot bis über beide Ohren.

»Nein, das sind Männerstimmen. Rattles hat Herrenbesuch.« Matthew Selwyn befeuchtete seine Lippen mit der Zunge. »Möglicherweise lässt er sich gerade auspeitschen. Wie in dem Film ›Cabaret‹.«

»Geh, bestimmt nicht«, fiel ihm Tamsin ins Wort. »Ich glaube, er spricht mit sich selbst.«

»Vielleicht bereiten sich unsere deutschen Freunde einfach nur darauf vor, wieder einmal Polen zu überfallen«, rief jemand von hinten.

»Das ist so gemein von dir«, zischte ihn Jane an.

»Oder er ist wahnsinnig geworden.

»Wir müssen die Türe aufbrechen!«

»Dazu brauchen wir die Erlaubnis vom *Junior Dean*.«

»Darauf können wir nicht warten. Bis wir die haben, hat er sich erhängt.«

»Glaubst du, er ist suizidgefährdet?«

»Oh Gott, ich weiß, was es ist.« Tamsin wurde erst aschfahl, dann blickten ihre Schweinsäugelchen aufgeregt im Kreis herum. »Er ist von seiner Freundin verlassen worden.«

»Seiner Freundin –«, wisperten alle im Chor.

»Das reicht.« Mit seiner herunterhängenden Habsburgerlippe bahnte sich Paxman seinen Weg durch die Menge. »Wir dürfen keine Zeit verlieren. Jemand muss seine Tür aufbrechen. Ich übernehme alle Verantwortung. Wo ist der *Junior Dean*?«

Die Nummer Acht nahm Anlauf und wollte sich mit ihrer ganzen Leibesfülle gegen die Türe werfen, doch Tamsin hielt sie zurück. »Hat nicht jemand einen Schlüssel?«

»Der Scout! Der Scout!«, riefen alle ganz aufgeregt durcheinander. »Kann jemand Alfred holen?«

Es wurde nach dem Mann geschickt, der für die Reinigung des Treppenhauses verantwortlich war. Dieser kam kostbare Minuten später herbeigehastet, einen Kittel über den gekrümmten Leib geworfen, und rasselte mit einem Schlüsselbund; aus Rattles' Zimmer drang weiterhin unvermindert heftiges Geschrei.

»Das klingt«, fand Paxman, »als ob da eine ganze Studentenverbindung eingeschlossen wäre und Amok liefe.«

»Die Tür ist gar nicht verschlossen«, rief Alfred. »Sie ist offen.«

»Oh Gott«, murmelte Tamsin, »Sie ist offen. Es ist zu spät.«

»Kann jetzt vielleicht jemand aufmachen?«

Von allen genötigt, sich ein Herz zu fassen, drückte Alfred die Klinke herunter und öffnete im Zeitlupentempo die Türe. Ein Tropfen hing ihm von der Nase. Durch den größer werdenden Spalt flutete das Licht über sein Gesicht und die Gruppe im Gang. Die Studenten drängelten sich hinter seinem Rücken und spähten ängstlich über seine Schulter.

Rattles stand in der Mitte des Raumes. Entgegen seiner sonstigen Gewohnheit hatte er auf den morgendlichen Gebrauch von Pomade verzichtet und stattdessen versucht, sein Haupthaar so zu arrangieren, dass es ihm in einem Wust nach vorn in die Stirn fiel. Ein aufgeschlagenes Exemplar des »Concise Oxford Dictionary« in der Hand, paradierte er mit geschwellter Brust vor dem Spiegel auf und ab.

»*Excellent!*«, schrie er. »*Brilliant! You must come to Scotland!* Nein, *you absolutely must come to Scotland! Absolutely! O.k., yah! Fancy that! Fancy* was? Verdammt!«

Wütend schleuderte er das Wörterbuch gegen seinen bereits vollständig verbeulten Papierkorb. Ein Räuspern ließ ihn herumfahren.

»Rattles?«, fragte Tamsin in die Stille, »was in aller Herrgottes Namen tust du denn da?«

»Ich glaube«, antwortete Matthew Selwyn gedehnt, »Rattles übt.«

Nach diesem Zwischenfall schlich sich Rattles durch die Hintertür aus dem College nach St. Giles und ins Lamb & Flag, um sich dort mit einer Pastete, etwas kaltem Braten, einer Schüssel Röstkartoffeln, Gemüse, Cheddar Cheese und einer Flasche Côtes du Rhône zu stärken. Schon nach dem zweiten Glas stieg ihm eine wohlige Wärme ins Gesicht; zufrieden schnurrend wie ein Kater, streckte er die Beine von sich und schlief mit halboffenem Mund ein.

Während Rattles in der Ecke schnarchte, betraten – von ihm unbemerkt – zwei südländisch aussehende Männer den Raum. Aufgrund ihres Alters drängte sich die Vermutung auf, dass es sich bei beiden um Studenten handelte; sie waren jedoch in so außergewöhnlich feinen Zwirn gekleidet, dass sie eher wie zwei Herrenreiter wirkten, die sich nach einer Landpartie im nächsten Wirtshaus zerstreuten.

»Was ist das? Wo sind wir hier?«, rief der Größere von den beiden, der seine straßenköterblonden Locken in Wellen an den Schädel gelegt hatte. »Wo führst du uns hin? Müssen wir etwa zum dritten Mal in dieser Woche wieder Bohnen essen?«

»Ich muss etwas trinken, ich muss etwas trinken«, murmelte der Dunkelhaarige, der einen ganzen Kopf kleiner war, deswegen lauter sprach und aufrecht ging wie eine Kerze. »Kann ich eine Limonade haben, bitte? Halt, Moment, lieber eine Cola.«

»On va prendre du lager, non?«

»Ich möchte heute nicht trinken.«

»Also gut, wir werden heute also nicht trinken. Mir ist das egal. Ich nehme auch eine Cola.«

»Wollen wir uns setzen? Ich glaube, ich bleibe lieber stehen.«

»Schau dir den da an, da drüben, der hat sich's schon bequem gemacht.« Thierry de Rastignac wies mit dem Kinn auf Rattles, der mit ausgestreckten Beinen in der Ecke schnarchte; Gummisohlen schützten sein Schuhwerk vor Feuchtigkeit, die Schnürsenkel waren doppelt gebunden. Arcangelo Distante ballte die Hand zur Faust, führte den Daumen an die Lippen und warf den Kopf in den Nacken. Er kicherte. »Er ist betrunken. Sie trinken viel zu viel, diese Engländer, findest du nicht? Ich kann sie überhaupt nicht leiden, diese Engländer!«

»Für mich sieht er eigentlich gar nicht englisch aus.«

»Stimmt, du hast recht, das ist ja gar kein Engländer! Was aber dann?«

»Irgendetwas Vages, Unpräzises. Möglicherweise ein Däne. Oder ein Pole.«

»Ob er Geld bei sich hat?« Er versetzte seinem Freund einen Knuff und hielt sich dann beide Hände vor den Mund.

»Wenn ja, müssen wir ihn bis aufs Hemd ausrauben«, flachste der Franzose. »Wir werden von seinen Mitteln profitieren, nach London fahren und uns einen ganzen Abend bei San Lorenzo mästen.«

Das Interesse des Dunkelhaarigen war geweckt. »Komm, wir müssen ihn aufwecken!« Er griff nach einer Erdnuss und schnalzte diese mit faunischem Grinsen durch den Raum. Das Geschoss verfehlte sein Ziel um Haaresbreite, prallte neben Rattles' Kopf an der Holztäfelung ab und sprang von dort über die Sitzbank zum Boden.

Rattles grunzte.

»*Cavolo!*« Der Dunkelhaarige griff jetzt mit der ganzen Hand in die Schale, wurde jedoch von seinem Freund zurückgehalten, der mit rotem Kopf dem Blick der gläserwischenden Schankkraft auswich. »Aber nein, hör doch, wir müssen uns hier nicht zum Idioten machen –«

»Ich hab's! Weißt du, was er ist? Ganz einfach: Er ist Deutscher.«

»Ein Deutscher, der am Ende der Einfallschneise betrunken in seiner kleinen Bomberjacke schläft, *hein*? Vielleicht ja, vielleicht aber auch nicht. Ich weiß nicht – das ist mir alles viel zu offensichtlich.«

»Sie verstehen es nicht zu trinken, diese Deutschen.«

»Er hat wahrscheinlich Bier getrunken, das ist alles.«

»Komm, wir fragen ihn!«

Während die zwei noch am Tresen diskutierten und ihre Gläser leerten, öffnete sich die Türe; ohne den Blick vom Boden zu heben, schoben sich mehrere Burschen mit klebrigen Haaren in das Pub und nahmen zögerlich an den leeren Tischen Platz. Sie trugen Plastiktüten und Rucksäcke mit sich; ihr Anführer aber, der als Erster gekommen war und sogleich begonnen hatte, alles zu arrangieren, hatte sich seinen Borsalino auf den Hinterkopf geschoben und den Kopfhörer eines Walkman um sein hoffärtiges Käsegesicht gelegt. Der Rhythmus eines Popsongs tackerte in den Raum hinein; die anderen sprachen kein Wort miteinander.

Ein Klappern ließ Rattles aus seinen Träumen emporfahren. Das Pub hatte sich gefüllt: Um ihn herum wurden Schachplanen entrollt, Figuren in Reih und Glied in Position gebracht. Im Hintergrund lösten sich die beiden Gestalten aus dem Halbdunkel; der Franzose schob seine Hände in die Taschen. Er wiegte sich in den Schuhen. »Ah, Schach. Was für ein eigenartiges Konzept«, plauderte er in die Richtung seines Kumpanen, als wären sie alleine auf der Welt. »Auf jeden Fall haben sie zwei

Mannschaften gebildet, wie beim Fußball. Schau nur, gleich werden sie übereinander herfallen!«

Der Italiener führte die Daumen an die Finger und schüttelte beide Hände. »Wir müssen sofort spielen!« Sein Blick wanderte durch den Raum und blieb an der Gestalt mit dem Walkman hängen. »Ich möchte mitmachen!«, forderte er und setzte sich auf den nächsten freien Stuhl. »Ich kann sehr gut Schach spielen.«

»Sorry, Kollege, aber wir spielen hier Cuppers.«

»Ah, ein Turnier.« Der junge Mann schürzte seine Lippen, erhob sich geschwind und trat einen Schritt zurück, die Hände hinter dem Rücken verschränkt. »Wer spielt gegen wen?«, fragte er höflich.

»St. John's gegen Balliol.«

»Ah, St. John's.« Er lachte entwaffnend. »Zwei Mannschaften!«

Rattles, der die Szene zunehmend vergnügt beobachtet hatte, erhob sich zur Hälfte auf seinem Stuhl und winkte die beiden zu sich herüber. »Wollt ihr meinen Wein mit mir zu Ende trinken?«, rief er durch den Raum. Schachuhren hatten zu ticken begonnen; mehrere Spieler fuhren von den Zetteln hoch, auf denen sie mit Kugelschreiberstrich ihre Züge protokollierten.

»Pst, wir müssen leise sein«, sagte der Italiener und gab Rattles ruckartig die Hand. Kaum hatten sie einander bekannt gemacht, steckten sie schon die Köpfe zusammen und begannen gleichzeitig, ohne Punkt und Komma aufeinander einzureden. »Frankfurt«, hieß es, »Paris« und »Turin«; es fielen die Namen von Colleges wie Trinity, Brasenose oder Teddy Hall. Mal lehnte sich einer in seinem Stuhl zurück und verschränkte die Arme vor der Brust; mal schlug ein anderer mit der flachen Hand auf den Tisch; mal schüttelte der Dritte staunend den Kopf – alle drei hatten aber einen Heidenspaß an der Sache.

»Wollen wir noch etwas bestellen?«

»Ich muss etwas essen! Ich sterbe vor Hunger.«

»Aber bitte keine Bohnen!«

»Frauen!«, rief Arcangelo. »Sind die Frauen in Trinity schön?«

»In Trinity –«

Der Italiener packte ihn am Arm. »In acht Tagen ist das Trimester zu Ende. Hast du gevögelt?«

»Natürlich. Und du?«

»Natürlich!« Der Italiener schob die Hände in die Taschen und rutschte auf seinem Hosenboden nach vorn. »Auch wenn ich mir vorgenommen habe, nicht mehr so viel Sex zu haben wie früher. Eigentlich bin ich sehr keusch. Thierry hier hat eine Freundin in London.«

»Gut, ich habe also eine Freundin in London. Wenn das so ist, dann ist das so. Ich habe dem nichts hinzuzufügen!«

»Elisabetta.« Arcangelo riss die Augen auf. »Sie bläst ihm einen – die ganze Zeit!«

Mit übereinandergeschlagenen Beinen wandte sich der Franzose ab; ein rötliches Licht wanderte über sein Gesicht. »Mein Lieber –«

»Sie haben die ganze Zeit Sex miteinander!«

»Sex ist etwas, was man macht, und nicht etwas, das man hat. Engländer haben Sex. Wir haben höchstens eine Grippe.«

»Ich möchte zu gerne in Trinity vorbeisehen! Hängt dort auch das Jahrgangsfoto am Eingang? Aber schaut doch – wer gewinnt?«

Zwei der Schachpartien waren zu Ende geführt worden; die vier Spieler scharten sich um die verbleibenden Bretter und tauschten bei jedem Zug ahnungsvolle Blicke. In ihrer Mitte befand sich das Käsegesicht im Endspiel; es hatte seinen Borsalino neben sich auf den Tisch gelegt. Sein Gegenüber vergrub das Gesicht in den Händen und schielte dazwischen zu dem Walkman herüber, aus dem noch immer der Popsong tackerte, erhob aber keinen Einspruch.

»Was für ein Arschloch!«

»Ich finde die Engländer überhaupt nicht fair.«

»Der sieht ohnehin eher nach einem Amerikaner aus.«

»Ich wäre ihm ja an die Gurgel gegangen!«

»Fein, wir aber werden nun nach Trinity pilgern, um ein wahrscheinlich bemerkenswertes Jahrgangsfoto zu inspizieren«, schloss Thierry zu Rattles auf, als sie das Public House verließen; hinter dessen Rücken warf er aber dem Italiener einen vielsagenden Blick zu.

Es war dunkel geworden. Die Straßen hatten sich geleert. Eine Sturmböe fuhr über Oxford hinweg, Schilder knarrten im Wind. Sie fanden den Hintereingang von Trinity verschlossen und liefen außen herum an Balliol entlang, bis sie links in die Broad Street abbogen.

»Um wie viel Uhr ist bei euch Abendessen?«

Rattles sah auf die Uhr, während er mit dem Schlüssel zur Holztür hantierte. »Jetzt.«

»Wollen wir alle gehen?«

»Wir dürfen Gäste nur mittags mitbringen«, entgegnete Rattles schnell; zudem getraute er sich nach der Szene am heutigen Morgen noch nicht, einem bis auf den letzten Platz besetzten Speisesaal in die Augen zu sehen. »Lasst uns das nach Weihnachten tun!«

Vor dem Jahrgangsfoto, das der Pförtner an die Innenseite des Fensters gelehnt hatte, verabschiedeten sie sich; dann verschwand Rattles auf sein Zimmer. Die Klauen von Storax und Catalpa ächzten im Wind und warfen ihre Schatten über den Rasen; Arcangelo Distante und Thierry de Rastignac aber betrachteten das Bild.

»Glaubst du, dass er tatsächlich gevögelt hat?«, fragte der Italiener.

»Vielleicht, auf seine bäuerliche deutsche Art.«

»Ich glaube nicht. Ich glaube, er lügt.« Arcangelos Zeigefinger wanderte die Gesichter entlang, die ihn durch die Glasscheibe mit ihrer Krankenwagenpersonalmiene ansahen. »Ich wüsste auch nicht, wen.« Sein Finger blieb an Tamsin hängen. »Die hier vielleicht?«

»Ich weiß nicht, ob ich ihm das wünschen soll. Andererseits hätten sie doch einiges aneinander zu entdecken gehabt.«

»Wollen wir ihn im nächsten Trimester einladen? Er gibt vielleicht ganz gutes Material ab für unseren Club.«

»Ausgeschlossen. Ich sehe darin überhaupt keinen Zweck. In seinem College gibt's doch gar keine Frauen.«

Am darauffolgenden Samstagabend stapfte Rattles die eingerüsteten Gebäude der Broad Street entlang in Richtung der Kings Arms. Die Enttäuschung darüber, keine Antwort von Laxmi bekommen zu haben, wich nach und nach der Vorfreude, sich ungebunden durch die Party treiben lassen zu können. Er reckte sich. Er streckte sich. Bei der Cheese and Wine Appreciation Society, hallte Laxmis Stimme derweil in seinem Kopf nach, wirst du ganz in deinem Element sein, und: Ohne deine Intelligenz wärst du als Engländer vielleicht auch ein Sloane Ranger geworden.

Seine Schritte pumpten frisches Blut durch seinen Körper, und seine Lungen weiteten sich in der Abendluft. Er überquerte die Kreuzung, die Kings Arms linker Hand liegen lassend, marschierte geradeaus weiter nach Osten, in die Verlängerung der Broad Street; diese trug den Namen Holywell Road.

»Holywell«, murmelte er, »Holy Well – hier muss es früher einmal eine heilige Quelle gegeben haben. Aus der hätte ich gerne getrunken! Ob dem Wasser noch immer ein besonderer Zauber innewohnt? Hätte mich ein Schluck verhext? Ach, was sage ich! – Dem ganzen Ort wohnt ein Zauber inne, wahrscheinlich bin ich ohnehin schon verhext! Kein Wunder, dass sich Oxford hier zu ballen scheint.«

Tatsächlich ragten die gotischen Spitzen nun dicht gestaffelt hinter den Gebäuden in die blaue Dämmerung. Da stand Hertford College mit dem Nachbau der venezianischen Seufzerbrücke, daneben die auf einen Spleen von Nicholas Hawksmoor zurückgehende Rotunde der Radcliffe Camera als Symbol für die universelle Bibliothek; dahinter die Anlage von All Souls, die sich neben der Universitätskirche von St. Mary the Virgin im Süden zur High Street hin öffnete. Von allen Colleges in Oxford, munkelte man in Trinity hinter vorgehaltener Hand, sei All Souls das elitärste, da es nur Professoren als einfache Studenten aufnehme; einmal alle hundert Jahre würden sie, auf der Suche nach einem sagenumwobenen Erpel, den »Herrn der Enten«, um Mitternacht in einem Fackelzug durch ihre arabesken, beinahe maurisch anmutenden Innenhöfe tragen, rückwärts sitzend auf einem Fass, und dazu im Chor singen:

Some storys strange are told I trow
By Baker, Holinshead & Stow
Of Cocks & Bulls, & other queire things
That happen'd in ye Reignes of theire Kings ...

In dem Gebiet aber, das die Holywell Road im Norden und die sich in einer weiten Kurve südwärts zur High Street krümmende Longwall Street umschlossen, befand sich das New College mit seinen mittelalterlichen Festungsmauern, vor deren Eingang Rattles nun stand. Den Torbogen versperrte eine Rotte weißhaariger Pförtner. Sie lugten übellaunig unter ihren Melonen hervor und musterten ihn wie Bankiers einen Clochard auf den Treppen des Royal Exchange in der City of London, der seinen Schäferhund mit abgelaufenen Schuldscheinen füttert; in der Mitte des Eingangs stand ein Schild mir der Aufschrift »Long Room«, und der Pfeil wies geradewegs nach vorne und ins Dunkel.

Wie im Traum marschierte Rattles über knirschende Kiesel auf der Brachfläche zwischen dem äußeren Ring und dem zweiten Festungswall. Durch die zur Hälfte nach oben geschobenen Fenster hörte er die Stimmen von Stevie Wonder und Kate Bush; ein Pfeil lenkte ihn um die Ecke, Trauerweiden raschelten im Dunst eines blauschwarzen Gartens, und Enten stiegen über dem Teich auf; dann stand er im Hof von Camelot, dessen Zinnen ihn in der Form eines Hufeisens von drei Seiten umschlossen.

Er starrte auf die Fassade.

Die Fassade starrte zurück.

In den Korridoren wähnte er Knaben in Matrosenanzügen, die auf Rollern übers Parkett donnerten; ihre Schwestern schwangen in Tüllkleidchen auf Deckenschaukeln hin und her und sangen grässlich.

Er öffnete eine Türe.

Treppenstufen knarrten.

Ganz oben saß eine bleiche Frau hinter einer Kasse; ihr Rumpf steckte in einer afghanischen Schafwollweste. Durch die Doppeltüre daneben brummte es wie aus einem Bienenstock.

»Wo warst du in deinem Zwischenjahr?«, kam es von überallher, und ähnlich. »Hat es in Darjeeling geschneit?« etwa, oder »Oriel ist voller Ruderer und Deutscher«, und: »Sie war ein Chaletgirl in Val d'Isère!«

»Ganz schmutzige Angelegenheit, dieses Nairobi! Rupert und Sarah sind dort an der Ampel ausgeraubt worden. Mit vorgehaltener Pistole. Am helllichten Tag, als ihr Range Rover bei Rot gehalten hat. Weißt du, wie die Farmer Nairobi nennen? ›Nairobbery‹! Haha!«

»Hahaha! Großartig!«

Rattles drängelte sich, ja, er kämpfte sich mit seinen Ellenbogen in den Raum hinein; schon nach wenigen Minuten war er ganz verschwitzt. Als er endlich den Tisch mit Brie, Rotwein, Trauben und Baguette erreicht hatte, spürte er eine Hand auf seiner Schulter. Er fuhr herum. Es war Emma; ihr Atem keuchte in sein Ohr.

»Hast du auch den Kilimandscharo bestiegen?«

Er warf den Kopf in den Nacken und lachte schallend. Da war sie wieder, diese englische Originalität! Wer sonst würde auf den Gedanken kommen, jemanden so anzusprechen? Ein sexuelles Motiv war zudem hier nicht ganz auszuschließen – hatte der Berg nicht zwei Gipfel, die sich, von einer Hochebene getrennt, wie ein Paar Brüste über dem Wolkenmeer in die Tropensonne reckten? »Klar!«, rief er. »Natürlich! Mehrmals in meinem Leben! Nackt! Mit meiner Omi!«

»Henry und Cartouche haben das gerade gemacht.«

»Was?«

»Den Kilimandscharo bestiegen.«

»War's kalt?«, fragte er dämlich, nach einer Pause.

»Die Träger sind wie Gemsen vor uns hergesprungen.« Der Hippie Cartouche wippte auf seinen Cowboystiefeln vor und zurück, und seine Stimme knarrte wie die Tür zum Saloon in Klondike City. »Kettenrauchend, bis zum Gipfel. Henry hat die ganze Zeit gekotzt.«

»Cartouche, das klingt französisch. Kommst du aus Frankreich?«

»Surrey.«

»Habt ihr auch in diesem tollen Gästehaus gewohnt, am Fuß des Bergs«, leuchteten Emmas Augen, »von dem mein Bruder erzählt hat?«

»Meinst du die Farm der einundneunzigjährigen Deutschen? Schräges Stück im Dornröschenschlaf. Biere auf der Veranda, *German Sundowner*, nach einer Woche ist Henrys Wanst wieder voll.«

»Einer Deutschen?«

»Sie wurde dort geboren, als Tansania noch dem Kaiser gehörte. Als der Kaiser weg war, ist sie einfach geblieben. Sie hat ihn tatsächlich getroffen. Er hat ihr eine Kuckucksuhr geschenkt. Rothenburg ob der Tauber, glaube ich. Oder Nürnberg. Hängt noch immer da, das olle Stück. Niemand darf es anfassen. Sie hat auch diesen obszönen Hund, eine Mischung aus Schäferhund und spanischem Mastino. Ist mindestens so alt wie sie selbst. Zusammen hinken sie durchs Haus und bellen die Schwarzen an. Rate mal, wie der Hund heißt!«

»Sag schon.«

»Fräulein Lumumba!«

»Du machst Witze.«

»Wir haben dieses italienische Pärchen kennengelernt, die haben einen Hundewelpen adoptiert und mit ins Hotel gebracht. Am nächsten Morgen war der Welpe weg. Eine Rettungsmannschaft wurde losgeschickt, es gab belegte Brötchen als Proviant, doch alles vergeblich: Der Welpe ist nirgends zu finden. Stunden gehen ins Land, Tränen fließen, *Madonna* hier und *Madonna* da; die Kuckucksuhr schlägt einmal mehr. Mit dem letzten ›Kuckuck!‹ kommt die alte Dame ins Zimmer gehinkt. Sie baut sich vor uns auf, stemmt beide Hände in die Hüften, und weißt du, was sie mit Grabesstimme verkündet? – ›Es tut mir leid, Ihnen mitteilen zu müssen, dass Fräulein Lumumba gerade Ihr Luncheon verzehrt hat!‹«

»Du machst Witze!«

»Wir waren also tatsächlich unter Kannibalen.«

»Rattles kommt aus Deutschland.«

»Dacht ich's mir doch.«

»Wo warst du in deinem Zwischenjahr, Rattles?«

»Ich war in Euskirchen«, gestand er.

Cartouches Aufmerksamkeit war dennoch geweckt. »Australien?«

»Nein, Nordrhein-Westfalen.«

Emma grinste Rattles an; ihre Augen funkelten grün. Wie Apricot vor den Kings Arms trug sie nun einen Stretchmini zu schwarzen Wollstrumpfhosen; durch eine immense Laufmasche, die sich vom Saum ihres Rocks bis zum Knie zog, blitzte eine großzügige Menge weißen Fleisches. Es war das erste Mal in seinem Leben, dass Rattles einen Nasenring sah, und was für einen gewaltigen noch dazu, aus getriebenem Silber; Laxmi indes war nirgends zu finden.

»Wie heißt du noch mal?«, fragte Cartouche.

»Rattles.«

»Tschüs, Rattles.«

Rattles taumelte wie ein Boxer nach einem Schlag an den Schädel. Er öffnete die Augen und schloss sie wieder. Sein Kopf war leer, er war betrunken, und der Raum drehte sich vor seinen Augen.

Emma schlug beide Hände vors Gesicht und beugte sich nach vorne. Rattles dachte, sie wolle sich übergeben, doch es war nichts anderes als ein unbändiges, aus den Tiefen ihrer Seele nach oben dringendes Lachen, das ihren Körper in konvulsivischen Zuckungen beutelte. »Du antwortest immer. Du antwortest immer so genau«, prustete sie und kämpfte gegen das Lachen und gleichzeitig gegen die Tränen, die ihr das Lachen über die Wangen schickte. »Es tut mir leid, wie heißt du noch mal? Ach ja, Rattles, es tut mir wirklich so leid.«

Das Mädchen wandte sich ab und richtete sich unter größter Anstrengung wieder auf. Sie focht mit mahlendem Kiefer und hervorquellenden Augen einen heroischen Kampf gegen ihre eigene Heiterkeit aus. Für einen Moment schien es, als würde sie den Kampf gewinnen; ihr Gesicht wurde wieder ernst. Doch dann überwältigte sie ein neuer Lachanfall, und während sie ihre zuckenden Schultern hochzog, blitzte sie Rattles durch ihre Finger aus feuchten Augen an, stand wieder gerade, zog rasselnd den Rotz zurück in die Nase und fuhr sich mit beiden Händen über den Rock. »Oh mein Gott, meine Güte, es tut mir leid, aber du gibst dir immer so schrecklich viel Mühe. Es tut mir leid, aber hier hat niemand gelernt, sich Mühe zu geben; wir sind einfach nur so da«, sprudelte es aus ihr heraus. »Du gibst dir so viel Mühe, das ist so lustig.«

Wie die wohl im Bett ist?, durchfuhr es Rattles. Er umfasste Emmas Taille und zog sie enger an sich heran. Sie simulierte einen Schrei, der klang wie der Schrei einer viktorianischen Dame, die, auf Expedition durch die jemenitische Wüste, nach langer Suche endlich in die Hände ihres Scheichs gefallen war, der sie quer über seinen Rappen warf und in den Harem seiner Burg entführte, wo Haschischwolken von Lehmbalkonen wehten und sich die Blüten der Orangenbäume von Zinnen über Schluchten neigten, mit Wildbächen und blau bis zum Horizont dahinschwindenden Dünen –

»Hör mal, Emma!«, rief Rattles und machte sein Lieblingsgesicht. »Ich muss dir einen Witz erzählen.«

Sie lauschte; dann erstarrte ihr Gesicht. »Hört mal alle zu, was für einen Witz mir gerade Rattles erzählt hat!«, rief sie mit erhobenen Händen; es wurde still.

Rattles erbleichte. Angesichts des unabwendbar heraufziehenden Desasters schlug er beide Hände vor sein Gesicht: alles verloren; es war zu spät.

»Ein Mann und eine Frau vögeln am Strand«, sprach Emma so laut und präzise, dass man sie bis in die hinterste Reihe hin hören konnte. »Da kommt ein Polizist und sagt: ›Entschuldigen Sie bitte!‹ Das Pärchen macht weiter. Der Polizist, nun ein wenig lauter: ›Entschuldigen Sie bitte!‹ Das Pärchen lässt sich nicht beirren. ›Entschuldigen Sie bitte!‹ Der Mann hebt seinen Kopf: ›Ja bitte?‹, keucht er, ziemlich außer Atem. ›Sir‹, schilt ihn der Polizist streng, ›sehen Sie nicht, dass diese Frau tot ist?‹ ›Oh, sie ist tot?‹, stammelt der Mann. ›Es tut mir schrecklich leid – ich dachte, sie wäre aus England.‹«

Eisige Stille senkte sich über den Raum. »Ich finde«, sprach Emma genüsslich in das Schweigen, »das ist wirklich sehr lustig.«

Da ertönte im Hintergrund, doch deutlich vernehmbar von der einen Seite des Raums bis zur anderen, eine brechende Knabenstimme.

»Was für eine Schande, die Sache mit diesem Krieg! Deutsche und Engländer sind sich so ähnlich. Wir hätten zusammen kämpfen sollen, und zwar – gegen die Franzosen!«

Es war Hooper.

»Krass, jetzt wird man mir unterstellen, dass ich wie eine Leiche ficke«, platzte es aus Rattles heraus, als er mit Hooper über die Brachfläche zum Ausgang des College stampfte. »Aber sei's drum, drauf geschissen!«, rief er und fasste sich im nächsten Augenblick schon wieder erschrocken an den Mund.

»Ich musste das tun«, entschuldigte sich Hooper und lief rot an bis unter die Haarwurzeln.

In der Mauer vor ihnen brannte nur noch ein einziges Licht. Wie von weit her drangen die einpeitschenden Viervierteltakte eines Matrosenchors an ihre Ohren, knisternd und brüchig, so, als spielte dort ein Grammophon:

History – in ev'ry century
Records an act that lives forevermore.
We'll recall – as in to line we fall,
The thing that happened on Hawaii's shore.

Let's remember Pearl Harbour –
As we go to meet the foe –
Let's remember Pearl Harbour
As we did the Alamo.

We will always remember –
How they died for liberty,
Let's remember Pearl Harbour
And go on to victory.

»Hoops!«, rief Rattles, »du hast die Situation gerettet! Du bist der Held des Abends!« Er blieb stehen und sah ihm fest in die Augen. »Coole Aktion, Alter! Danke. Das war Rettung in letzter Sekunde!«

»Eine ziemlich üble Meute war das. Ich mochte sie überhaupt

nicht. Nein, überhaupt nicht.« Er zögerte für einen Moment. »Bis auf Porfirio. Porfirio Osborne.«

»Wer ist Porfirio Osborne?«

»Ein Amerikaner in Christ Church.«

»Was für ein Name!«

»Er ist zur Hälfte Venezolaner.«

»Wenn du mich fragst, sind die alle als Tiger gesprungen und als Bettvorleger gelandet«, machte Rattles seinem Ärger Luft. »Und das wollen Engländer sein? Barbourjacken, Cordhosen, Herrenschuhe – darüber kann ich nur lachen! Und dieses Schmuddelkind Cartouche, nicht mal neue Stiefel kann der sich leisten, und einen neuen Pullover auch nicht! Hast du gesehen, wie zerrissen seine Ärmel gewesen sind?«

»Einige dieser Familien sind alt, sehr alt. Es hat sie schon gegeben, bevor das Christentum die Britischen Inseln betreten hat.«

»Und diese Schuppen überall – igitt!«

»Viele haben Probleme mit ihren exzentrischen Eltern.«

»Meinst du, dass ihnen ihre Eltern keine Pullover mehr kaufen, weil sie schlechte Noten haben?«

Hooper sah ihn mit großen Augen an. »Ich glaube, sie laufen mit Absicht so rum.«

»Du meinst, sie zerreißen sich selbst ihre Kleider?«

Hooper nickte stumm. »Oder die Kleider zerreißen sich von allein.«

»Alter Schwede – das ist ja gruselig. Das ist pervers. Na gut, wem's gefällt. Emma scheint das nicht gestört zu haben«, brütete er. »Warum auch, wenn sie nichts anderes gewohnt ist? Ach, es ist schon ein Jammer mit diesen Frauen!«

Beschwingt liefen sie durch die Holywell Road zurück zu den Kings Arms. Rattles fuchtelte wütend in der Luft herum; Hooper folgte ihm mit einem halben Schritt Abstand, den Rücken durchgedrückt, als habe er Schmerzen. Er trug ein Tweedsakko aus einem Secondhand-Laden, einen unsäglichen Pullunder und eine gepunktete Fliege, was ihm ein seltsam altmodisches Aussehen verlieh.

Vor seinem inneren Auge sah ihn Rattles als Hauslehrer auf einem Landsitz der dreißiger Jahre, zur Götterdämmerung des englischen Empires. Er sah ihn an der Kurbel einer Handkamera sitzen und, begleitet von dem metallischen Klang der Spulen, einer Abendgesellschaft schwarzweißflimmernde Bilder von sich selbst zeigen: auf einem Eselsrücken unter der Akropolis, am Stadttor von Palmyra etwa oder bei Aleppo, ein geknotetes Taschentuch auf dem Kopf und mit seinem Baedeker Fliegen verscheuchend – bis sich bei dem Wort »Landsitz« unweigerlich Apricot in seine Gedanken schob, die von Emma aus dem Bild gedrängt wurde, so wie er sie nach Hoopers großem Auftritt im Long Room gesehen hatte; er nieste.

Ein Auto glitt langsam an ihnen vorbei. Seine Scheinwerfer erfassten zwei betrunkene Studenten, die eine Mülltonne umgestoßen hatten und sich im Abfall wälzten. Für einen Augenblick geblendet, blinzelten sie in den Lichtkegel und huschten dann gebückt wie zwei Ratten und in Richtung Balliol davon.

»Das passiert, wenn man gottlos nach dem Sinn des Lebens sucht«, brach es aus Hooper heraus. »Wenn Menschen auf der Suche sind, ohne nach Gott zu suchen, dann wühlen sie am Ende nur im Abfall.«

Alle Ampeln waren abgeschaltet, die Broad Street lag ausgestorben und grau vor ihnen. Gegenüber von Trinity grinsten die Steinfratzen des Sheldonian, am Himmel zogen Gewitterwolken auf, der Wind rüttelte an den Planen vor den Gerüsten, und über Balliol begann es zu donnern. Erste Regentropfen fielen.

Rattles drehte seine Augen nach oben. »Aber eines muss man der Meute schon lassen«, murmelte er, während sie vor den Kings Arms über die Parks Road eilten, »schöne Frauen haben die! Und dieser Horizont – wo die schon alle gewesen sind!«

Du hast noch nie in deinem Leben etwas Interessantes getan, fuhr es ihm schmerzhaft durch den Kopf. Wo sind sie gewesen, die Sonnenaufgänge über Ninive, Timbuktu und Samarkand? Welche Taten hast du vollbracht, als Jüngere schon auf Lastwagen den Karakorum überquert haben, um einhundertachtmal den Kailasch zu umlaufen? Du hast noch nicht die Quellen des Weißen Nils gesehen, und du hast niemals Opium geraucht, mit Kannibalen aus einer Menschenpfeife. Was musst du tun, um beim nächsten Mal mithalten zu können?

»Hm.« Hooper nickte hastig.

»In unserem College sind nicht so viele schöne Frauen.«

»Eigentlich mag ich Jane ganz gerne.«

»Ach ja, Jane! Das ist eine Nette.«

»Es steckt viel mehr in ihr als man zunächst denkt, hm. Vielleicht zu viel.« Hooper wurde ein weiteres Mal rot.

»Hoops – du hast doch nicht etwa?« Rattles versetzte ihm einen Stoß, während er die Tür zum College aufsperrte. Der Regen wurde stärker, dazu blies ein hässlicher Wind; es war Zeit, dass sie auf ihre Zimmer kamen.

»Du möchtest, dass sie sehr glamourös sind, nicht wahr?«

»Alles ist ganz anders bei euch. Bei uns sind die interessanten Menschen gleichmäßig über die Gesellschaft verteilt. In England aber, habe ich den Eindruck, ballt sich alles in den oberen Schichten.«

»England ist nicht wie Italien oder Indien, hier gibt es keine schönen Armen.«

»Das habe ich nicht sagen wollen.«

»Aber es ist wahr, hm.«

Es goss wie aus Kübeln. Sie rannten über den Front Quad und spähten dann aus dem Eingang ihres Treppenhauses in das Unwetter. Wie Wasser über eine Windschutzscheibe legte sich der Regen über das Panorama mit der Kapelle, der Residenz des Collegepräsidenten und dem Rasen davor, mit seinen schwarzen Atlaszedern, dem Gerippe des Catalpabaums und dem nun auch kahlen Storax.

Es fiel Hooper zu, Rattles auf ein letztes Glas Portwein in sein Zimmer zu bitten.

Hooper drehte den Schlüssel im Schloss und verschwand in dem dunklen Raum. Während Rattles noch im Türrahmen stand, erleuchtete ein Blitz das Skelett des Sprossenfensters. Für den Bruchteil einer Sekunde sah er seinen Gastgeber, grotesk verzerrt wie eine Gestalt von El Greco, vor einem Kruzifix auf dem Schreibtisch in die Knie sinken und sich quer über das Brustbein bekreuzigen.

Schlagartig wurde es wieder dunkel.

Draußen krachte der Donner, unbarmherzig wütete der Regen. Hooper schaltete das Licht ein. Verschämt stand er inmitten eines Zimmers, das wieder auf normale Größe geschrumpft war und sich, bis auf die religiösen Paraphernalien, kaum von Rattles' oder Matthew Selwyns Behausung unterschied.

»Ich kann die englischen Internatsleute nicht einschätzen. Wie nennt man sie noch – Sloane Rangers?« Rattles warf einen Blick auf Hoopers Cordhosen, sein Jackett, die altmodischen Schuhe. »Wahrscheinlich halten auch dich einige Leute für einen Sloane Ranger!«

»Ich bin kein Sloane Ranger.« Hoopers Gesicht war anzusehen, dass er sich dennoch geschmeichelt fühlte. Neben dem Kruzifix standen eine Kerze, die Bibel, Chaucers »Canterbury-Erzählungen« und ein Buch über die Verzückung der heiligen Theresa von Avila; die Tischdecke war in Falten drapiert, darauf lagen ein Wachsband voller Dornen und eine Einladung zur Messe in Grandpont House. »Aber du, du hast etwas von einem Sloane Ranger an dir«, nickte er, »ja, hm.«

»Trotzdem scheinen mich diese Leute nicht zu akzeptieren.« Rattles vergrub seine Hände in den Taschen.

»Ich sehe dich mit Cartouche – ja«, schluckte Hooper. »Und mit Emma.«

»Mit Emma.« Rattles' Finger beschrieb eine Melodie in der Luft. »Wir wären ein tolles Paar, findest du nicht?«

»Ihr wärt ein tolles Paar, ganz bestimmt.«

»Und dennoch fühle ich mich nicht akzeptiert.«

»So weit würde ich nicht gehen.«

»Liegt es vielleicht daran, dass ich Deutscher bin?«

»Oh nein, ganz sicher.«

»Meinst du wirklich?«

»Vielleicht.« Hooper schluckte; dann wandte er sich Rattles zu. Der Portwein hatte seine Wangen gerötet, draußen blitzte und donnerte es, der Wind peitschte den Regen in Böen gegen das Fenster. »Du solltest die heilige Messe besuchen.«

»Ich bin nicht besonders christlich.«

»Ich auch nicht genug. Wir sind fern von Gott.«

Vom Alkohol betäubt und mit einem leicht übersäuerten Gefühl im Magen, torkelte Rattles wenig später ins Freie. Das Unwetter hatte nicht nachgelassen, sondern trieb seinem Höhepunkt entgegen.

Er stürmte über den Front Quad, vorbei an der Residenz des

Collegepräsidenten, durch den Torbogen, der unter dem Turm der Kapelle in den Durham Quad führte, und vom Durham Quad durch einen zweiten Torbogen hinaus in den Garden Quad.

»Warum soll ich unterm Katzentisch ficken, nur weil ich Deutscher bin?«, grollte er. »Bin ich etwa schlechter als alle anderen?«

Der Regen wusch über die Ruderblätter, die man, in Erinnerung an die Triumphe gewonnener Regatten, mit Kreide neben die Eingänge gemalt hatte: *Eights Week, Torpids, Blades.* Ungeachtet seiner immer stärker durchnässten Bomberjacke schwankte Rattles an barocken Blumentöpfen vorbei und hinaus in den stürmischen Garten.

Der Wind rüttelte an den Zweigen der Linden vor der Bibliothek und, ihnen gegenüber, an den Ästen der riesigen Steineiche und der Rotföhre an der Mauer zu St. Johns; hoch oben am Himmel ächzten und arbeiteten sie gewaltig, wie die Finger vieler toter Hände.

Vor ihm führte der Weg in gerader Linie zum Tor an der Parks Road, das erst geöffnet werden würde, wenn wieder ein Stuart den Thron bestieg. Über den Rasen trieb der Sturm in Schlieren heran, in denen trostlos die Holzmöbel standen. Um sie herum sog sich die Erde mit Feuchtigkeit voll, auf dem Boden pickten die Raben.

Rattles machte auf dem Absatz kehrt und versteifte seinen Rücken. Während ihm das Wasser über das Gesicht strömte, erfasste er die schwarze, amorphe Monstrosität des vor ihm liegenden College mit einem herrischen Blick. Seine Augen glühten.

»Das letzte Wort ist hier noch nicht gesprochen!«, schüttelte er seine Faust. »Jetzt wollen wir sehen, wer von uns beiden der Stärkere ist!«

Einzig in Robert McMurrays Zimmer brannte Licht; er glaubte, weit weg, hinter der Scheibe, gleich mehrere Köpfe zu erkennen. In einem Blitzschlag traten die Schornsteine hervor, dann krachte der Donner – und mit ihm versank alles in Finsternis.

II. Hilary

Porfirio Osborne lief mit hastigen Trippelschritten an den Bettlern am Carfaxturm vorbei und durch die Fußgängerzone der Cornmarket Street mit ihren Filialen von Boots, Waterstones und W. H. Smith. Er war ein sehr kleiner Mann in einer schwarzen Karotte und einer senfgelben Tweedjacke, der einen auffällig ungesunden Wanst vor sich herschob. Von seiner südamerikanischen Mutter hatte er Teint und Größe geerbt, von seinem irischstämmigen Vater den Leibesumfang und einen so feuerroten Schopf mit Bart, dass er sich zeitlebens gegen den Vorwurf verteidigen musste, er habe sich die Haare gefärbt.

Wo aus Cornmarket nach der Kreuzung St. Aldates wird, bog er nach links, einen Steinwurf von der Folly Bridge entfernt, die in südlicher Richtung über den Fluss Isis führt. Er überquerte die Straße und eilte, geschäftig nach beiden Seiten hin grüßend, durch das Tudortor unter einem Glockenturm, der die langgestreckte Mauer auf der anderen Seite wie ein Zeigefinger durchstach. Dahinter balancierte ein Götterbote auf Sandalen über einem ausgelassenen Brunnen. Um ihn herum wirbelten Schneeflocken wie in einer Glaskugel durch die immense Ödnis des Tom Quad von Christ Church College.

»The hireling and slave, from the terror of flight, or the gloom of the grave«, sang er in seinen Bart, während er durch das Gestöber hastete und auf eine der Türöffnungen in den kasemattenähnlichen Mauern des Hofs zuhielt. *»And the starspangled banner in triumph doth wave – o'er the land of the free – and the home of the brave.«*

Auf seinem Zimmer warf er seine Ledermappe in die Ecke, riss sich die Kleider vom Leib und sah auf die Uhr. Er streifte sich einen Bademantel über und tappte ins Bad, Seife und Rasierpinsel in der Hand. Wenige Minuten verstrichen, bis er wieder in sein Zimmer trat. Abgesehen von einem Paar abgestoßener Cordpantoffeln war er nun so nackt, wie ihn der Herrgott erschaffen hatte; seine Gliedmaßen leuchteten rosig und feist wie das Fleisch des trunkenen Silens.

Er setzte sich breitbeinig auf die Bettkante und frottierte seinen Nacken mit einem marineblauen Tuch. Kaum getrocknet, erhob er sich wieder, nahm frische Wäsche aus dem Schrank, schlüpfte in ein weißes Hemd mit Vatermörderkragen und drückte drei Metallstifte durch die Knopflöcher in die gestärkte Hemdbrust. Seine verschrumpelten Fingerkuppen schoben ein Tonband in den Kassettenrekorder. Während die Geisterhausklänge des Aquariums aus Camille Saint-Saëns' »Karneval der Tiere« das Zimmer erfüllten, legte er sich die Fliege seines Smokings ungebunden um den Hals und nahm, seinen Hintern wetzend, mit einem selbstgefälligen Schauder an seinem Schreibtisch Platz. Darauf lagen Lifestylemagazine neben Immobilienkatalogen, mehreren Bilderrahmen, einer Schere, Briefen, Listen und einem Stapel vorgefertigter Einladungskarten mit dem Reliefdruck:

All Porfirios horses
to strangeness and champagne

Er blätterte so lange in den Prospekten, bis er auf das Bild eines Hauses in den Hamptons stieß, schnitt das Foto aus und befestigte es sorgfältig in einem der Rahmen. Er wiederholte den Vorgang mit dem Hochzeitsfoto eines gewissen Clayton

Fotterall McMichael sowie der Abbildung eines Pferdes, das im Derby von Kentucky als Sieger von der Galopprennbahn geführt worden war. Nachdem er die Bilderrahmen an auffälligen Stellen seines Zimmers platziert hatte, kehrte er an den Schreibtisch zurück, nahm das nächste Blatt Papier, strich es glatt und machte sich mit gerunzelter Stirn erneut an die Arbeit. Abwechselnd nach Geschlecht und gegeneinander versetzt, hatte er dort Männer und Frauen mit altmodischem Federstrich um die Skizze eines Refektoriumstisches platziert, sich selbst und sieben Gäste.

Die Gästeliste war die Ausbeute wochenlanger harter gesellschaftlicher Arbeit am Ende von Michaelmas; Porfirio Osborne rieb sich die Hände. Thierry de Rastignac, Daniel Groß-Blotekamp und Arcangelo Distante – das klang beinahe so schön wie der halbe »Debrett's«! Doch dann verdüsterte sich Porfirios Miene wieder: Seit der Absage von Emma und Tara waren Frauen in Unterzahl; die bunte Reihe ging nicht mehr auf. Für was für einen Gastgeber würden sie ihn halten? Er steckte sich seinen Füllfederhalter in den Mund und begann, geräuschvoll an dessen Kappe zu lutschen. Dann durchkreuzte er zwei Namen, tauschte zwei andere aus und zählte noch einmal Männer und Frauen.

Aus Keeble, wo sie eine Vorlesungsreihe über John Lewis Gaddis' »Strategies of Containment« hielt, erwartete er Theda Skocpol, oder Oberstleutnant Theda Skocpol, wie sie im Sprachgebrauch der CIA hieß. Er hatte sie auf der Teeparty eines gewissen Potatoley Hawkins kennengelernt, der in den Räumlichkeiten von Mrs. Brandywines Pension in der Holywell Road eine Art inoffizielle Außenstelle des reaktionären Canning-Clubs betrieb. Beim Eintreten hatte ihn Potatoley Hawkins, der unter einer milden Variante des Downsyndroms litt, durch die Gläser seiner Legasthenikerbrille fixiert; dabei hatte der Flaum auf seiner Halbglatze gewippt und sein linker Zeigefinger sich, wie der Winkarm einer chinesischen Glückskatze, in dem Schälchen mit Cocktailsauce auf- und abbewegt, das neben Sellerie- und Karottenstreifen auf der Lederplatte seines Schreibtisches stand. Obwohl Porfirio Osborne sonst Linkshändern dieselbe Zauberkraft zuschrieb wie seine Großmutter den Faunen und Elfen von William Butler Yeats, hatte diese schamlose Geste seinen Sinn für Hygiene zutiefst beleidigt; zum tausendsten Mal hatte er an der Eignung des Vereinigten Königreichs zum unsinkbaren Flugzeugträger in dem Weltkampf der Systeme gezweifelt; zum tausendsten Mal hatte er sich gefragt, ob Langley nicht doch London zugunsten von Bonn und Westdeutschland aufgeben sollte.

In diesem Moment hatte ihn eine ihm unbekannte Frau so resolut am Oberarm gepackt, dass die Berührung Druckstellen auf seiner Haut hinterließ, von denen ein elektrischer Strom wie Kugelblitze durch seinen Körper gewandert war: »Theda Skocpol. Das ist Professor Potatoley Hawkins.«

»Potatoley Hawkins?«

Sie hatte schnell gesprochen, scharf, im Tonfall einer Gouvernante, die jedes Wort mit dem Kartoffelschäler moduliert. »Der brillanteste Altphilologe der Universität. Jeder glaubt, dass er die Dechiffrierabteilung von MI 5 leitet; seine Operationen laufen unter dem Codenamen ›Bletchley Park II‹. Wie vulgär!« Sie hatte den Kopf in den Nacken geworfen, ihr Lachen klang wie das Meckern einer Bergziege. »Möglicherweise arbeitet Potatoley gar nicht für den Dienst. Geschähe ihm recht! Adrian Shamrack ist ein sicherer Kandidat, zumal er die kanadische Staatsbürgerschaft hat. Die Engländer lieben Zwitter, finden Sie nicht?«

Die rhombusförmige Gestalt hatte ein zweites Mal in ihre Richtung geblickt, ihr Finger sich weiterhin gehoben und gesenkt. Dann war Theda Skocpol aufgesprungen – Porfirio Osbornes Arm weiterhin in eisernem Griff –, hatte mit der anderen Hand gewinkt und durch den ganzen Raum gerufen: »Potatoley, huhu!«

Mit über den Wanst bis zum Bauchnabel gezogener Polyesterhose und bei jedem Schritt bedrohlich schwankend, hatte dieser sich auf sie zu bewegt und sich dabei bemüht, festgetrocknete Reste der Cocktailsauce aus den Mundwinkeln zu schlecken, bevor er jemanden begrüßte. In seinem hannibalesken Vormarsch war er von dem Vorsitzenden des Clubs gestoppt worden, und zwar indem dieser ein Sektglas in Richtung Zimmerdecke stieß. Hier spielt jeder sich selbst, hatte es Porfirio Osborne damals durchfahren, nun tatsächlich – ein Toast!

»*Ladies and Gentlemen*, darf ich um Ihre Aufmerksamkeit bitten? *Ladies and Gentlemen – Please!*«

Der Vorsitzende hatte eine bedeutungsvolle Pause gemacht.

»*The Queen!*«

»*The Queen!*«, hatte es von allen Seiten gedröhnt.

»Potatoley ist gerade zum *fellow* von All Souls gewählt worden«, hatte Theda Skocpol verschwörerisch geraunt. »Wissen Sie, was man ihn in seiner Aufnahmeprüfung gefragt hat?« Sie hatte ein Kostüm und Halbschuhe getragen und ihre Oberlippe zitterte wie die Nüstern eines Fohlens, das Witterung aufnimmt. Durch den kurzen Pony sah Porfirio Osborne ein Muttermal mitten auf ihrer Stirn. An wen, hatte er zerstreut gedacht, erinnert mich das bloß?

»Potatoley ist damals nur einfacher *fellow* von Brasenose gewesen, und da bitten sie ihn, einen Text aus dem Koptischen ins Altaramäische zu übersetzen. Leider gibt es in Oxford niemanden, der diese Arbeit korrigieren kann; so wird sie anonymisiert an die Universität von Nottingham weitergeleitet und tritt von dort eine Odyssee an bis nach St. Andrew's in Schottland, um schließlich – wie ein Bumerang – wieder auf Potatoleys Schreibtisch zu landen. Päng! Natürlich haben es alle Beteiligten vorausgesehen. Das war ein klitzekleiner Streich, den man Potatoley Hawkins gespielt hat, mit dem kalkulierten Ausgang, dass er an der Aufgabe zerbricht, seinen eigenen Text zu korrigieren. Perfide, finden Sie nicht? Deswegen hat er vorsorglich Fehler in seine Übersetzung eingebaut; das Anagramm ihrer Korrekturen fügt sich zum ersten Satz einer bestimmten Neuinterpretation der anatomisch-balneologischen Sektion des Voynich-Manuskriptes, das Ihnen bekannt sein sollte.«

Porfirio Osborne hatte nur stumpf genickt, er wusste, dass sich die Geheimschrift dieses Dokuments den Deutungsversuchen der Kryptologie verschloss. Worauf wollte Theda Scopkol hinaus? Auf den Manuskriptseiten, umgeben von undechiffrierbaren Zeichen, trieben Gruppen leichengrüner Frauen durch die Wannen eines Badehauses wie Embryonen durch das Fruchtwasser, miteinander verbunden durch ein System bizarrer pneumatischer Röhren, das abwechselnd an einen Haartrockner, die Dolde einer Schwanenblume oder an abgeschlagene Gliedmaßen einer Molluskenart erinnerte – es war abscheulich.

»Und nun der Clou: Es ist genau die Neuinterpretation, die der Präsident von All Souls selber verfasst hat. Erst im vergangenen Winter hat der alte Haudegen diesen Ansatz selber vorgestellt, auf der Jahrestagung der Casanovagesellschaft, im böhmischen Schloss Dux. Schachmatt! Was bleibt ihm anderes übrig, als Potatoley zu akzeptieren? Er kann doch nicht seine eigene Übersetzung ablehnen! Und Potatoleys Preis: Als er die Berufung annimmt, wird er genötigt, sich in einem dieser

Innenhöfe zu entkleiden und in ein Schaumbad zu steigen.« Wieder hatte Theda Skocpol ihren Kopf in den Nacken geworfen, wieder war das meckernde Lachen der Bergziege erklungen. »Mit einer Frau! Und einem Schnorchel!«

Porfirio Osborne positionierte Theda Skocpol zu seiner rechten Hand. Von der anderen Seite würde ihn eine Eurasierin flankieren, Katinka Rosenberg aus St. Hilda's; hinter der immensen Brille waren ihre Augen groß und gierig geworden, als er ihr, auf der Nikolausparty der Black Jade, erzählt hatte, er studiere in Christ Church. Die Black Jade war ein triadengleicher Bund von Studentinnen aus dem fernen Osten, der das Ziel verfolgte, ein Netz aus zunächst sexuellen und später auch geschäftlichen Kontakten durch den Unterleib der ganzen Universität zu spinnen; Knotenpunkt war der Tresor einer Dschunke im Freihafen von Singapur. Aufmerksamkeit für ihre Veranstaltungen schürten sie durch das Verteilen genauso rätselhafter wie anonymer Einladungen – wie die auf ihrer Papierhülle mit Ort, Datum und Uhrzeit bedruckten Essstäbchen etwa, die Porfirio Osborne eines Morgens unvermittelt in seinem Postfach unter dem Glockenturm gefunden hatte.

Ihm gegenüber schließlich sollte die schöne Debbie Palermo sitzen, eine Debütantin aus New York, von reinstem Stuyvesant-Geblüt. Die Frauen würden ihn also von drei Seiten umgeben; die restlichen Männer müssten sich an der Peripherie arrangieren. Bei Thierry und Arcangelo Distante, die ohnehin nur Material für ihren Club suchten, war er darüber nicht ganz unzufrieden; so würde sein Objekt der Begierde nur von den beiden Burschen aus Trinity flankiert werden. Beide sollten über genügend Kinderstube verfügen, um ihn an dem Abend nicht zu blamieren, aber leichtgewichtig genug sein, um keine ernstzunehmende Konkurrenz darzustellen.

Bei diesem Hoops lag es daran, dass er sich aus geschlechtlichen Angelegenheiten wohl nicht viel machte. Bei Hoops' Mitbringsel lag es daran, dass er Deutscher war; obendrein nannte man ihn auch noch bei seinem verunglückten Spitznamen Rattles. Von seinen Eigenschaften wusste man wenig; es hieß aber, er sei ein Gentleman.

Als Rattles und die anderen Studenten aus den Weihnachtsferien zurückgekehrt waren, hatten ihre Lehrer sie mit finsteren Blicken empfangen. Die Schonzeit von Michaelmas sei nun vorbei, Versäumtes müsse nachgeholt und die akademischen Weichen in Richtung der *Preliminary Examinations* gestellt werden. Bei diesen Prüfungen im kommenden Juni, am Ende von Trinity und am Ende ihres ersten akademischen Jahres, werde sich entscheiden, ob sie weiter in Oxford bleiben und zu Ende studieren dürfen.

Über die Ferien waren die Zweckfreundschaften von Michaelmas zerbrochen. Abende in der Bibliothek ersetzten Abende im Bierkeller, der unter der Woche weitestgehend verwaist blieb bis auf versprengte Gruppen, die sich über die Tische beugten. Während die Jukebox »Silver Machine« von Hawkwind spielte, warf ein Chemiestudent aus der Home Brew Gang weiterhin seine Pfeile gegen die Dartscheibe und verschwand irgendwann, in seinen Collegeschal gehüllt, zur Hefe in seinen Destillierkolben und zu Tamsin ins Bett.

Tamsin hatte aufgehört, sich das Gesicht zu überschminken und von Lord Sebastian Flyte zu träumen. In der Gestalt ihres Liebhabers hatte sie eine Lösung gefunden, die nicht nur pragmatischer, sondern auch um ein Vielfaches viriler war als das Phantom der höheren Stände mit ihrer sexuellen Ambivalenz. Auf halber Strecke zwischen Herbst und Wintersonnenwende hatte sie der Nordengländer eines Samstags nach den *last orders* in sein Laboratorium gelockt und mit kehligem Lachen auf ein System mit Röhren verbundener Wannen gewiesen, in dem eine Flüssigkeit Blasen warf und sich drehte. Im Licht eines Bunsenbrenners hatten sie einander umschlugen und waren danach auf sein Zimmer gewankt, um es seit damals regelmäßig lautstark miteinander zu treiben – sie waren *at it*, wie man im ganzen College sagte.

Robert McMurray war in den Bulldingdon Club gewählt worden, in die exklusivste Dining Society der Universität. Ihre Mitglieder trafen sich einmal im Trimester in einem teuren Restaurant, um dieses im Anschluss an das Essen zu zerstören; eines Nachts sah man sie durch den Garten von Trinity ziehen und sich in die barocken Blumentöpfe erbrechen, in ihren Livreen mit den weißen Aufschlägen, die das Mondlicht reflektierten, wie die apokalyptischen Reiter.

Von der Nummer Acht waren alle überrascht worden, als sie eine Laufbahn im Debattierclub der Universität eingeschlagen hatte, in der Oxford Union Society. Nun frisch zum Schatzmeister gekürt, fläzte sie sich zweimal die Woche als Teil des Führungstrios auf einem thronähnlichen Stuhl im Pomp ihres Fracks, im ersten Stock der Arena voll johlender Studenten, und ließ Brüsseler Beamte mit englischen Humoristen über Agrarsubventionen streiten. Man prophezeite ihm die britische Staatsbürgerschaft und eine brillante Karriere im diplomatischen Dienst; andere begannen, ihn als einen zukünftigen Retter des Commonwealth zu preisen.

Von Paxman hieß es, er arbeitete auf ein *First* hin, die höchste Note, die bei den Abschlussprüfungen zu vergeben war. Tag und Nacht kreiste er in der Nachkriegsarchitektur des Library Quad um seine eigenen Gedanken, die Habsburgerlippe höhnisch gesenkt, und erschreckte Passanten mit seinem stechenden Blick.

Jane, das Ärmelbündchenblusenmädchen, hatte sich die Haare auf die Länge von einem Millimeter geschoren und träumte von einer Karriere in der Royal Shakespeare Company und von Nächten in den Armen von John Gielgud oder Sir Lawrence Olivier. Im heißen Scheinwerferlicht einer Studentenbühne saß sie alleine unter dem alternden Bildnis des Dorian Gray, entblößte ihre Brüste und sprach Cockney.

Von der Presse in den Status der Lokalprominenz erhoben fand sich auf einmal Matthew Selwyn, hatte doch der nur unter dem Pseudonym John Evelyn bekannte Klatschreporter der Studentenzeitung *Cherwell* ihm einen ganzen Absatz gewidmet.

»Wie John Evelyn zu Ohren kam«, hieß es, »zelebrierte Trinitys Matthew Selwyn seine Apotheose zum Fürsprecher des gemeinen Volkes durch die Rasur seiner Schenkel. Als er sich dabei ins eigene Fleisch schnitt, versuchte er, die Blutung mit einer großzügigen Menge von Toilettenpapier zu stillen. Von der Prozedur ermattet, sank er auf den Fauteuil am Fenster, um sich eine von kubanischen Arbeiterinnen aus nackter Solidarität gerollte Zigarre anzuzünden. John Evelyn konnte nicht verhindern, dass ein brennendes Streichholz in den Papierkorb stürzte und die Bandagen umgehend in Flammen aufzugehen begannen. Wie John Evelyn berichtet wurde, rannte Matthew Selwyn daraufhin kreischend und mit blutenden Beinen eine ganze Zeitlang die Treppenhäuser von Trinity auf und ab, nichts am Körper, nur einen dampfenden Kübel im Arm, bis seine politische Karriere durch das unverhoffte Einsetzen der Sprinkleranlage ein genauso nasses wie unverdientes Ende fand.«

Matthew Selwyn hatte in der Tat begonnen, sich in der Studentenorganisation der Arbeiterpartei zu engagieren. An

Wintertagen verteilte er neben dem Pförtnerhaus selbstverfasste Handzettel gegen die Gemeindesteuer, die er mit Seitenhieben auf die Sozialdemokraten der Fabian Society würzte, denen er zutiefst misstraute. Dennoch war, wenige Tage nach seinem Coming Out, sein Zynismus weitestgehend verschwunden, den er in Michaelmas verbreitet hatte; in seinen Doc Martens stiefelte er über die kahlen Wiesen von Trinity, ließ seinen Blazer am Zeigefinger über die Schulter baumeln und pfiff dazu die Marseillaise.

»Und, mein lieber Rattles!«, rief er vergnügt, »Was ist eigentlich die Rolle deiner Wahl in diesem großen Schaulaufen fürs Leben?«

»Ich bin auf der Adressliste des Fechtclubs«, erwiderte Rattles kühl.

»Du bist ein solcher Esprit. Nun gut, nun gut, ich muss in die Bibliothek. Adieu. Auf Wiedersehen. Und: *Toodle pip.*«

»*Toodle* was?«

»*Toodle pip. Toodle frightfully pip*«, imitierte Matthew Selwyn den Akzent der Oberschicht. »Normale Menschen sagen einfach *good-bye.*« Er lächelte ihn zuckersüß an. »Eigentlich müsste jemand wie du wissen, was das heißt.«

Während ihres Gesprächs war ein körniger Dunst aufgezogen und ließ den vor ihnen liegenden Front Quad plastisch wie Silbergelatine erscheinen. Fenster leuchteten durch die Luft; davor bibberten Gestalten zurück zur Bibliothek. Tamsin und ihr Chemiker trugen Pappkartons mit den Gläsern für eine Weinverkostung in den Danson Room. Mit dampfendem Atem kam vom Garten her die Rudermannschaft angetrabt, die Kragen ihrer Sweatshirts nach oben gestellt. »Eins – zwei – drei – vier«, bellte es zu Rattles herüber, »eins – zwei – drei – vier –«, als alle auf »eins« mit der einen Hand den Boden berührten, und auf »zwei« mit der anderen. Als sie sich auf »drei« umdrehten, um den Parcours für weitere vier Schritte rückwärts zu laufen, hätten sie beinahe Paxman und die Nummer Acht über den Haufen gerannt, die gerade aus der Richtung des Speisesaals um die Ecke gebogen kamen. Doch die künftigen Nobelpreisträger und Retter des Commonwealth waren so sehr in ihr Gespräch vertieft, dass sie, ohne die Köpfe zu heben, stoisch ihren Weg weitergingen, vorbei an der Residenz des Collegepräsidenten, ihre Oberkörper nach vorne gebeugt, die Hände hinter ihren Rücken verschränkt.

Rattles' Hände waren in seinen Taschen vergraben, als er auf den vor ihm hingestreckten Front Quad blickte wie der Herr auf seinen Hof. Ein besitzergreifendes Lächeln erhellte sein Gesicht. Seine Lippen formten Namen aus Reiseführern über die Universität, die er in den Ferien gelesen hatte, und durch deren Aura er sich nun in seiner Person aufgewertet fühlte: W. H. Auden, John Betjeman, Oscar Wilde und – natürlich – der große Jay Gatsby.

Alles war genau geplant. Er hatte Geld zu Weihnachten bekommen; morgen Mittag, nach seinem Tutorium, würde er einkaufen gehen.

Auf seinem Zimmer hatte Rattles das Poster mit van Goghs Sonnenblumen durch eine Serie von Reiterstichen aus dem neunzehnten Jahrhundert ersetzt. Dort schwebten Pferde mit gestreckten Läufen in der Luft, beim Sprung über Hecken, Gräben und Zäune; andere Bilder zeigten die Piköre einer Fuchsjagd beim Sturz vom Ross, flatternde Rockschöße und nach oben geschleuderte Arme; unter jedem Bild stand ein Sinnspruch, der von Anführungszeichen ins Humoristische verzerrt wurde.

Rattles schrieb bis spät in die Nacht an einem Essay, den er am nächsten Tag abliefern musste. Er hatte die Leseliste abgearbeitet und Seite um Seite eines Blockes mit Bleistiftnotizen gefüllt. Die Kaffeetasse vor ihm füllte und leerte sich wie ein Stundenglas; der Wasserkocher spie Dampf und war wieder still; manchmal verschränkte Rattles seine Hände über dem Kopf und streckte knacksend die Arme.

Auf seinem Waschtisch standen nun Geo F. Trumper's Rose Shaving Cream in a Bowl, Prepared at His Celebrated Establishment, ein Dachshaarpinsel, ein Rasiermesser und ein altertümelnder Milchglasflakon mit Aftershave aus westindischem Limonenextrakt.

Vor den Gaskamin hatte er einen Couchtisch gerückt. Dort lag der Straßenführer des Automobilclubs von Großbritannien und Nordirland neben einem Bildband über schottische Schlösser. Auf dem Umschlag von Sakis »Meistererzählungen« saß ein Frackträger mit Monokel und Zigarettenspitze im Sessel vor einer Katze, die Beine übereinandergeschlagen, und auf dem Einband des fast tausend Seiten starken Taschenbuchs daneben blickte ein Europäer im Hermelinmantel mit leerem Blick von einem indischen Thron. Seine Brust war mit einer Prunkkette und Medaillen behängt, und über ihm stand der Titel: »Mountbatten«.

Rattles schaltete das Deckenlicht aus. Er tappte zu seinem Ohrensessel. Als er in das Polster sank und nach der Leselampe tastete, hielt er inne und saß für einen Augenblick so da, schwer atmend in der rabenschwarzen Nacht. Dann nieste er heftig, knipste den Schalter an und öffnete das Taschenbuch. Jedes Wort mit dem Zeigefinger verfolgend, verschlang er mit aufgerissenem Mund den folgenden Absatz:

»Großadmiral Graf Mountbatten von Burma war ein Mann, der zu seiner Unterhaltung nur selten nach einem Buch griff, es sei denn, das Buch handelte von Genealogie, am besten von seinen eigenen Ahnen. In den langen Nächten im Palast des Vizekönigs in Delhi, wo sich seine Vorläufer noch mit den Versen von Macaulay oder der neuesten Detektivgeschichte von Frau Christie zerstreut haben mochten, entspannte sich Mountbatten beim Anblick der reichen Verästelungen seines Stammbaums und zählte die Generationen, die ihn von Karl dem Großen trennten.«

Mountbatten oder, wie er mit vollem Namen hieß, Louis Francis Albert Victor Nicholas Graf Mountbatten von Burma, Oberbefehlshaber der Alliierten Streitkräfte in Südostasien während des Krieges im Pazifik, letzter Vizekönig von Indien, erster Seelord, Großadmiral ihrer Majestät, war – da stand es schwarz auf weiß: eigentlich Prinz Ludwig von Battenberg, ein gebürtiger Deutscher!

Eine Woge von Adrenalin stieg Rattles zu Kopf. Er sprang von seinem Lehnstuhl auf und rannte in seinem Zimmer auf und ab; der beißende Kaffeegeruch seiner Achseln erfüllte die Luft. Dann blieb er vor dem Fenster stehen, verschränkte die Arme und runzelte die Stirn.

»Wäre alles nicht viel einfacher, wenn ich adelig wäre?«, grollte er. »Einen klingenden Namen müsste man haben, einen Namen, der die Leute aufhorchen lässt! Daniel *von* Groß-Blotekamp, ja, was sag ich denn? Daniel *Freiherr von und zu* Groß-Blotekamp!«

Er nieste ein zweites Mal und marschierte weiter. Seine Stirn glättete sich. War nicht Leopold von Corvey, der einzige Adelige, den er näher kennengelernt hatte, ein totaler Idiot? Großmäulig und pastös, schlecht in der Schule, schlecht im Sport, ein Bettnässer und Daumenlutscher, den man beim Fußball in die Abwehr stellte, wo jeder ihn nach Herzenslust umrempeln durfte, und der abends in der Cruschetta so viel trank, dass er dank des noch am nächsten Morgen durch seine Poren verdunstenden Alkohols mit dem Spitznamen »der Tankwart« leben musste? War der Adel in Österreich nicht gänzlich verboten wie die Mafia, in Deutschland zumindest als Stand abgeschafft worden? Und ging in England der Titel nicht auf den Erstgeborenen alleine über, so dass der Rest der Familie genauso bürgerlich blieb wie Rattles? War nicht eine Nachfahrin des Earl Mountbatten deshalb sogar eine gewisse Frau Hicks?

Rattles stemmte beide Hände in die Hüften. Er schien über sich hinauszuwachsen. Aus seinem Regal quollen Bücher über Philosophie, Politologie, Ökonomie: Das darin vereinte Wissen reichte aus, um eine ganze Nation zu lenken. In der Ecke standen Fechtmaske, Handschuhe und Florett; in seinem Schrank hing schwarzes neben blauem Tuch. Gab es neben dem Adel nicht eine andere, natürliche Aristokratie, die von Stand und Namen unabhängig war? Trat diese nicht ganz selbstverständlich zutage, durch Erfolg im Wettbewerb etwa, bei dem jeder dieselben Regeln befolgte, durch Arbeit und Leistung, Stil und Eleganz, durch Gleichmut im Sieg wie in der Niederlage? Entstand diese Aristokratie nicht dadurch, dass sie weniger geboren, sondern eher geformt wurde? Und manifestierte sie sich nicht in der größten zivilisatorischen Errungenschaft überhaupt – dem englischen Gentleman?

Er ging zu Bett und löschte das Licht. Während er sich ruhelos zwischen den Laken hin- und herwälzte, warf die Daunendecke die Hitze seines Körpers zurück. Abwechselnd sah er Apricot und Emma seinen Penis in den Mund nehmen und ihre Kulleraugen rhythmisch zu ihm emporrollen; vor ihren Gesichtern schwangen die kalten Ringe des Hosenbandordens auf seiner Brust hin und her. »Daniel Freiherr von und zu Groß-

Blotekamp, letzter Vizekönig von Indien«, grunzte er, erleichterte sich dabei und fiel in einen köstlichen Schlaf.

Nach dem Tutorium am darauffolgenden Tag verließ Rattles das College, um einen Bauernpulli von der Art zu erwerben, wie er ihn an Robert McMurray und Gästen auf der CHAPSOC-Party gesehen hatte.

Die Kleidungsstücke wurden in Norwegen hergestellt und von einem Geschäft vertrieben, das sich am Rand des überdachten Marktes zwischen der Broad und der High Street befand, in der Nähe der Fußgängerzone beim Carfaxturm. Wie das Gerippe eines Walfischbauches wölbte sich ein viktorianischer Dachstuhl über das Kopfsteinpflaster und die Holzrahmen der Geschäfte, deren Namen mit goldenen Lettern über den Auslagen angebracht worden waren; sie schienen aus einer Zeit zu stammen, in der England noch weitaus größer und ärmer gewesen sein mochte als in diesem Winter.

Rattles sah seinen Atem. Er roch das Fleisch der Metzgerei, in der weiße Tierkadaver an Haken von der Decke hingen. In der Markthalle war es genauso kalt wie auf der Straße. An ihrem nördlichen Ende aber, in der Nähe der Turl Street, befand sich sein Lieblingscafé.

Bei Brown's servierten übellaunige Polen das beste Toastbrot der Stadt. Doch das war nicht der Grund dafür, weshalb er sich den Ort zu seinem Rückzugsgebiet erkoren hatte: Er ging vor allem gerne dorthin, weil das außer ihm nicht viele Studenten taten. Busfahrer und Marktpersonal verliehen dem Café die zeitlose Aura menschlicher Arbeit; in schweren Stahlpfannen brutzelten Bratwürste, Spiegeleier und Speck. Der Qualm unzähliger Zigaretten verband sich mit den Fettmolekülen zu einer Art Wolke, in der die Kellner scheinbar schwebten, wie das Personal einer Fata Morgana. Sie legte sich in einem mikroskopischen Film über die Kunstlederbezüge der Stühle und die Platten der spartanischen Tische, wo Papierserviettenspender neben Salz und Pfeffer standen und neben Plastikflaschen mit Essig für die Chips.

An einem dieser Tische saßen Tamsin und Laxmi.

Rattles hatte kaum Zeit nachzudenken, als beide Frauen ihre Köpfe in seine Richtung drehten. Einem Impuls von Panik folgend, wandte er sich ab, tat so, als habe er sie nicht gesehen, drückte seinen Bauernpulli an sich und nahm Reißaus.

»Mein lieber Scholli«, grummelte er, »das ist gerade noch mal gutgegangen. Wie sind die bloß auf diesen Ort gekommen? Hätte ich sie grüßen sollen? Nein! Warum auch? Wenn die mich schon versetzt hat, dann kann sie sehen, wo sie bleibt, es schwimmen noch viel mehr Fische im Teich. Am besten gleich abhaken – wir kommen ohnehin nicht aus demselben Milieu!«

Auf seiner Flucht rannte er an einem neuen Sandwichladen vorbei und bog in die Turl Street. Ähnlich wie Holywell war diese Gasse wohl kaum mehr als ein sich aus sich selbst heraus erneuernder Trampelpfad gewesen, der später mit so viel Liebe asphaltiert worden war, dass es niemand über das Herz gebracht hatte, seinen Bordstein zu begradigen. Mit astronomischer Exaktheit auf die Nord-Süd-Achse von Trinity zu Christ Church gelegt, schmiegte sie sich an die Mauern der Colleges Jesus, Exeter und Lincoln, die hier auf engstem Raum standen.

Bücher im Korb und unbeschwert klingelnd, kurvten einige Fahrradfahrer durch die Strahlen matten Sonnenlichts, die an diesem Tag zwischen die enge Häuserzeile fielen. Es gab ein Antiquariat und ein Geschäft mit historisierenden Andenken und einen leicht zu übersehenden Laden, über dessen Eingang ein Schild mit der Aufschrift »Ducker & Son« hing. Dort vollendete Rattles seinen noch während der Weihnachtsferien geschmiedeten Plan und krönte den Tag mit dem Erwerb von zwei Paar handgenähten Lederschuhen – ein braunes für den Tag, ein schwarzes für den Abend. Er zögerte einen Moment auf der Schwelle, zog die Tür einen Spaltbreit auf und glitt wie ein Einbrecher hindurch.

Das Geschäft bestand aus einem einzigen Raum. Pappkartons stapelten sich bis zur Decke. Es roch nach einer Mischung aus Bienen- und Karnaubawachs, nach Paraffinöl und nach Terpentin, nach Strümpfen und nach neuem und altem Leder.

Der Verkäufer hatte graue Locken und rote Bäckchen wie ein Ornithologe, der nach einer Wanderung auf den Shetland-Inseln in eine Fischerkneipe einkehrt. Als er Rattles' Füße vermaß, schien ihm, er würde seine Docksiders bewusst übersehen; beide waren erleichtert darüber, dass diese unangenehme Zeit nun ihr Ende hatte.

Etwas vor sich hin murmelnd, erhob sich der Verkäufer und sagte: »*Just a moment, Sir*«, als er im Lager verschwand.

In einem Regal hinter der Kasse warteten in Zeitungspapier eingeschlagene Bündel. Jedes Bündel war mit einem Faden verschnürt, an dessen Knoten ein Schild baumelte, darauf war mit einer Feder der Name des Besitzers in spitzen, nach oben weisenden Buchstaben gekritzelt worden.

Rattles' Beute hatte gewachste Schnürsenkel, auf die grünen Schuhsäcke war ein Etikett mit der Prägung des Herstellers genäht. Er wog sie andächtig in der Hand; von Massivholzspannern gestreckt, krümmten sie sich nach vorne wie die Spitzenschuhe einer Ballerina. Das schwarze Leder schimmerte gleichmäßig, doch im Licht der tiefhängenden Stahllampe changierte das braune Leder an den Kappen, als wäre es aus Teak.

Ein dumpfer Schlag gegen die Scheibe ließ ihn hochfahren. Vor dem Schaufenster zog Laxmi ihre Mundwinkel mit den Zeigefingern auseinander und streckte ihm die Zunge heraus; Tamsin hatte beide Hände in die Seiten gestemmt und wiegte ihre schweren Hüften.

Gedankenverloren streichelte Rattles die Oberfläche seiner neuen Schuhe. Dann schnalzte er nachlässig, zahlte und trottete erhobenen Hauptes hinaus ins Freie, einen handgeschriebenen Kassenzettel in der Tasche, bereit, seinen Peinigerinnen in die Augen zu sehen.

»Na, fliehen wir etwa vor den kleinen Sünden des vergangenen Jahres?«

Ein Hauch von Patschuli streifte Rattles' Nase. In diesem Moment schmolz der ganze Groll, den er so sorgsam gegenüber seiner Eroberung in Michaelmas aufgebaut hatte, dahin wie Schnee in der Sonne eines Frühlingsmorgens. Ihm war, als wären Laxmis Wangen über Weihnachten noch schmaler geworden und ihr Blick noch schattiger.

»Ich? Nein, überhaupt nicht!«

»Los, zeig schon, was dir an diesen Einkäufen so peinlich ist. Sollte unter dieser Tarnung etwa ein Nonnenkostüm stecken? Oder Reizwäsche für unsere neue Freundin? Wirst du deine wildesten Phantasien ausleben? Bist du auf eine Party der Piers Gaveston eingeladen?«

Ehe Rattles es sich versah, hatte Laxmi begonnen, in seinen Tüten zu wühlen. Nach wenigen Handgriffen hielt sie befriedigt inne; offenbar hatte sie gefunden, was sie suchte. Sie riss die Augen auf und sah beide theatralisch an. »Huch! Was haben wir denn da?«

Mit spitzen Fingern fischte sie einen von Rattles' Schuhen

aus der Tragetasche, der an seinem gewachsten Schnürsenkel vor ihren Gesichtern hin- und herschwang. Alle drei starrten ihn mit der leicht dümmlichen Faszination der Betrachter eines Stilllebens an – Tamsins Mund stand offen, und Rattles schien überrascht, einen solchen Gegenstand überhaupt zu besitzen. Zeitgleich freilich spulte sich in seinem Kopf ein Reigen wilder erotischer Filmschnipsel ab, in dem Nonnenkostüme und Gershwins »Rhapsody in Blue« eine nicht unbeträchtliche Rolle spielten. Auch der Verkäufer war innen ans Schaufenster getreten, um von dort die Szene zu verfolgen.

»Oh, ein Schuh.« Laxmis Kopf und Schultern sackten nach unten. »Ich bin enttäuscht«, lallte sie und öffnete Daumen und Zeigefinger. Mit einem dumpfen Geräusch plumpste Rattles' Einkauf zurück in die Tüte.

Sie machte keine Anstalten zu gehen.

»Geh, der Schuh ist wunderschön«, japste Tamsin atemlos. »Wirst du ihn auf dem nächsten Maiball tragen?«

»Man sollte anständige Schuhe nicht nur auf Bällen tragen.«

»Oh, natürlich.« Tamsin nickte beflissen. »Ich verstehe.«

Rattles spürte, wie er rot wurde. Er wollte sich schon ein weiteres Mal abwenden, als er seine Kapitulation unterbrach und beide Beine fest auf den Boden stellte. Die in den Taschen der Cordhose zu Fäusten geballten Hände verliehen seiner Kontur die Silhouette einer bösartigen Raute, die streitlustig hin- und herschwankte. Er trug das Tweedsakko, das ihm Rupert Fillinghausen zu Weihnachten geschenkt hatte, und seine Augen blitzten. »Sagt mal: Was soll das eigentlich?«

»Ich weiß nicht, wovon du sprichst.«

»Nein?«

»Wovon?«

»Davon.«

»Oh.«

»Ich glaube, ich lass euch beide mal allein.« Tamsin verabschiedete sich und wackelte in Richtung Trinity. Die Sonne fing sich im Metall ihrer asymmetrischen Ohrgehänge; sie hinterließ in der Luft einen Hauch von Formalin.

Rattles war nun mit Laxmi allein.

»Warum bist du nicht auf die CHAPSOC-Party gekommen?«, platzte es aus ihm heraus.

»Warum! Warum! Muss es für alles immer Gründe geben? Warum hörst du nicht auf, mir auf der Nase herumzutanzen?«

Sie verschränkte die Arme vor der Brust und stürmte die Turl hinunter in Richtung High Street. Ihr Haar wippte auf und ab.

»Ich? Dir? Auf der Nase herumtanzen?« Rattles stolperte hinter ihr her; mal hemmte ihn der Bauernpulli in seinem Fortkommen, mal schlug ihm die Tüte mit den Schuhen schmerzhaft gegen den Schritt.

So erreichten sie die High Street. Und was für ein Trubel dort tagsüber herrschte! Es gab rote Doppeldeckerbusse des öffentlichen Transportwesens auf ihrem Weg zu St. Clement's, zur Iffley und der Cowley Road, wo viele Studenten, die alle ihr zweites oder ihr drittes Jahr nicht im College wohnen durften, sich in Gruppen ihre Häuser gemietet hatten. Es gab die Überlandbusse der *Oxford Tube* nach London. Es gab Touristenbusse, die zu dem fragmentierten Klang ihrer eigenen Lautsprecheransagen an den Straßenrand schwenkten und vom Straßenrand auf die Fahrspur zurück. Vor einer Filiale der Weinkette Oddbins' standen wild bekritzelte Preistafeln auf dem Trottoir, und Fahrräder schossen vorbei; doch die nächtlichen Schlangen vor den Kebabwagen waren verschwunden, und am südöstlichen Ende der Straße, gegenüber den Botanischen Gärten, erhob sich still und ruhig der schlanke Turm von Magdalen College vor der Brücke über die Cherwell, die den Stadtkern von Oxford begrenzte.

»Reg dich doch nicht so auf!«, sagte Laxmi schnippisch. »Am Ende sieht uns noch dein College-Präsident.«

»Krass!« Rattles blies seine Backen auf und schwankte wieder hin und her. »Ist dir aufgefallen, dass ich mich hier weder in meiner Sprache noch in meiner Kultur bewege?«

»Nicht deine Sprache? Nicht deine Kultur? Dafür schlägst du dich erstaunlich wacker.«

»Krass!«

»Warum?«

»Kannst du dir vorstellen, wie sich jemand fühlt, dem auf Schritt und Tritt zu verstehen gegeben wird, dass er wie die Gestapo spricht?«, rief Rattles mit überkippender Stimme.

»Du sprichst nicht wie die Gestapo, du verhältst dich wie sie.«

»Krass!«

»Ich mag nur ein Fick für dich gewesen sein, aber auch ein Fick verdient Respekt! Dir sind Schuhe wichtiger als Menschen! Warum hast du dir keine Armeestiefel gekauft?«

Laxmi salutierte, wobei sie ihr eigener Schwung beinahe umriss; dann schwenkte sie um die eigene Achse, hielt sich den Zeigefinger in der Imitation von Adolf Hitlers Schnauzbart unter die Nase und stürmte im Stechschritt zurück in die Turl Street. Mit seinen Tüten im Arm hastete Rattles ihr hinterher. Dabei warf er wütende Blicke in alle Richtungen: Nicht auszudenken, wenn sie hier jemand sähe! Auf diese Weise rannte er direkt in Robert McMurray, der, aus der Richtung des überdachten Marktes kommend, mit einem Sandwich in der Hand, ihren Weg kreuzte und rief:

»Ah, Rattles, alter Junge! Trainierst du gerade die Gurkhas?«

Rattles bemerkte ihn nicht, sondern lief weiterhin Laxmi hinterher. »Du warst überhaupt kein Fick für mich!«

»Ich?« Robert legte beide Hände aufs Herz; sein Sandwich war bei der Kollision mit Rattles auf den Boden gefallen. »Grundgüter Heiland, es war mir nicht klar, dass du ein solcher Draufgänger bist.«

»Was hast du da gerade gesagt?«, zischte Laxmi.

»Jesus.« Der Schotte griff sich an die Stirn.

»Was hast du da gerade gesagt? Was ist mit den Gurkhas?« Ihre Stimme war eisig. »Ich verlange eine Entschuldigung!«

Robert McMurray schoss das Blut in den Kopf. Mit einer entwaffnenden Geste streckte er Laxmi die Hand entgegen. »Hör zu, ich weiß nicht, was da in mich gefahren ist. Meine Bemerkung ist unentschuldbar. Wenn du mir verzeihst, beweist du mehr Größe, als ich es in diesem Augenblick getan habe. Es tut mir aufrichtig leid, deine Gefühle verletzt zu haben. Ich muss betrunken gewesen sein.«

Alle drei starrten auf die Sandwichreste auf dem Boden. Dann musterte der Schotte Laxmi mit wachsender Aufmerksamkeit, während seine blauen Augen aufleuchteten.

»Kenne ich dich nicht von der Piers Gaveston?«

Nun war es auch Laxmi, die an Farbe gewann. »Ich weiß nicht, wovon du sprichst«, antwortete sie, verschränkte stur die Arme und sah durch ihn hindurch. »Ich bin untröstlich.«

»Nun, ich glaube, ich muss jetzt wirklich zu meinem Tutorium«, bereitete Robert seinen Abgang vor. Sein Blick pendelte zwischen den beiden hin und her. »Ich hoffe übrigens, dass ihr zwei das hinbekommt. Und du Rattles, schau mal vorbei. Das eine oder andere Bier im Pub, du weißt schon, wenn du Lust hast. Ich finde, dass Jacques Delors sich eigentlich ganz wacker hält. Wir können auch zusammen Fußball gucken. Würde mich wirklich freuen.«

»Was ist die Piers Gaveston?«, fragte Rattles.

Laxmis Augen, von dickem Kajalstrich umrandet, konzentrierten sich auf die Gestalt im Bauernpulli, die zwischen den Fahrradfahrern verschwand. »Was für ein überaus seltsamer Typ! Der scheint ja überhaupt nicht in unserer Zeit zu leben –«

»Was ist die Piers Gaveston?«, fragte Rattles nachdrücklich.

»Was soll schon damit sein?«, entgegnete Laxmi mit gespielter Unschuld. »Meine Entschuldigung ist meine Jugend.«

»Hör zu, du musst dich nicht entschuldigen. Wenn sich jemand entschuldigen muss, dann ich.« Rattles rang nach Worten. »Unsere – Begegnung – im vergangenen Herbst war für mich etwas ganz Besonderes. Etwas Aufregendes. Speziell. Wirklich.«

»Auch ich muss mich entschuldigen.« Ein schläfriges Lächeln umspielte Laxmis Lippen. »Das mit dem Stechschritt war unpassend. Kein Wunder, dass mich das Schicksal mit einer rassistischen Bemerkung bestraft hat. Geschieht mir ganz recht!«, flüsterte sie mit rauem Timbre in der Stimme. »Du musst mich hassen. Ich habe es verdient.«

»Ich muss mich bei dir entschuldigen!«

»Es tut mir leid, Rattles.«

»Dir muss nichts leidtun.«

»Du hasst mich!«

»Nein, ich hasse dich überhaupt nicht.« Seine Stimme klang in seinem Kopf, als hätte er Kreide gefressen. Er ärgerte sich über seinen Mangel an Courage, biss sich auf die Zunge und war still.

»Es tut mir leid, eine Entschuldigung gefordert zu haben«,

spielte Laxmi ihre Karten weiter aus. »Das war sehr egoistisch und aufdringlich von mir. Ich glaube«, schloss sie, »ich bin bekifft.« Und klappte ihre Kiefer zusammen.

»Und ich bin Deutscher.«

Peinlich berührt, blieben beide stehen und scharrten mit ihren Füßen am Boden.

»Und was machst du jetzt?«, fragte Laxmi gedehnt.

»Ich glaube, ich gehe aufs Klo«, versuchte sich Rattles mit einem Witz. »Das habe ich inzwischen gelernt.«

»Schreibst du mir, wie es war?« Ihr Grinsen wurde breiter.

»Klar. Mit größter Liebe zum Detail.«

Sie strich sich eine Haarsträhne aus der Stirn. Ihre Augen funkelten. »Stimmt es eigentlich, dass ihr diese Kloschüsseln in Deutschland habt, mit einer Porzellanschaufel drin, auf der man alles sieht?«

»Na ja –«

»Wie überaus seltsam.«

Leise vor sich hinkichernd, schwebte Laxmi zurück in ihr College.

Rattles atmete durch. Er verlagerte sein Gewicht auf das Standbein. Er krümmte das Spielbein. Er fuhr sich mit der Hand durch den Schopf. Dann blickte er zum Himmel. Rattles runzelte die Stirn.

Wolken waren aufgezogen; ein feuchtkalter Pesthauch durchfuhr die Stadt und mit ihm alle Grippeviren des Themsetals. Scharfe Tropfen schnitten ihm ins Gesicht; er war sich nicht sicher, ob es Regen war oder Schnee. Einer Eingebung folgend, drückte er die Türe von Ducker & Son auf und stürmte zurück in den Laden. Die nun vertraute Wärme umfing ihn wie die Wärme seines eigenen Wohnzimmers.

»Oh, Sie schon wieder, Sir!« Der Verkäufer fuhr hinter seiner Kasse hoch. »Haben Sie etwas vergessen?«

»Nein, ich möchte nur meine neuen Schuhe anziehen. Das Wetter schlägt um. Es wird kalt.«

»Oh ja, sehr gut, Sir. Sie haben absolut recht, es war schon die ganze letzte Woche so kalt.«

Rattles nahm auf der Bank Platz und begann, sich in die Braunware zu quälen. Mit einer eleganten und selbstverständlichen Bewegung sank der Verkäufer vor ihm auf sein Knie und führte einen Hornlöffel in den Spalt zwischen Leder und Ferse. Er trug einen altmodischen Pullunder, bei dem sich Rattles fragte, ob ein Kleidungsstück dieser Art ihm nicht ebenfalls gut zu Gesicht stünde.

Der Verkäufer blickte zu ihm auf. »Ich muss sagen, Sie haben ein Händchen für Frauen, Sir.«

»Ja, nicht wahr?«

»Kommen Sie aus Deutschland, wenn Sie mir die Frage gestatten?«

»Ja«, flüsterte Rattles und zog unwillkürlich den Kopf ein.

»Donnerwetter, wie schnell Sie die zum Marschieren gebracht haben! Das nächste Mal haben Sie die in Lederhosen, so viel steht fest. Ich bin sicher, Sie haben zu Hause oft die Gelegenheit, Ihre Lederhosen zu tragen, Sir. Meine Frau und ich gehen jedes Jahr im Schwarzwald wandern. Eine wunderschöne Gegend, die schönste auf dem ganzen Kontinent, wenn Sie mich fragen. Sie wissen schon: eine Wurst essen!«

»Wir tragen in Deutschland keine Lederhosen mehr!«, rief Rattles und erhob sich triumphierend. Deutlich hörbar entwich die letzte Luft aus seinem Schuh. Doch beinahe im selben Moment verzog er vor Schmerzen das Gesicht. »Oh, mein kleiner Zeh! Sind Sie sicher, dass es die richtige Größe ist?«

Der Verkäufer drückte mit dem Daumen an mehreren Stellen in die Schuhkappe und tastete sich dann über das weichere Leder den Außenrist entlang, bis er Rattles' Hühnerauge fand. Dieser atmete mit einem scharfen Geräusch ein und krümmte sich erneut.

»Das sollte so gehen, Sir, Sie müssen sie noch einlaufen. Spazieren Sie um den Block. Ich habe einen Kunden, der geht mit seinen neuen Schuhen immer erst einmal Fußball spielen. Er ist uns dreißig Jahre lang treu geblieben.«

Rattles sah den Mann entsetzt an. »Fußball spielen?«

»Mit neuen Schuhen ist es wie mit Maßanzügen. Fred Astaire hat seine frischgekauften Anzüge erst einmal gegen die Wand seines Zimmers im Ritz geworfen, um sie ein wenig in Form zu bringen, Sir.«

Rattles entkleidete sich bis aufs Hemd. Dann zog er den neuen Bauernpulli an und streifte das Tweedsakko darüber; Bomberjacke und Docksiders wanderten in eine Tüte.

Seine eigene Wärme dampfte ihm aus dem Kragen ins Gesicht, als er auf die eingerüstete Broad Street trat; von den Tragetaschen in eine bedrohliche Schieflage gebracht, hinkte er über die Straße auf das Gatter seines College zu.

In einer halben Stunde würde es Abendessen geben.

Sein Blut pochte ihm in den Füßen. Bei jedem Schritt schnitten die Kanten seiner neuen Schuhe tiefer ins Fleisch. An seinen Schultern und Armen, ja, auf der ganzen Rückseite seines Körpers fühlte er das Tiefdruckgebiet, das über das Themsetal zog, und in dem gedämpften Licht lag das Versprechen kommenden Schnees.

»Guten Abend, Mr. Weasle!«, posaunte er gutgelaunt, als er auf dem Weg zu seinem Zimmer im Pförtnerhaus anhielt, um einen

Blick in sein Postfach zu werfen. Er unterdrückte das Hinken, seine Brust war breit, er fühlte sich als Landedelmann. »Wie geht es Ihnen?«

»Oh, es ist kalt geworden in den letzten Tagen.« Weasle hatte sich eine rote Clownsnase ins Gesicht geheftet und musterte Rattles mit einem undefinierbaren Blick. »Die Kälte kriecht einem in die Knochen, Mr. Schlamp, Sir. Die Leute sagen, es werde schneien.«

»Ja, es ist kalt geworden. Man kann den Schnee förmlich riechen.«

»Sie haben für so etwas sicherlich die richtige Nase, Mr. Schlamp.«

»Sie auch Mr. Weasle, Sie auch. Ich für meinen Teil liebe ja die Jahreszeiten. Wie habe ich mich als Kind früher immer auf den ersten Schnee gefreut!«

»Heutzutage gibt es nicht mehr so viel Schnee wie früher.« Weasle starrte brummig durch seine Luke hinaus auf die Broad Street. »Ich kann mich noch daran erinnern, wie der Schnee einmal sechs Zentimeter hoch auf dem Bürgersteig lag. Es hat den ganzen Morgen gedauert, das Zeug wieder wegzubekommen.«

»Dann hoffen wir, dass auch dieses Mal nicht so viel Schnee fällt wie früher, Mr. Weasle!«

»An einem solchen Tag hätte ich gegen Schnee nichts einzuwenden, Mr. Schlamp. Schnee würde ihm eine besonders lustige Note verleihen, wenn Sie mich fragen.« Der Pförtner presste ein hässliches Lächeln hervor. Er vermied es, Rattles in die Augen zu sehen. »Wir könnten uns alle für eine Schneeballschlacht treffen, Sir.«

»Großartig, Mr. Weasle, fabelhaft!«, rief Rattles und stolzierte über den Front Quad zu seinem Zimmer. Dort setzte er sich auf den Rand seines Bettes und sah auf die Uhr, halb sieben – sei's drum, das Abendessen musste bereits begonnen haben.

»*Let's remember Pearl Harbour – as we go to meet the foe*«, pfiff er vor sich hin, als er von seinem braunen in das schwarze Paar Schuhe wechselte. Er streckte kurz zufrieden seine Beine aus. Dann ersetzte er Pullover und Hemd durch frische Baumwolle aus der Jermyn Street, schlang sich einen Paisley-Foulard um den Hals und schlüpfte in Jackett und *gown*.

Das College war noch ausgestorbener als sonst zu dieser Stunde. Im Front Quad standen die Skelette von Storax und Catalpa. Wasserspeier tropften. Die Schwärze des Winterabends kroch aus den Ecken über den Durham Quad, der das Echo von Rattles' Schritten trostlos hin- und herwarf. Rechts ballten sich die Fachwerkgauben der Old Library, doch ihnen gegenüber, hinter den pseudogotischen Fensterbögen des Speisesaals, tanzten Hunderte von kleinen Flammen.

Rattles zog seinen Kopf zwischen die Schultern. Er streckte das Kinn nach vorn. »*Here comes ze English Gentleman!*«, murmelte er zwischen zusammengebissenen Zähnen, fuhr sich mit der Hand durchs Haar, brach durch eine der Türen – und traute seinen Augen kaum.

Die Funken von Wunderkerzen prasselten durch den abgedunkelten Saal. In den Ecken gab es etwas, das sich rieb und kicherte; Konfetti flogen durch die Schatten unter der Stuckdecke wie Schwärme von Glühwürmchen – und jeder einzelne Refektoriumstisch war bis auf den letzten Platz besetzt von einem Pandämonium tobender, zechender und teilweise bis ins Groteske herausgeputzter Clowns.

Zu den Anzügen der Blues Brothers trugen Paxman und die Nummer Acht chemisch durch das Halbdunkel leuchtende

Perücken, Tamsin und Jane hatten sich in die Ringelleibchen von Zirkusartisten gezwängt, und alle im Saal, sogar Matthew Selwyn, der an diesem Abend sonst ohne Verkleidung auskam, hatten sich eine rote Nase aus Schaumstoff oder Plastik wie einen Zwicker ins Gesicht geheftet. Stimmen tosten, Luftrüssel tröteten, die Servierwagen klapperten durch das Kerzenlicht, und zu dem besonderen Anlass hatte man auch noch Glühwein gebraut, der in Zinkkannen auf den Tischen stand; der frivole Geruch orientalischer Gewürze erfüllte den Raum.

»Wo ist deine Clownsnase, Rattles?«

Die Wunderkerzen spiegelten sich in Rattles' Lieblingsgesicht. Unter seinen Fingern knisterte die Baumwolle aus der Jermyn Street, der Tweed wog schwer, die Schuhe drückten. Er warf sich an die Brust. »Warum sollte ausgerechnet ich eine Clownsnase tragen?«

»Weil's für einen guten Zweck ist. Heute ist Red Nose Day.«

Sein Blick irrlichterte von einem Sprecher zum nächsten, die Enttäuschung stieg ihm ins Gesicht. »Was zum Teufel ist Red Nose Day?«

»Kommt, Rattles verschaukelt uns doch nur«, kicherte Jane. »Er hat sich ja auch verkleidet – als Landedelmann.«

»Gut gemacht, Rattles!«

»Wunderbar.«

»Das ist so lustig, du bist ja englischer als die Engländer.«

»Wo sind deine Lederhosen, Rattles?«

Kaum hatte Rattles mit hochrotem Kopf Platz genommen, wurde am oberen Ende des Saales ein einsamer Stuhl zurückgeschoben. Alle Unterhaltungen erstarben, die Gesichter drehten sich dem *High Table* zu, ein Durcheinander aus Stimmen forderte: *»Speech!«* Dazwischen war die Nummer Acht zu vernehmen, die ihren Kopf in den Nacken warf: *»Order, please – order!«*

»Hört«, rief Jane aufgeregt, »der Präsident wird eine Rede halten.«

»Speech!«, grölte auch Rattles.

Im Saal war es ruhig geworden. Einen Papierhut auf dem Kopf und eine rote Nase im Gesicht, erhob sich der Präsident am Kopfende seiner Tafel und zog einen Zettel aus der Tasche.

»Speech!«, schrie Rattles in die Clownsgesichter an seinem Tisch.

Der Präsident runzelte die Stirn, räusperte sich und setzte zu seiner Ansprache an.

»Speech!«, zeterte Rattles ein drittes Mal, schlug sich krachend auf die Schenkel und blies in einen Luftrüssel, der sich trötend in Paxmans Gesicht entrollte.

Die Clowns fletschten ihre Zähne.

»Wie vielleicht einige von Ihnen wissen, die meiner Person mehr Aufmerksamkeit geschenkt haben, als es ein ergrauter und zerstreuter Mann verdient«, grollte die Stimme des Präsidenten durch das Geisterreich in Rattles' Richtung, »habe ich einen nicht unwesentlichen Teil meines beruflichen Lebens damit verbracht, in den monotonen und frustrierenden Tretmühlen des Auswärtigen Amtes zu wandeln. In den trüben Stunden grauer Zimmer habe ich mich ein ums andere Mal gefragt, ob ich nicht auf dem besten Weg wäre, selber eine ziemlich lustige Gestalt abzugeben. Heute, viele Jahre später, an diesem besonderen Abend in Trinity, weiß ich, dass all diese Mühsal nicht vergeblich gewesen ist, diente sie doch einem höheren Zweck: dem Zweck nämlich, an einem Nasentag wie diesem seinen Mann stehen zu können.«

Matthew Selwyns Lacher gellte einsam durch den Saal.

»Von einer gelungenen Rede wird gemeinhin erwartet«, fuhr der Präsident unerschütterlich fort, »dass sie lustig ist und kurz –«

»Hear, hear!«, brüllte Rattles auf seinem Platz.

»Ich sehe, dass wir heute einen jungen Mann unter uns haben, der mit Nachdruck seinen Platz einfordert.«

Klatschen war zu hören, und einige aufmunternde Pfiffe.

»Mir scheint, er hat dafür den richtigen Tag gewählt, wenn nicht mit Bedacht, so doch mit Instinkt. Schließlich ist er selbst ein Humorist der besonderen Art, der mit viel Tapferkeit und Sportsgeist einen Namen trägt, der uns alle schmunzeln lässt. Darf ich deswegen kurz das Wort übergeben – an unseren Freund Rattles.«

Rattles schob das Kinn einige Zentimeter weiter nach vorn und stand auf. Laut drauflosschnatternd, tauschten die Clowns um ihn herum aufgeregte Blicke; im Licht der Wunderkerzen sahen ihre Gesichter schrecklich aus. »Großartig!«, schrie er, »fabelhaft!«

Das Schnattern um ihn herum ging in Gelächter über. »Ich glaube, er macht sich gar nicht über sich selbst lustig, sondern über Robert McMurray.« »Sähe ihm ähnlich! Die Deutschen lieben Schadenfreude.« »Das ist Robert McMurray, wie er leibt und lebt! Sogar der Akzent stimmt, jedenfalls in Ansätzen.« »Ich wusste nicht, dass bei den beiden etwas im Argen liegt.« »Doch«, streckte Tamsin ihren Kopf vor, »es gab da eine Frauengeschichte am Ende von Michaelmas.« »War das die Frau, wegen der Rattles versucht hat, sich umzubringen?« »Genau! Sie hat ihn auf der CHAPSOC-Party versetzt und ist stattdessen zur Piers Gaveston gestiefelt. Er hat sie maskiert auf einem Grabstein genommen.« »Ungeheuerlich!« »Ist Rattles Mitglied der

Piers Gaveston?« »Eben nicht.« »Oh, verstehe, also nicht er.« »Eben.« »Un-ge-heuer-lich!«

Einige Reihen von dem Geplapper entfernt schüttelte ein Clown in einem Bauernpulli eine Handvoll Konfetti aus dem öligen Haar. Seine blutrote Mundpartie verzog sich zu einem polternden Lachen, doch die mit Kreuzen überschminkten Augen sprühten Funken.

Rattles beruhigte die Menge mit auf Brusthöhe erhobenen Händen. »Als Deutscher, der das Privileg hat, an diesem Ort zu studieren, fühle ich mich heute doppelt privilegiert – privilegiert, da wir – ich meine, da ich heute das Privileg bekommen habe, zu diesem besonderen Anlass das Wort zu ergreifen«, stammelte er tapfer. »Aber hütet euch!«, schrie er auf einmal los und drehte sich mit drohend erhobenem Zeigefinger im Kreis. »In Deutschland sind Reden weder lustig – noch sind sie kurz!«

Explosionsartiges Gelächter trieb ihm die Schamesröte ins Gesicht; am liebsten wäre er im Boden versunken. Rattles ließ den Kopf hängen, und Tränen sammelten sich in seinen Augen, doch alle Clowns strahlten zu ihm empor, und er las keinen Argwohn in ihren Blicken. Ihm dämmerte, dass man glaubte, er habe sich tatsächlich an einem Witz versucht.

»In England bin ich wie ein Baum. Ich kann das sein, was ich bin!«, rief er grimmig. »Oder ich kann zu dem werden, was ich sein möchte – ich darf mich in alle Richtungen bewegen, und niemand wirft mich die Treppe hinunter, wenn ich aus der Reihe tanze – und so empfinde ich es als Ehre, in diesen Kreis aufgenommen worden zu sein.«

Er schwieg und schluckte, von der Bedeutung seiner eigenen Worte überwältigt; die Menge sah ihn erwartungsvoll an.

»Denn Voltaire hat diesen Kreis mit einer Kokosnuss verglichen. Ich meine«, korrigierte er sich, als er die fassungslosen

Gesichter sah, »Voltaire hat sich die Frage gestellt, warum nicht die ganze Welt wie England ist. Man hatte eingewandt, dass englische Werte nicht überall gedeihen können, so wie eine Kokosnuss nur in Indien gedeiht, aber nicht in Germanien. In der Londoner City wächst ohnehin keine Kokosnuss, sondern höchstens eine Bonus –«

Über den Köpfen der schnatternden Clowns sah man Rattles seine Tirade vom Stapel lassen. Mal griff er sich mit beiden Händen an die Brust und schleuderte sie mit aufgerissenem Mund über den Kopf; mal war es nur ein Arm, der sich monoton hob und senkte, um mit dem Finger auf die Tischplatte zu klopfen.

»Doch Voltaire war anderer Ansicht!«, schrie er. »Er war der Ansicht, englische Werte könnten sehr wohl überall aufblühen, da er der Meinung war, dass auch Kokosnüsse überall gedeihen können, wenn man sie nur rechtzeitig pflanzt und ihnen Zeit und Raum gibt, sich zu entwickeln. Jawohl! Und was sind nun diese englischen Werte?«

Rattles ballte eine Faust hinter seinem Rücken, legte die andere Hand aufs Herz, stülpte die Unterlippe nach vorne und nickte mit nach oben gerecktem Kinn von einem Gesicht zum nächsten. Dann bückte er sich plötzlich und verschwand unter dem Tisch.

Alle Gläser klirrten, als sein Kopf mit einem dumpfen Geräusch von unten gegen die Holzplatte stieß.

Die Clowns hatten gerade Zeit gehabt, Luft zu holen, als Rattles sich schon wieder erhob. Er schien gewachsen zu sein, ein triumphierendes Lächeln umspielte seine Lippen, und, hoch über seinem Kopf, schwenkte er einen schwarzen Herrenschuh der Firma Ducker & Son.

»Gerade heute habe ich ein Paar Schuhe erworben, die, so

wurde mir gesagt, die Werte dieses Landes verkörpern. Doch ich habe dies nicht getan, um englischer als die Engländer zu sein –«

Er sah sich mit einem lauernden Grinsen im Kreis um.

»Ich habe es getan –«, streckte er sich noch weiter.

»Ich habe es getan«, kreischte er mit kippender Stimme in das losbrechende Chaos, »um für euch heute den Chruschtschow zu machen!«

Der Schuh sauste herab und knallte auf die Tischplatte.

»Ich träume von einem vereinten Europa«, rief Rattles, während sich der Saal unter seinen Worten wie unter einem Peitschenschlag krümmte, »in dem die Jugend der Welt eines Tages nicht nur nach England zu Besuch kommt, sondern auch – nach Deutschland!«

Ein Seufzer der Erleichterung ging durch die Reihen.

»Ihr seid alle eingeladen, jeder Einzelne von euch. Du – und du – und du!« Wie ein Tanzbär drehte er sich im Kreis und stach mit dem Zeigefinger in die Gesichter. »Kommt zu mir nach Frankfurt!«, jauchzte er. »Kommt zu mir nach Mönchengladbach! Kommt meinetwegen auch in den Schwarzwald! Esst eine Wurst! Aber bei allem, was ihr tut, vergesst eines nicht: *Don't mention* –«, schloss er mit brechender Stimme und einer letzten, dramatischen Pause, »*my shoe.*«

Er hob sein Glas, warf den Kopf in den Nacken, kippte sich den lauwarmen Glühwein in den Schlund und kollabierte auf seinem Platz.

Die Vereinigung mit der Menge hatte ihn müde gemacht. Der Lärm im Speisesaal rauschte an seinen Ohren vorbei. Er schlang die Essensreste auf seinem Teller in sich hinein, während der Präsident seine Rede irgendwie zu Ende brachte. Dann ließ ihn eine Bewegung am Tisch wieder aufblicken.

»Rattles, der Präsident möchte einige Worte mit dir wechseln. Du sollst nach dem Essen bei ihm vorbeisehen.« Alle Bosheit war aus Matthew Selwyns Stimme verschwunden. »Dein Schuh hat wahrscheinlich College-Eigentum beschädigt. Das mag's dann wohl gewesen sein; nun wirst du vielleicht nach Hause geschickt.«

Bang sah Rattles auf die Residenz des College-Präsidenten. In der Kapelle daneben, gedämpft und dennoch klar, erklomm Orgelspiel, Schritt für Schritt, die Stufen der Tonleiter; mit pastoraler Leichtigkeit tastete sich in diese Akkorde ein Chor von etwa dreißig Stimmen, erst zögerlich, dann forsch, und schwoll schließlich zu den vielschichtigen Harmonien von Balfour Gardiners »Evening Hymn« an.

Licht fiel durch die Bleiglasfenster auf den gefrorenen Rhododendronbusch und auf Rattles' Gesicht. Zum letzten Mal stellte er sich vor, wie er bulgarische Spione aufspießte; in einem Austin Healey über Landstraßen bretterte; in der Loge von Wimbledon säße, neben der ewig gleichen Herzogin von Kent. Dann schluckte er, erklomm mit weichen Knien die Treppenstufen und tastete im Efeu nach dem Klingelknopf.

Als im Inneren des Hauses ein Schaltkreis geschlossen wurde, schlug über der Tür ein Hämmerchen gegen eine schwarze Glocke.

»Ah, unser neuer Demosthenes.« Die Frau des Präsidenten schlug ihre Augen nieder. Rattles folgte dem grauen Haar unter dem Lüster durch das Treppenhaus in das Arbeitszimmer ihres Mannes.

Anstelle des leeren Raumes hatte er eine Klosterbibliothek erwartet, in der Narwale an Ketten von den Decken schwangen, wo es Mahagonitische gab, Porzellan und Mondphasenuhren mit ihren sichelförmigen Schlitzen im Ziffernblatt, hinter denen sich kobaltblaue Scheiben mit goldenen Symbolen drehten. Wie kann man aber von einem Akademiker erwarten, schoss es ihm nun durch den Kopf, aus eigenen Stücken ein so großes Haus zu möblieren?

Sir Anthony Brunton saß hinter seinem Schreibtisch. Vor ihm lag eine schwere Rute, die er aufhob und in seinen Händen wog.

Rattles wich alle Farbe aus dem Gesicht.

»Ah, Daniel, richtig. Keine Sorge, es wird nicht lange dauern.« Er wies auf den freien Stuhl vor ihm, auf der anderen Seite des Tisches.

Rattles nahm Platz und lehnte sich weit nach hinten. Dabei umkrallte er die Armlehnen so fest, dass seine Knöchel weiß hervortraten.

»Das haben mir meine ehemaligen Kollegen zum Abschied geschenkt«, hob Sir Anthony an. »Was Sie da sehen, kommt aus den Niederlanden. Niederländisch-Ostindien, um genau zu sein. Ich tippe auf Südsumatra oder die Molukken. Wahrscheinlich aus dem Nachlass eines Pflanzers.«

»Ihre Peitsche ist wunderschön.«

»Das war in der Tat eine ungewöhnliche Rede, die Sie heute Abend gehalten haben. Haben Sie das in der Schule gelernt?«

»Nein, bei uns gibt es diese Tradition des Debattierens nicht. Und der Redefreiheit!«, fügte er tapfer hinzu. »Ich muss mich entschuldigen«, platzte es aus ihm heraus. »Ich weiß nicht, was in mich gefahren ist –«

»Eigentlich bin ich es, der sich bei Ihnen zu entschuldigen hat. Meine Frau hat mir gesagt, ich hätte Sie vielleicht ein wenig zu hart rangenommen.« Der Präsident versank tiefer in seinem Stuhl; dabei verschränkte er die Arme vor der Brust, die Rute noch immer in der Hand. Sein ganzer Körper bebte. »Um ehrlich zu sein, sie hat mir zur Strafe bis Ende der Woche den Nachtisch entzogen.«

»Oh Gott«, würgte Rattles hervor, »das ist ja furchtbar –«

»Ja, nicht wahr? Wenigstens hat das den Vorteil, dass ich mich im Gegenzug ein wenig beim Joggen zurückhalten darf. Wahrscheinlich unbeabsichtigt, tragen Sie in nicht unbeträchtlichem Ausmaß zum Halten meiner Linie bei, Daniel. Und zum Wohlbefinden meiner Gelenke. Es gibt nichts Schöneres, als in Würde zu altern.«

Rattles, der in den letzten Momenten ein wahres Wechselbad der Gefühle durchgemacht hatte, erwog, sich jetzt ein wenig zu entspannen. Er sagte lieber gar nichts.

»Eine ungewöhnliche Rede, fürwahr. Ungewöhnlich, aber gut. Auf ihre Weise«, fuhr Sir Anthony fort und legte die Rute bedächtig auf den Tisch. »Dem Anlass möglicherweise nicht ganz angemessen.« Er musterte den jungen Deutschen, dessen Blick wie hypnotisiert weiterhin an dem batavischen Marterwerkzeug klebte. »Warum, zum Teufel«, schwoll seine Stimme an, »sind Sie eigentlich so nervös?«

»Ich dachte, Sie würden mich jetzt nach Hause schicken.«

»Nach Hause schicken; ich? Mein Gott! Warum?«

Rattles hob hilflos seine Schultern.

»Ich wollte mit Ihnen sprechen«, runzelte der Präsident die Stirn, »um Sie zu ermutigen.«

»Sie sind zu freundlich.«

Der Präsident erhob sich, trat ans Fenster und blickte hinaus auf den Front Quad, mit seinen schwarzdunklen Atlaszedern, dem Skelett des Catalpabaums und dem toten Storax. »Die sind ein komisches Volk, diese Briten. Die machen einfach nur weiter, wissen Sie. Manchmal sogar ohne allzu groß nachzudenken.«

Rattles hüllte sich in respektvolles Schweigen.

»Mögen Sie Gärten?«

»Ich liebe Gärten!«, gab Rattles zurück.

»Ihre Vorliebe für Kokosnüsse ist mir in der Tat nicht entgangen. Das haben Sie mit einem Landsmann von Ihnen gemeinsam, *Prince Puckler*. Haben Sie von ihm gehört?«

»Nur vage«, log Rattles.

Der Präsident wandte sich Rattles zu und schob seine Hände in die Taschen, so dass sein mächtiger Bauch unter der Weste noch stärker hervortrat. »Eine seltsame, bemerkenswerte Gestalt, der in Muskau einen famosen Garten schuf, ganz nach englischer Art, einen Landschaftspark. Er liegt heute in Ostdeutschland. Dürfen Sie reisen?«

»Ich war noch nie in Ostdeutschland.«

»Als ich in Ost-Berlin stationiert war, haben wir eine Landpartie zu *Prince Pucklers* Park unternommen. Machen Sie das auch, wenn Sie mal die Gelegenheit dazu haben, es lohnt sich.« Der Präsident sah wieder aus dem Fenster. »Seine Biographen beschreiben ihn als eine Mischung aus einem progressiv gesinnten Liberalen und einem Aristokraten, der im falschen Jahrhundert geboren ist. Als Liberaler hat er nach England geblickt, auf die konstitutionelle Monarchie, die Freiheiten garantiert. Und als Aristokrat hat er verachtet, wie unordentlich diese Freiheit sein kann, und wie schmutzig. Die Gier des Dritten Standes, sozusagen, der überall entfesselt emporquellen durfte.« Er hob amüsiert seine Augenbrauen. »Gleichzeitig war er sich dafür nicht zu schade – auf einer etwas praktischeren Ebene –, sich in England eine reiche Frau zu suchen. Zu Hause äußerte sich sein Fortschrittsglaube jedoch nur darin, dass er seinen Leibdienern befahl, englische Perücken zu tragen. Als Zeichen der Freiheit, wissen sie. Er erscheint sogar in Charles Dickens' ›Die Pickwicker‹, unter dem Namen ›Lord Smorltork‹. Was für eine vertrackte Geschichte –«

»Freiheit«, raunte Rattles und griff sich an sein Baumwollhemd aus der Jermyn Street, das mittlerweile freilich ganz verschwitzt war.

»Gefällt es Ihnen denn bei uns?«

»Ich liebe England«, rief Rattles feurig.

»Nein, ich meine bei uns – in Oxford.«

Rattles vermutete, dass der Präsident eine kritische Bemerkung erwartete. »Manchmal denke ich«, sagte er zögerlich, »dass ich gerne etwas Nützliches studieren würde.«

»Was für ein Humbug!«, fuhr der Präsident auf. »Unsere einzige Daseinsberechtigung ist es, nutzlos zu sein.«

»Das verstehe ich nicht.«

»Wissen Sie eigentlich, was wir hier tun?«

Rattles schnappte nach Luft.

»Wir alle unternehmen hier die größten Anstrengungen, um unseren Studenten einen Raum zu schaffen, in dem sie für drei, manchmal sogar vier Jahre einer scheinbar ›nutzlosen‹ Beschäftigung nachgehen dürfen. Losgelöst vom Alltag, der sie schnell genug wieder einholen wird – darum geht es. Die Leute machen nach ihrem Studium alles Mögliche mit dem, was sie hier lernen, darauf haben wir keinen Einfluss. Und es ist gut, dass es so ist. Das ist ein Privileg, ein großes Privileg – ich weiß –, aber die Gesellschaft vergibt es, weil wir es für wichtig halten, in die Seelen unserer künftigen Bürger zu investieren und nicht in ihre«, er räusperte sich, »Fertigkeiten.« Der Präsident sah Rattles neugierig an. »Wünschen Sie sich eine stärkere praktische Ausrichtung Ihres Kurses? Es mag gut sein, dass sich auch Oxford in diese Richtung entwickeln muss. Descartes, Locke, Leibniz, Hume – das qualifiziert einen nicht zwangsläufig für eine Karriere in der City of London. Oder andere große Aufgaben, zu denen man sich vielleicht berufen fühlt.«

»Ich spreche natürlich nicht von mir selbst!«, wand sich Rattles. »Traditionell hat in Oxford und Cambridge die Elite des Landes studiert. Es geht darum, wie man Menschen vorbereitet.«

»Elite? Du lieber Gott!« Der Präsident verschränkte die Arme vor der Brust und lachte auf. »Wer spricht hier von ›Elite‹? Wir haben beschränkte Mittel und deswegen eine beschränkte Zahl von Studienplätzen. Wir müssen uns aussuchen, an wen wir diese Studienplätze vergeben, weil wir arm sind; das ist alles.«

Er erhob sich und schüttelte Rattles mit überraschender Wärme die Hand. »Das Leben ist kein Businessplan, Daniel. Man muss ungefähr wissen, in welche Richtung es gehen soll, natürlich. Aber darüber hinaus: Wer weiß schon, was das Schicksal eines Tages bringt? Machen Sie es sich selber nicht so schwer.«

»Vielen Dank, Sir Anthony!«, rief Rattles feurig.

Der Präsident geleitete ihn zur Tür. Auf halbem Weg hielt er jedoch inne. Er blickte zu Boden, stützte seinen Ellenbogen auf die andere Hand und griff sich an die Nase. »Rattles, hm«, sagte er nach einer kleinen Pause. »Ärgert Sie eigentlich dieser Spitzname?«

»Nein, überhaupt nicht. Ich habe mich an ihn gewöhnt.«

Als Rattles gegangen war, lehnte er sich in seinem Stuhl zurück und verschränkte beide Hände hinter dem Kopf. Eine Uhr tickte. Seine Frau steckte ihren Kopf durch den Türrahmen.

»Wie war's?«

»Es hat mich einiges gekostet, bis zum Ende ernst zu bleiben.«

»Ich bin überzeugt davon, dass es dir auf eine vorbildliche Weise gelungen ist.«

Der Präsident grinste über beide Ohren. »Ich glaube, ich habe ihm einen gehörigen Schrecken eingejagt.«

»Du Teufel.«

»Er hat mich angesehen, als würde ich ihn gleich mit der Rute züchtigen. Wie absolut ungeheuerlich!«

»Ich glaube, er ist einfach schüchtern, das ist alles.« Ihr Blick blieb einen Moment lang nachdenklich an der Heizung hängen. »Aber auch irgendwie toll, auf seine exzentrische Art.«

»Ich habe ihm auch gesagt, dass wir in die Seelen unserer Bürger investieren sollten und nicht nur in ihre Fertigkeiten.« Er kratzte sich am Kinn. »Ich weiß nicht, wie ich darauf gekommen bin.«

»Du solltest es auf jeden Fall aufschreiben. Für deine Rede.«

»Nach dem ersten Jahr wird er sich etwas beruhigt haben; das ist das, was hier anscheinend in der Regel geschieht. Das bringt mich aber auf eine ganz andere Idee –« Der Präsident erhob sich und wandte sein massiges Gesicht nun mit ungeteilter Aufmerksamkeit seiner Frau zu. »Wie steht es eigentlich mit Nachtisch?«

Mit dem nächsten Abend kam endlich der Schnee. Die Hände in die Taschen ihrer Wintermäntel vergraben, hasteten zwei Schatten durch das Gestöber die Broad Street entlang und zur Kreuzung. Aus allen Himmelsrichtungen strömten Fußgänger und kreuzten ihre Wege, bevor sie in Richtung St. Aldates abbogen. In ihrem Rücken schoben sich die Überlandbusse nach Heathrow, Bath und Victoria vor das Neonlicht des Odeon-Kinos und gaben es wieder frei; vor ihnen aber lag nun die Fußgängerzone der Cornmarket Street mit ihren dunklen Filialen von Boots, Waterstones und W. H. Smith. Sie zogen die Schultern nach oben; Schneeflocken legten sich auf ihre Smokinghosen und schmolzen auf der Stirn und den vor Kälte geröteten Wangen.

»Und was hat der Präsident gesagt?«

»Er hat mir von irgendwie so einem Adeligen erzählt, der sich einen krassen Park hingestellt hat. In der DDR!«

»Ich wusste gar nicht, dass es in der DDR Adelige gibt.«

»Er hat den Park vorher gebaut, Hoops.« Rattles drehte die Augen gen Himmel; dieser leuchtete genauso tot wie der gefrorene Boden. »Er liegt nur heute in der DDR.«

»Ich glaube, ich kenne niemanden aus der DDR.«

»Falsch.«

»Tatsächlich? Das wusste ich nicht –«

»Matthew Selwyn: Er kommt sicher aus der DDR!«

Beide kicherten; in ihren Herzen fühlten sie sich leicht und frei. Unter ihren Schuhen splitterte Glas, und ein Martinshorn heulte, als sich spärlich bekleidete Teenager gegen die Schaufenster stießen, alle Haare übertrieben, die Mädchen in weißen Stilettos. Im Schatten des Carfaxturms beschleunigten sie ihren Schritt und passierten die Kreuzung mit der High Street, in den eigenen Atem gehüllt. Sie liefen jetzt leicht nach hinten gebeugt, denn das Terrain begann nach Süden abzufallen, wo die Folly Bridge über den Fluss Isis führt. Es gab gusseiserne Mülltonnen, die ihnen bis zum Gürtel reichten, und auf dem Boden Spuren von Erbrochenem und Salatschnipsel von zertretenen Kebabs. Monströse Frauen saßen gesenkten Haupts auf der Bank vor der Bushaltestelle, Plastiktüten zwischen die Knopfleisten ihrer Trainingshosen geklemmt.

»Sir Anthony hat auch gesagt, dass es unsere Daseinsberechtigung ist, nutzlos zu sein.«

Hooper nickte feierlich. »Ich glaube, ich kann dem zustimmen.«

Rattles wackelte mit dem Kopf. »Ah, ich weiß nicht. Ich sehe für mich schon irgendeine interessante Aufgabe. Im wirklichen Leben!«

»Nutzlosigkeit hat etwas Heiliges an sich.«

»Ich seh dich schon in einer Höhle, Hoops. Als Eremiten!«

»Vielleicht sehe ich mich eher in einer Pfarrei auf dem Land«, sagte dieser unsicher, als sie die Straßenseite wechselten und auf das Tudortor unter dem Glockenturm zuhielten, der eine lange Außenmauer wie ein Zeigefinger durchstach. »Mit einer weißhaarigen Frau mit rosigen Backen, die mir Pimm's und Gurkensandwiches bringt, hm.«

»Das klingt, als möchtest du deine Omi heiraten.«

»Warum? Ich möchte oft die Hand eines alten Menschen halten. Besonders, wenn ich ein wenig unruhig bin, hm. Alte Menschen haben etwas Beruhigendes, findest du nicht?«

Vom Torbogen gerahmt, wuchs die immense Ödnis des Tom Quad von Christ Church College bei jedem Schritt vor ihnen ein wenig mehr aus dem Boden. Kieswege schnitten ein Rondell aus der verschneiten Brachfläche und segmentierten es an den Tangentialpunkten mit den flachen, endlosen Gebäuden wie die Speichen eines Rades; in der Nabe dieser kahlen Geometrie aber hatte sich ein weißes Hütchen auf den Kopf des Götterboten über dem Brunnen gesetzt. Rattles stemmte seine Hände in die Taille und pfiff laut; ein Seidenschal flatterte um seinen Hals.

Das Geräusch erregte die Aufmerksamkeit zweier Pförtner in Anzug und Melone, die zum Schlag einer Glocke in dem Torbogen rochierten. Der erste wollte ihnen den Weg versperren, als er Rattles erblickte, doch der zweite, der Hooper im Visier gehabt hatte, hielt ihn am Ärmel zurück. So war es der erste

Pförtner, der zuhörte, und der zweite, der ihnen den Weg wies, mit dem Finger auf die andere Seite des Tom Quad zeigend, wo sich hinter den Baracken der Turm einer kleinen Kathedrale erhob. Trinity hat nur eine Kapelle, fuhr es Rattles durch den Kopf, Christ Church hingegen seinen eigenen Dom, wo Kreuzritter mit Schnabelschuhen auf Steinsarkophagen liegen, die Hände vor dem Brustpanzer gefaltet; sie blicken auf Erinnerungstafeln, Listen mit den Namen der gefallenen Matrosen von Nelsons Victory darauf, der Toten von Omdurman, Gallipoli und Balaclava, ja, aller Weltkriegshelden dazu! Der zweite Pförtner wandte sich ab, während sich der erste eine Brille auf die Stirne schob; dann glitten beide zurück in die Mauer.

Hooper erschauderte.

»Der Ort sieht aus wie der Exerzierplatz einer Garnison. Wie ausgestorben er ist – ich sehe keinen einzigen Studenten! Kaum zu glauben, dass hier tatsächlich Menschen leben.«

Das Zimmer von Porfirio Osborne hatte sich erhitzt. Mangels Alternativen hatten sich ein paar Gäste auf das Bett gesetzt und andere auf den Boden. Porfirio Osborne aber lehnte sich in seinem Schreibtischstuhl zurück, die Beine gespreizt, Hände hinter dem Kopf gefaltet. Über seiner Person schimmerte das Hochzeitsfoto eines gewissen Clayton Fotterall McMichael an der Wand, den er als seinen Bruder ausgegeben hatte. Katinka Rosenberg hob den Stiel einer Champagnerflöte vor ihr Gesicht; die Spitze ihrer Zunge lugte aus ihrem Mundwinkel, ein winziges Dreieck aus Fleisch, das fettig zwischen den Lippen glänzte.

»Die Organisation des Raumes ist in Europa anders als in asiatischen Ländern«, sagte sie mit einer Stimme, die um einiges voluminöser war als ihr zierlicher Körper. Ihre Kleidung erschien ihnen pornographisch, wie ein Meisterwerk der Verpackungsindustrie, der Pullover mit dem Rautenmuster, der Schottenrock, das Stretchhemd unter der Bluse und die kniehohen Stiefel, eine züchtige Kleidung, doch ohne Unterwäsche, dazu noch die riesige Brille. »Das Private versteckt sich dort nicht hinter Festungsmauern«, fuhr sie fort, wobei ihre Mundwinkel bei dem Wort »Festung« verächtlich zuckten, »sondern ragt bis in die Straße hinein, *nicht wahr*? In Hongkong ist jede Straße ein Wohnzimmer, jedenfalls in den Vierteln, in denen die Chinesen leben. Ein Saustall, wenn ihr mich fragt! Die einzige Ausnahme ist Singapur. Dort ist es umgekehrt: Der öffentliche Raum reicht in jedes Schlafzimmer, und das nicht nur wegen des Kaugummis. Es ist wegen des Polizeistaates, *nicht wahr*!«

»Ja, natürlich«, giftete Theda Skocpol dazwischen. »Jetzt wird wieder einmal der Polizeistaat für alles verantwortlich gemacht – sogar für Kaugummi auf der Straße!«

»Eher für die Abwesenheit von Kaugummi auf der Straße –«

»Ich weiß nicht, was an Kaugummi so besonders sein soll.« Mit ihrem Kopf senkte sich auch Theda Skocpols Muttermal, das Katinka Rosenberg ins Gesicht wies wie die Mündung eines der Marinegeschütze, mit denen der Flottenadmiral Matthew Calbraith Perry den Shogun zum Freihandel mit den Vereinigten Staaten gezwungen hatte. »Das Problem ist, dass es in Asien nicht ausreichend privaten Raum gibt; Dinge müssen zwangsläufig auf der Straße stattfinden. Und wir sprechen hier nicht nur von Mah-Jongg! Hätte jeder so viel Platz wie in Europa, wäre Delhi genauso tot wie Helsinki oder Pforzheim.«

»Krass: Pforzheim!«, Rattles' Interesse war geweckt. »Warum ausgerechnet Pforzheim?«

»Ich habe da fünf Jahre gelebt.« Sie warf den Kopf zurück und lachte wie eine Bergziege. »Fünf Jahre meines Lebens!«

»Dann können Sie sicher auch Deutsch.« Rattles versuchte, nicht zu taktlos auf das Muttermal auf ihrer Stirne zu starren, fragte sich aber zerstreut, an wen es ihn erinnerte.

»Yah, natuerlick sprecke ick ein wenick deutsh«, antwortete sie mit einem koketten Hüftschwung; dann packte sie ihn am Oberarm. Unter seinem Sakko hinterließen ihre Fingerkuppen Druckstellen auf der Haut, von denen sich ein elektrischer Strom wie Kugelblitze durch seinen Körper fortpflanzte. »Wir müssen uns nicht siezen. Ich bin Theda.«

»Rattles.«

»Was ist das für ein Name?«

»Das Herz jeder Kultur schlägt in ihrer Organisation des Raums, *basically*«, riss Thierry derweil im Hintergrund das Gespräch an sich. »Was soll an dieser Erkenntnis denn so besonders sein? Ich weiß nicht, was du meinst; in Frankreich ist das nur zu offensichtlich.«

»Habt ihr euch schon mal gefragt, wie die Engländer ihren Raum organisieren?«, führte Katinka ihren Zeigefinger an den feuchten Mund.

»Gar nicht«, mischte sich Rattles in das Gespräch.

»Was mir an diesem Land auffällt«, warf ihm der Franzose einen wütenden Blick zu, »ist die vollständige Abwesenheit von Form. Und von Geometrie.«

»Die Besessenheit der Franzosen von der Geometrie lässt sich durch ihre psychopathologische Besessenheit vom Strich erklären«, schleuderte ihm die Eurasierin ihre Worte förmlich ins Gesicht. »Haussmanns Paris oder Versailles' Gärten sind Triumphe Euklids, da sie eigentlich nur billige Illustrationen seines Postulates sind, dass man zwei Punkte immer mit einer

Linie verbinden kann – das ist alles. *Ist alles!* In England hingegen beschäftigt man sich vor allem mit Flächen.«

»Oder mit Hügeln«, flüsterte Arcangelo in Rattles' Ohr, riss die Augen auf und hielt sich sofort wieder die Hände vor den Mund.

»Warum das?«

»Ganz einfach: Der Strich ist ein Phallussymbol.«

»Du meinst, die Engländer backen die Torte, die Franzosen zerschneiden sie nur?«

»*Nicht wahr*, England ist das Feld, das empfängt und gebärt, Frankreich aber ist nur wie der Regen: Tausende und Abertausende Euklid'scher Striche Regen, diagonal vom Himmel zur Erde gezogen, dazwischen de Gaulle mit seiner Nase, wie in einem Cartoon.«

»Historisch gesehen«, brauste Thierry auf, »ist diese Bemerkung unhaltbar.«

»Historisch gesehen ist England das Produkt mehrerer Einwanderungswellen, der Angeln, der Sachsen und Normannen, die von einer prähistorischen Kultur empfangen worden sind, die auf Flächen wie Stonehenge oder Äckern eine Muttergottheit anbetete, *nicht wahr*?« Katinka wandte ihren Rumpf dem Franzosen zu. »Bist du schon mal in einem der großen englischen Häuser gewesen?«

»Ob ich in meinem Leben schon mal in einem großen Haus gewesen bin? Lächerlich; was soll diese Frage?«

»In England sind die ›großen Häuser‹ das, was ihr in Frankreich als *châteaux* bezeichnet.«

»*Châteaux*? Natürlich waren wir in England schon sehr oft auf Schlössern. Wie hieß dieses Ding da noch mal? Bleinheim?«

»Nein, Blenheim«, rief Arcangelo dazwischen.

»Das war kein Schloss.« Thierry schüttelte entschieden den Kopf. »Es war die Inszenierung eines Schlosses!«

»Dann sollte dir aufgefallen sein, dass französische Schlösser Perspektiven schaffen, *nicht wahr*, englische aber Flächen. Vor allem Wohnflächen.«

»Die Engländer schaffen keine Flächen, sie schaffen Parks«, verkündete Rattles und positionierte sich im Seidenschal am Fenster, Hände in den Taschen, die Beine übereinandergeschlagen. Zur Feier des Abends war er rückfällig geworden und hatte wieder in die Pomade gegriffen; Smoking, Lackschuhe und seine frischrasierten Wangen glänzten um die Wette. »Sie tun das, weil sie die Natur lieben und sie nachempfinden. Ein Landsmann von mir in der DDR, *Prince Puckler* –«

»Englische Gärten haben mit Natur nichts zu tun«, widersprach ihm Katinka bebend. »Sie sind, wie sie sind, weil die Engländer sich mit Geometrie nicht abgeben wollen; sie sind ein Zeichen von nackter Faulheit. Es reicht ihnen, das besetzte Land in Sichtweite zu haben und ein, zwei Ideen darüber zu verteilen – einen Teich, ein Wäldchen, einen Tempel. So haben sie ihr Empire geleitet, *nicht wahr*, mit einer Handvoll Staatsangestellter in Operettenkostümen, verstreut über den Subkontinent wie Follies über einen Park – schaut euch nur diesen Triumphbogen in Bombay an, *The Gateway of India*, wie absurd, ein falscher Schritt und man plumpst ins ölige Meer.«

»Gibt es hier überhaupt einen Engländer unter uns?«

»Kunst ist englisch.«

»Lächerlich! Nenn mir fünf englische Maler.«

»Holbein, Turner, Constable, Gainsborough und Lucian Freud«, kam es wie aus einem Maschinengewehr.

»Holbein war Deutscher, Freud ein österreichischer Jude.«

»Nimm Bacon.«

»Fehlt der Fünfte.«

»Hogarth.«

»Ein Karikaturist.«

»Das Problem mit Gemälden ist ihre Vertikalität. Engländer interessieren sich vor allem für horizontale Flächen.«

»Was ist denn mit dem da?«

»Hoops, was ist mit dir?«

»Interessierst du dich für horizontale oder für vertikale Flächen?«

Alle Blicke richteten sich auf Hooper, der in der Ecke stand und seinen Kopf immer tiefer zwischen die Schultern zog. »Mein Vater ist Engländer, meine Mutter zur Hälfte. Die andere Hälfte ist walisisch –«

»Was ist deine Meinung über den Raum?«

»In London gibt es etwas Geometrie, ja, hm.«

»Dann kennst du bestimmt die Geschichte von Hawksmoors Zeichen, *nicht wahr*?«

»Ich bin mir nicht sicher –«

»Warum sagt dieser Kerl nicht einfach nur ›nein‹?«

»Nach einem geheimen Plan haben die Freimaurer Zeichen über London verstreut, an der Schnittstelle von Kraftlinien, die sich zu einer magischen Karte formen; man sagt, dass sogar Jack the Ripper sein Messer nach diesem Muster führte. Leiter der Verschwörung ist Nicholas Hawskmoor, der Assistent von Sir Christopher Wren. Christopher Wren schuf den Glockenturm hier über dem Tudortor, Old Tom; Hawksmoors innerer Leuchtturm aber blieb der Obelisk von Axum und sein Meisterwerk die Kirche im Slum von Spitalfields; auch sie trägt den Namen Christ Church, was für ein Zufall!«

»Das verstehe ich nicht! Der Obelisk von Axum ist doch erst mit Mussolini nach Rom gekommen!«

»Ja, aber er erscheint als Zeichnung in dem Reisetagebuch des Herodes Nikator, das damals unter Freimaurern beliebt war, nicht zuletzt wegen seiner Spiegelschrift und der doppelköpfigen Elefanten –«

»Gut; London, eine Stadt der Freimaurer also. Das ist keine große Sache.«

»Edinburgh muss so sein, die Stadt von Stevenson und Scott!«

»Wer von euch war schon mal in Edinburgh?«

»Kommt, wir müssen alle sofort nach Schottland fahren!«

Während sie alle so aufeinander eingeredet hatten, wurde von außen dreimal gegen die Tür geschlagen.

»Wer ist das?«

»Herein!«, hob Porfirio Osborne beide Arme, ein Glas in der Hand.

Er erhielt keine Antwort.

Es war still.

Erneut ertönten draußen drei Schläge. Clayton Fotterall McMichaels Hochzeitsfoto löste sich von der Wand, schleifte über die Holztäfelung und ging krachend zu Boden.

»Wer ist da?«, fragte Porfirio Osborne scharf.

»Hallo«, raunte draußen eine tiefe Männerstimme gegen das Holz. »Hier ist Debbie Palermo.«

»Tut mir leid, Sie sind nicht Debbie Palermo!«

»Woher wollen Sie das wissen?«

»Ich weiß das ganz bestimmt.«

»Ich *bin* Debbie Palermo!«

»Kannst du Hochstapler uns nicht endlich in Ruhe lassen?«

»Los, Porfirio, lass mich herein!«

»Warum sollte ich?«

Der Türknopf drehte sich auf dem Holz. »Mein Name ist

Stanisław Bronco.« Die Stimme machte eine bedeutungsvolle Pause. »Ich bin der größte Engländer aller Zeiten!«

»Sapperlot!« Durch die Türe stolzierte ein kleiner Mann mit einem pechschwarzen Seitenscheitel, wie sie alle im Smoking, doch einen Teddybären im Arm; er trug ein Pincenez mit einer Kordel am Ohr und hatte Haar und Oberlippenbart mit Brillantine zum Glänzen gebracht.

Rattles erschauderte.

Thierry legte eine Hand auf seine Schulter. »Man sagt«, flüsterte er ihm zu, »der beste Engländer sei meistens Ungar. Oder irgendein vager, weinerlicher Pole – wie in diesem Fall.«

»Debbie Palermo entbietet euch ihre Grüße«, nahm Stanisław Bronco mit geschwellter Brust seinen Platz in der Mitte des Raumes ein. »Leider ist sie heute Abend unpässlich. Sie hat Aloysius aber gebeten«, deutete er auf seinen Teddybären, »sie mit allem Anstand zu vertreten. Aloysius hat schon den ganzen Tag lang Lampenfieber.«

»Gut, damit ist aber nun Schluss.« Der Franzose blickte irritiert aus dem Fenster. »Wir nehmen ihm also sein kleines Spielzeug ab und setzen den Idioten mit einem Fußtritt wieder vor die Tür.«

»Was hat er?« Arcangelo packte Rattles am Arm. »Ich bin interessiert.«

»Krass: Er imitiert einen englischen Lord aus dem Roman ›Wiedersehen mit Brideshead‹. Wie beim Karneval!«

»Ah – einen englischen Lord.«

Porfirio Osborne hatte die Scherben vom Boden aufgehoben und zerknüllte nun seine Liste mit einem bitteren Schrei: Der Eindringling würde nicht nur die Sitzordnung durcheinanderbringen, sondern obendrein wie ein König mit seinem Teddybär in ihrer Mitte thronen, im Speisesaal von Christ Church College! Was für eine Schande für ihn, und was für eine Schande für den gesamten Club! Gleichzeitig wusste der intrigante Schuft ganz genau, dass er nun nicht mehr des Zimmers verwiesen werden konnte – und das ausgerechnet wegen der Anwesenheit von Theda Skocpol. Denn hatte Langley nicht seine Pappenheimer mit untrüglicher Sicherheit ausgesucht? Und hatten die Klauen des amerikanischen Adlers deswegen unweigerlich nicht auch Bronco ergreifen müssen, damals noch in Polen?

Ja, jemand, der seine ganze Familie bei Katyn verloren hatte, war empfänglich für Einblasungen jeglicher Art. Aber was heißt hier überhaupt noch »empfänglich«? Sein zerknülltes Placement in der Hand, errötete Porfirio Osborne, berauscht von der Macht, die Langleys langer Arm offenbar in der ganzen Welt auszuüben vermochte. Denn Stanisław Bronco war verführbar gewesen, verzehrt von brennendem Hass auf den Kommunismus und erfüllt von einem unstillbaren Durst nach allem Westlichen, insbesondere nach den Lebensformen und Spielarten der Aristokratie.

Und schwuppdiwupp hatten sie ihm ein Fotokopiergerät aufgebrummt, auf dem Rücken eines Esels und in alle Einzelheiten zerlegt, zum Schmuggel über die Karpaten und durch die Masuren bis nach Danzig. Aus dieser Samisdatzeit war ihm nur der Oberlippenbart geblieben, nicht aber der Blumenkohl nach obenstehender Löckchen, die marmorierten Jeans und die Schafwollweste, in der er das Tier durch verschneite Wälder gezogen hatte, in den Pausen den trompetenförmigen Lauf einer Muskete gegen das Wolfsrudel richtend, von dem ihr Zug seit den galizischen Dörfern verfolgt worden war.

Nach Verhängung des Ausnahmezustands in Polen hatte Langley Stanisław Bronco die Ausreise ermöglicht, und zwar durch einen Kuhhandel, den Tausch gegen einen sechsten Mann des russischen Spionagerings am Trinity College in Cambridge – ein weiteres Mitglied der Debattiergesellschaft der »Apostel«, den man kurzerhand nach Moskau geschickt hatte, Milzbrandsporen im Revers seines Anzugs von Gieves & Hawkes, No. 1, Savile Row, London. Auf allen Fernsehern war zu jener Zeit, grobkörnig und schwarzweiß, das pastöse Krötengesicht des Generals Jaruzelski erschienen, die Augen hinter einer Sonnenbrille versteckt, als im Danziger Hafen schon ein Trawler auf sie gewartet hatte, die *Sanko Bravo* (Panama). Ihr Kapitän, ein wortkarger Finne, in Langley nur als Onkel Jasper bekannt, hatte den ganzen Winter für diesen Auftrag Gewehr bei Fuß stehen müssen, in einem sicheren Haus auf dem Gebiet der NATO – in einer Holzhütte auf den Lofoten, wo er, unter dem jenseits der Tannen aufflammenden Polarlicht, mit tauben Fingern in den Annalen der Casanovagesellschaft geblättert hatte, deren Schriftführer er gerade geworden war; nun hatten sie die Anker gelichtet und waren nach Mitternacht von Danzig aus gemeinsam in See gestochen.

Die Kurbel einer frischgeschenkten Hasselbladkamera in der Hand und ein Empfehlungsschreiben an den Präsidenten von All Souls College in der Tasche, hatte Stanisław Bronco am Heck des Schiffes gestanden und ein Abschiedsbild nach dem anderen von der monströs vor ihm dahinklankernden Leninwerft geschossen, bis nach dem Erreichen der Sechsmeilenzone über der Brücke eine Laterne aufgeleuchtet hatte, von einem Drahtkorb geschützt, die ihr Licht über die Ostsee geworfen hatte, immer weiter gen Westen. Es sich mit Bronco verscherzen hieße deswegen, es sich auch mit Langley zu verscherzen – und in diesem Fall könnte er, Porfirio Osborne, seine angestrebte Laufbahn im Dienst wohl endgültig vergessen.

Er seufzte und gab das Signal zum Aufbruch.

»Der ganze Club«, krähte Bronco, »zum Abmarsch – bereit!«

»Kommt der etwa mit?«, wütete Thierry de Rastignac im Hintergrund. »Hat hier niemand den Mut, dem Kerl seinen Platz zu zeigen? Was mischt er sich überhaupt in unsere Angelegenheiten ein und gibt uns Befehle? Er täte besser daran zu schweigen!«

»Niemand erhebt sein Wort gegen Porfirio!«, rief Theda Skocpol, hakte sich bei ihrem Landsmann unter, warf den Kopf in den Nacken und zog eine Schnute. »Porfirio, mein Süßer! Porfirio ist mein Freund!«

Stanisław Bronco mit seinem Teddybären vorneweg, polterten sie die Holztreppe hinunter. Eine Türe öffnete sich, und erneut umfing sie die trostlose Weite des Tom Quad, mit seiner mysteriösen Winterluft und den Schneeflocken, die auf Rattles' Stirn und seinen dicken, ein wenig empfindsamen Lippen schmolzen. Er atmete tief durch, und nach der Enge des Zimmers erschien ihm der Himmel unendlich.

Die Fenster um ihn herum waren tot, in der Finsternis schienen die altersschwarzen Kasematten in sich zusammenzufallen, doch die gefrorene Brachfläche leuchtete weiter, wie ein Leichentuch.

»On fait un peu le language-course *ici, non?«,* grollte Thierry de Rastignac, nun auch er in seinen Atem gehüllt. Ihr Zug hinterließ Spuren auf dem erhobenen Gehweg, der die weiße Ödnis rechtwinkelig an den Mauern entlang umgab. Postamente ragten in die Fläche hinein, als hätten sie einst Kanonen gedient. *»Où sont les Anglais?«*

»Guarda!« Mit dem ausgestreckten Arm wies Arcangelo Distante in die rechte Ecke des Hofes, wo Laternen in einem Torbogen leuchteten. »Dort drüben sind sie alle am Futtern.«

Thierry schloss zu Rattles auf, während sie sich im Gänsemarsch auf das Licht zubewegten, und legte die Hände auf dem Rücken seines taillierten Fischgrätmantels zusammen. »Hör mal, mein alter Freund Rattles, was ist eigentlich los mit deinem Kumpanen?«

»Mit welchem Kumpanen?«

»Deiner Begleitung. Vom College.«

»Meinst du Hoops?«

»Hoops, ganz genau. Er gefällt mir heute Abend überhaupt nicht. Vielleicht eine Art fehlgeleiteter kleiner Depression.«

»Ach, Hoops! Der entwickelt sich ganz prächtig.«

»Alter Schwede«, sprach Rattles aber insgeheim zu sich, »dieser Hoops! Zunächst schwärmt er von seiner Pfäffin mit den Gurkensandwiches, und danach sagt er aus Schüchternheit kein einziges Wort mehr. Er ist so englisch – es wird noch ein böses Ende mit ihm nehmen! Und überhaupt: Krass, an wen ich hier mal wieder geraten bin. Der mit dem Teddybär, der ist ja so richtig peinlich. Und das ausgerechnet in Christ Church, zu meiner großen Stunde! Wie komme ich aus dieser Situation bloß wieder heraus? Ich muss mir unbedingt eine List ausdenken, sonst wird man mich nie nach Schottland einladen.«

Während Rattles noch so vor sich hinmaulte, schritten sie durch den Torbogen; an diesem archimedischen Punkt der Anlage schienen sich die Höfe unter einem mit vier Ecktürmen bewehrten Dach ineinanderzufalten und – wie im Inneren einer Tritonmuschel – in drei Treppenfluchten um einen einzigen dünnen Pfeiler emporzuschrauben, dessen Rippen sich, viele Meter hoch über ihren Köpfen, zu dem in goldenem Sandstein erstarrten Farnwald eines spätgotischen Sterngewölbes ausfächerten.

Schritt für Schritt stiegen sie die ausgetretenen Stufen empor. Auf jedem Treppenabsatz beleuchtete ein Paar gusseiserner Laternen Rattles' Seidenschal, das Muttermal unter Theda Skocpols Pony, Broncos Bären, die Samtkrägen von Arcangelo Distante und Thierry de Rastignac. Thierry hatte sich neben Katinka Rosenberg geschoben, in deren Brille sich die Wappen und Blumen der Gewölbedecke spiegelten. Porfirio Osborne trippelte vorneweg, geschäftig rechts und links das Personal grüßend, als sich eine Türe auftat und dahinter der endlose Saal mit seinen Tischen, auf dem viele Doppellämpchen standen, deren Schirme im Halbdunkel wie durch die Linse eines Weichzeichners glommen. Hooper bildete das Schlusslicht; unter der Smokingjacke hatte er sich seinen Pullunder in die Hose gesteckt, und er war so dünn, dass es einem das Herz erweichte.

Sie gehörten zu den Letzten, die sich einen Platz suchten. Von den eichenholzgetäfelten Wänden schimmerten Porträts auf sie herab – und es war Rattles, als wären all die ruhmreichsten Ehemaligen dieses Colleges nun geschlossen um sie herum versammelt, die Ehemaligen von Aedes Christi, dem Hause Gottes. Rattles schluckte.

Die Tische füllten sich, die Unruhe wich einer eingeübten Stille; dann krachten und knisterten die Boxen einer Lautsprecheranlage, die versteckt zwischen den Gemälden hingen, und übertrugen ein am Kopfende gesprochenes Gebet bis in den letzten Winkel das Saals.

»J'absolument préfère Trinity!«, sagte Thierry de Rastignac kopfschüttelnd und setzte sich als Erster unter dem Schaben Hunderter von Stühlen. *»Ici, on est dans la Gare d'Austerlitz, c'est clair!«*

Eine Stimme erklang in Rattles' Ohr: »Entschuldigung, könnten wir bitte eine Flasche Rotwein bekommen?«

Hooper versetzte ihm einen Schlag in die Seite. »Reiß dir den

Schal herunter und verwüste dein Haupthaar – sonst hält man dich noch für einen Kellner!«

Mitten in der Bewegung hielt Rattles inne. Auf den Stuhl direkt neben ihm setzte sich der grinsende Hippie Cartouche und schleifte seine Cowboystiefel über den Boden; ähnlich wie Robert McMurray, der zwei Plätze weiter saß, trug er eine originelle Weste aus einem Kostümfundus. Vor der schwarzen Firnis der Porträts erstarrte Emma, als sie Rattles' Gastgeber entdeckte, dem sie vor zwei Tagen noch abgesagt hatte.

»Oh Porfirio!«, rief sie mit gespielter Unschuld. »Wie geht es dir?«

»Sapperlot!«, donnerte Stanisław Bronco aus ihrer Mitte. »Warum hat Aloysius heute Abend keinen Babystuhl bekommen? Christ Church ist rassistisch, sexistisch und bärenfeindlich! Nun muss ihn der böse Porfirio bis zum Nachtisch hin füttern.«

Mit der Absage von Debbie Palermo war Porfirio Osbornes magisches Dreieck zerbrochen. Auf der Flucht aus Broncos Dunstkreis versuchte er, sich ans obere Ende des Tisches zu Katinka Rosenberg zu retten, fand aber seinen Weg von Theda Skocpol verlegt; gleichzeitig behinderte sein Wanst ihren Versuch, auf seine andere Seite zu Rattles zu wechseln. Dieser endete so neben Cartouche; ihm schräg gegenüber ließ Emma mit ihrem Nasenring Hooper nervös auf seinem Stuhl herumrutschen; neben Rattles saß Porfirio Osborne; direkt davor betupfte Bronco die Schnauze seines Stofftieres mit dem Hors-d'œuvre, und eine Reihe weiter spiegelte sich Theda Skocpols Muttermal in den Brillengläsern von Katinka Rosenberg, die zwar neben Arcangelo Distante ihren Platz eingenommen hatte, Augen aber nur für Thierry hatte. Dieser wiederum wandte sich ostentativ von Theda Skocpol ab und quälte seinen Nachbarn mit einem Vortrag über die Schweinepest: »Es überrascht mich nicht, es überrascht mich überhaupt gar nicht. Wenn man bedenkt, wie in diesem Land mit Lebensmitteln umgegangen wird!«

»Ach, Aloysius«, haderte Stanisław Bronco mit seinem Teddybären, während die Feindseligkeit um ihn herum auf seinem Rücken brannte, »unter was für einen Pöbel bist du da wieder geraten?«

Emma wandte sich Robert McMurray zu; sie würdigte Rattles' Gruppe mit keinem Blick mehr. »Wie war's bei Sam?«

»Jeder Hausgast hat am Freitagabend zur Begrüßung einen Beutel mit Zigaretten, Rizlas, Kondomen und Alka-Seltzer auf seinem Bett gefunden. Am Sonntag waren alle Beutel leer.«

»Und? Erzähl!« Emma wackelte auf ihrem Stuhl hin und her und schlug entzückt die Hände zusammen.

»Kennst du Toby?«

»Toby Guinness?«

»Nein, Toby Longbottom-Percy.«

»Oh, Batcombe-Toby.«

»Genau. Batcombe-Toby und Lucy sind während des Abendessens unter dem Tisch verschwunden. Zusammen.«

»Unter dem Tisch? Was hat es zu essen gegeben?«

»Truthahn.«

»Truthahn! Was hat ihr Vater dazu gesagt?«

»Er hat sich taub gestellt.«

»Großartig!«

»Und dann gab es auch noch –«

Rattles verfolgte das Gespräch mit aufgerissenem Mund; danach fraß und soff er glücklich in sich hinein. Der Dachstuhl, der über ihnen hing wie der Rumpf eines umgedrehten Schiffs, die Doppellampen auf den Tischen mit ihren Stoffschirmen, elf Vizekönige von Indien, Bohnen und Lamm, das Knarzen von Cartouches Stimme, Robert McMurrays Bass und Emmas Gezwitscher – all das verband sich in seinem Kopf zu einem Rausch, der ihn mehrmals laut aufstoßen ließ.

Emma drehte sich zu ihm herum, presste die Hand auf den Busen und sagte: »Oh mein Gott.« Stanisław Bronco aber, der sich und Aloysius vernachlässigt fühlte, pflaumte ihn regelrecht an: »Und, alter Junge? Sind wir Stadtmensch oder eher von der ländlichen Sorte?«

»Weder noch. Ich bin Deutscher.«

»Sapperlot! Deutscher?« Bronco riss die Augen auf, so dass sein Pincenez von der Nase flog, lehnte sich zurück und zog seinen Teddybären an die Brust. »Mein Gott! Aloysius ist unter die Sturmtruppen geraten!«

»Meine Eltern wohnen in Frankfurt, die Familie meiner Mutter aber«, sagte Rattles laut und deutlich, »kommt ursprünglich aus der alten westpreußischen Heimat.«

Cartouche, bis zu diesem Zeitpunkt noch immer mit der Preisgabe seiner erotischen Anekdoten beschäftigt, wandte sich derweil Hooper zu, der den ganzen Abend noch kein einziges Wort gesagt hatte.

»Übrigens, ich glaube, wir sind einander noch nicht vorgestellt worden.« Er warf Rattles einen kurzen Blick zu. »Ich bin Cartouche.«

»Darf ich dir meinen Freund Hoops vorstellen?«, grölte Rattles, der schon sein drittes Glas Rotwein trank; der Alkohol hatte seine Wangen gerötet, in seinen Augen lag ein glasiger Stich.

»Hoops? Sehr gut. Also, Hoops: Was ist deine Haltung zum Rammelspiel?«

»Hoops träumt von einer Pfarrei auf dem Land und einer

weißhaarigen Frau mit roten Bäckchen!«, prustete Rattles los. »Und wisst ihr, was sie macht? Na? Sie serviert ihm – Gurkensandwiches!«

»Ich reise nach Berlin, um mich von *Fraulein Whip-Lash* auspeitschen zu lassen!«, schrie Hooper in die ausbrechende Heiterkeit mit seltsam überschnappender Stimme. Er war bis unter die Haarwurzeln rot angelaufen, Krähenfüße traten an seinen Augenwinkeln hervor.

»Aloysius wird ihn auspeitschen.«

Ein würgendes Geräusch ließ sie verstummen. Emma hatte beide Hände vors Gesicht geschlagen und sich nach vorne gebeugt; ein konvulsivisches Zucken schüttelte ihren Körper. Unter größter Anstrengung richtete sie sich wieder auf, während ihr das Lachen Tränen über die Wangen schickte, zog ein Taschentuch hervor und blies geräuschvoll hinein. »Ausgepeitscht – von einem Teddybären! Das ist das Komischste, was ich in meinem ganzen Leben gehört habe!«

»Kopf hoch, Kollege. Ich war auch noch Jungfrau, als ich nach Oxford gekommen bin. Sogar noch bis in die vierte Woche.«

»Noch Jungfrau! Und das bis in die vierte Woche!«, erklang in Robert McMurray eine weinerliche Frauenstimme. »Wie hast du das denn ausgehalten? Ich könnte so nicht leben.«

»Wir müssen unbedingt eine Freundin für dich organisieren. Lass mich nachdenken. Was ist dein Typ?«

»Hoops möchte seine eigene Omi heiraten!«, brachte Rattles den Tisch erneut zum Lachen; dabei blickte er Emma forsch in die Augen. »Und wisst ihr, warum? Weil sie ihn beruhigt!«

»Wie süß!«

»Keine Sorge, Kollege. Wir kriegen dich schon aus dem Altersheim raus.«

»Aber sieh zu, dass du immer ein Kondom benutzt«, flehte die weinerliche Frauenstimme. »Ihr müsst alle Kondome benutzen. Bitte, versprecht mir das. Auch wenn sie so teuer sind.«

Nach dem Abendessen standen Rattles und Thierry mit über die Schultern geworfenen Mänteln auf dem Tom Quad; sie hatten die Knoten ihrer Fliegen gelöst, deren schmetterlingsförmige Ausläufer nun über die Plisseebrüste hingen. Es war kurz vor Mitternacht; auf der geisterhaft leuchtenden Fläche vor ihnen warfen sich schwarze Gestalten Schneebälle zu.

»Was machst du eigentlich in den Ferien?« Rattles steckte sich eine Zigarre in den Mund, zündete sie mit einem Streichholz an und paffte tapfer drauflos.

»Ich habe sehr viel Glück gehabt.« Thierrys Lider sanken über die Augen, er nickte wie im Traum. »Vier Wochen bei J. P. Morgan.«

»Auch ich habe sehr viel Glück gehabt.« Das Ende von Rattles' Zigarre glühte auf, der Tabak knisterte, eine Serie von Rauchwölkchen stieg in den Himmel. »Fünf Wochen bei McKinsey. In Düsseldorf!«

Rauchwölkchen quollen nun auch aus Thierrys Mund. »Ich glaube nicht an Beratung. Einen Berater anstellen heißt, jemanden dafür zu bezahlen, dass er auf deine Uhr sieht und dir sagt, wie spät es ist.«

»Ihr Banker macht auch nichts Gescheites.«

»Sei nicht dumm. Wir stellen das Geld für die Wirtschaft zur Verfügung. Auch wenn dabei manchmal harte Entscheidungen gefällt werden.« Auf Thierrys Gesicht machte sich finstere Entschlossenheit breit, während er mehrmals hintereinander nickte. »Sehr harte Entscheidungen.«

»Manchmal denke ich, wir sollten unsere Zeit noch viel besser nutzen. Werden wir nicht unser ganzes Leben arbeiten? Jetzt könnten wir noch etwas anderes unternehmen, eine Reise zum Beispiel. Den Kilimandscharo besteigen. Oder das Galatheatief betauchen!«

»Wir können das Galathcatief auch betauchen, wenn wir achtzig sind. Jetzt ist die Zeit, die Weichen für unsere Karrieren zu stellen.«

Schweigend zogen beide an ihren Havannas. Dann begann Rattles zu ächzen, und Tränen schossen ihm in die Augen. »Ach ja! Vergeht die Zeit in Oxford nicht wie im Fluge?«

»Du hast recht: *Time flies*. Ich werde nervös. Sehr nervös.« Tatsächlich begann das Ende von Thierrys Zigarre zu zittern, während er unsicher auf Rattles' Tränen schielte.

»Ach ja«, fuhr dieser fort. »Es gibt keinen Ort, der wie Oxford so zeitlos ist und zugleich so vergänglich. Oxford ist eine Stadt, die der Jugend gewidmet ist. Und Jugend ist vergänglich. Der Jugend gewidmet und der Freundschaft. Ach ja!«

»Du weißt, ich bin verschlossen, sehr verschlossen. Aber mir schwebt schon seit längerem etwas vor: eine Art Club im Club.«

»Freundschaft. Freunde.« Rattles murmelte diese Worte wie magische Formeln und sah sich suchend im Kreis um, wobei er wieder sein Lieblingsgesicht machte, blieb dann aber wie vom Donner gerührt stehen. »Wo zum Teufel ist Hoops?«

»Ich glaube, er ist nach Hause gegangen.«

Rattles verlagerte sein Gewicht von einem Bein auf das andere, scharrte mit dem Lackschuh im Schnee und schürzte seine Lippen. »Der alte Hoops hat das nicht gut aufgenommen. Es ist mir alles so peinlich!«

»Ich hätte eingreifen müssen. Wir haben alle versagt, *basically*«, sagte Thierry de Rastignac, schob seine Hände in die

Taschen und verfolgte zufrieden das Treiben zu ihren Füßen. »Aber hör mal! Was ist das?«

Aus der Tiefe der Nacht erhob sich ein gellender Schrei; sein Echo wurde von den eisigen Mauern hin- und hergeworfen. Nicht weit von ihnen entfernt hatte sich eine Gruppe zusammengerottet, deren Mitglieder die bunten Blazer einer Rugbymannschaft trugen. Sie hatten ihr Opfer gefunden und hoben es über die Köpfe, wo es zappelte und trat; die Gläser eines Pincenez blitzten zwischen den Händen auf, und der Teddybär tanzte darüber wie eine Boje auf hoher See.

»Mein Gott!« Rattles hielt sich die Hand vor den Mund. »Sie haben Bronco ergriffen.«

»Seltsam.« Thierry runzelte die Stirn. »Was für ein absurder englischer Brauch ist denn das nun schon wieder?«

Rattles packte Thierry am Arm. »Du, ich weiß, was das ist. Sie wollen ihn in den *Mercury* werfen!«

»Auf Freddy Mercury, den Sänger?«

»Nein, in den Brunnen natürlich, du Schwachkopf. Merkur, der Götterbote!«

»Warum sollten sie das tun?«

»Erinnere dich an sein Verhalten – das ist alles Kalkül! Ich glaube, er hat förmlich darum gebettelt.«

»Was für eine seltsam polnisch-masochistische Art, so einen Abend zu beschließen.«

»In dem Roman, du weißt schon, ›Wiedersehen mit Brideshead‹, werden permanent Leute in den Brunnen geworfen. Wenn es auch Bronco passiert, ist das für ihn wie ein Ritterschlag. Er betritt dadurch selber das Buch und wird Teil seiner Lieblingsgeschichte.«

»Wie dumm von allen. Es ist gar kein Wasser im Brunnen. Er wird sich sämtliche Knochen brechen.«

»Vielleicht sollte ihnen das jemand sagen.«

Thierry schüttelte entschieden den Kopf. »Nein, ich denke nicht.«

»Warum nicht?«

»Die Abwesenheit von Wasser schützt ihn wenigstens vor einer Lungenentzündung.«

Sie wurden von Arcangelo Distante unterbrochen, der den Franzosen am Arm packte. »Ah, Thierry, hier bist du. Seid still und hört zu! Ich glaube, ich mag Christ Church sehr gerne. Es ist wie Rom!« Er warf Rattles einen flinken Blick zu. »Wenn du uns entschuldigst – wir müssen reden. Dort!«

Alleine gelassen, knöpfte Rattles seinen Mantel zu und schob schaudernd beide Hände in die Taschen. Die Rugbyspieler bewegten sich wie eine Raupe an den Außenmauern entlang, Bronco auf ihren Händen. Dieser quiekte und verteilte Hiebe mit dem Teddybären, bis er sicher sein konnte, dass ihn auch die letzte Seele bemerkt hatte.

In dieser leblos glosenden Fläche, aus einer Gruppe der schwarzen Schneeballspieler, löste sich eine Frauengestalt in einem Astrachanmantel. Mit jedem Schritt wurde sie deutlicher; hinter ihr balancierte der Götterbote auf der Sandale, sein weißes Hütchen noch immer auf dem Kopf.

»Komm, Rattles!«, rief Emma, »ich muss mit dir sprechen.«

Dümmlich grinsend tappte Rattles die Treppenstufen hinunter, bis sich die beiden gegenüberstanden.

Die junge Frau verschränkte ihre Arme vor der Brust. »Warum machst du das, Rattles?«

»Manche Leute muss man einfach ein wenig schubsen, sonst wird es ein böses Ende mit ihnen nehmen.«

»Weißt du eigentlich, was wir hier tun?«

»Was?«

»Das!« Sie zeigte mit dem Finger auf Broncos Raupe, die sich aus dem Schatten der Mauer löste und auf den Brunnen zukrabbelte; eine Batterie indische Glasarmbänder rasselte über ihr Handgelenk.

»Ich bin nicht Teil dieser Gruppe!«, rief er erleichtert.

»Rattles«, sagte Emma drohend. »Schau mich an. Du bist deinen Freunden gegenüber nicht sonderlich loyal.«

»Ich habe Bronco erst heute Abend kennengelernt«, fuchtelte er mit den Armen in der Luft herum. »Ich schwör's!«

»Wisst ihr eigentlich, was ihr da tut? Diese ganze Kostümierung, dieses Theater –«

»Soll ich etwa Samstagabend alleine zu Hause bleiben? Du hast gut reden, in deinem College!«

»Rat mal, was ich in den letzten Sommerferien gemacht habe.«

»Du hast sicher den Kilimandscharo bestiegen. Mit Cartouche!«

Vom Brunnen drangen aufgebrachte Rufe der Rugbymannschaft – »Du bist eine Schande für das Haus!« – und nicht minder aufgebrachte Antworten Broncos – »Sapperlot, ich bin kein Mitglied des Hauses, nur Aloysius ist es!« – zu ihnen herüber.

»Nein, Rattles. Ich bin von einer staatlichen Schule zur anderen gezogen. Durch Manchester, Liverpool, Yorkshire. Auch durch das Londoner East End, um genau zu sein. Ich habe versucht, ganz normalen Leuten die Angst davor zu nehmen, sich in Oxford zu bewerben. Die Leute haben mich als Snob beschimpft.« Sie zitterte am ganzen Leib. »Ich bin angeschrien worden, Rattles.«

»Hey, Ems«, knarzte von irgendwoher die Stimme von Cartouche. »Lass uns gehen; es gibt Champagner in meinem Zimmer!«

»Einige von uns geben sich große Mühe, diesen Ort so zugänglich wie möglich zu gestalten. Ich bin mir nicht sicher, ob euer Verhalten dabei hilft.«

Ein Schneeball landete in Rattles' Gesicht. Auf einem der Postamente formte Arcangelo, tief in der Hocke, ein weiteres Geschoss; daneben stützte Thierry seine Hände auf die Knie und erwartete, im Fischgrätmantel, wie ein Torwart seine Antwort.

Und dann tauchte Emma wieder auf, nun eingehakt in ihrer Mitte. Sie schwankte hierhin und dorthin, glücklich darüber, die beiden Südländer mal in die eine, mal in die andere Richtung ziehen zu können. »Willkommen, Rattles!«, riefen sie. »Willkommen in unserem Club!«

»Ach was! Du bist Mitglied in einem Club?«

Der Winter hatte sich mit dem Schnee verabschiedet; es taute auch in The Little Boltons, einer Straße im Londoner Stadtteil Kensington und Chelsea. Vor georgianischen Backsteinhäusern zeigten Magnolien erste Triebe; Autos glänzten. In der Nachbarschaft gab es Antiquitätengeschäfte und französische Brasserien; Männer in Nadelstreifenanzügen standen vor den Anglesea Arms, Biergläser in der Hand. Ein Taxi glitt an den Beinen einer deutschen Prinzessin vorbei, dem Rinnstein mit den doppelten gelben Linien des Halteverbots, Seiten des *Evening Standard* und der *Financial Times*.

»Krass: Franzosen, Italiener, Amerikaner, Japaner – aber kein einziger Engländer.«

»Kein einziger Engländer?«

»Wir haben einen gefragt, aber der wollte nicht.«

Im Inneren eines der Häuser standen Lampen auf Beistelltischen; aus russischgrünen Schirmen floss ihr Licht über den

Faltenwurf der Decken und die Fotos von Familien. Quasten rafften Vorhänge wie Galane die Taillen der Debütantinnen auf einem Ball; an den fleischfarben gestrichenen Wänden hingen Bilder, auf denen Frauen über Picknickkörbe schaukelten und Edelmänner ihre Gesichter in den Raum drehten, während am Horizont ihre Schiffe Breitseiten mit spanischen und holländischen Fregatten tauschten. Mit keiner dieser Personen waren die Hausherren verwandt.

Meike Fillinghausen trug ihre Haare zu einem Pferdeschwanz gebunden. Sie hatte sich eine Sonnenbrille auf die Stirn geschoben; eine Kette aus Bernstein baumelte auf ihrer Brust. »Kein Wunder, die Engländer mögen diesen Eurotrash überhaupt nicht.«

»In seinem Fall lag es eher an einer Frauengeschichte. Oder, besser gesagt, an der Abwesenheit einer Frauengeschichte.«

»Ihr habt ihm sicherlich Angst gemacht mit euren schönen Jacketts«, konnte sie noch gerade sagen, als die Tür aufging und Rattles' Patenonkel mit Charlotte, ihrer ältesten Tochter, in das Zimmer platzte. Noch in der Türe kickte sie ihre Mokassins in die Ecke und stapfte in blauen Strumpfhosen ins Wohnzimmer. Ihre Ärmchen schlenkerten um den mageren Leib, zwei dicke Tränen kullerten über die Wangen.

»Mom, I have been bullied again!«

»*Oh my darling.* Warum haben sie dich denn gequält?«

»Weil Sarah Murphy allen erzählt hat, dass ich meine Ohrstöpsel wasche.«

»What a very, very naughty girl Sarah Murphy is.« Meike Fillinghausen verzog das Gesicht; dabei verlieh sie dem »r« aus »very« den rollenden Zungenschlag der englischen Oberschicht.

»Mom«, begann Charlotte und schlug ihrer Mutter die Arme

um den Hals, »warum sind die Engländer so viel besser als wir?«

»Die Engländer sind nicht besser als wir, mein Schatz, sondern hatten einfach mehr Glück. Ohne Adolf Hitler und die 68er sähe es bei uns genauso aus. Vielleicht sogar noch schöner. Ordentlicher. Sauberer. Ohne *bullying*. Wie England, nur mit funktionierenden Rohrleitungen und Aufschnitt zum Frühstück. Und ohne Engländer.«

»Sarah Murphy hat auch allen erzählt, dass du unseren Müll wäschst. *Mom, I hate you!*« Türenknallend stürmte das Mädchen aus dem Zimmer und polterte die Treppe empor.

»Charlotte!«, rief ihr Rupert Fillinghausen drohend hinterher; er sprach ihren Namen englisch wie »Scharlott« aus.

»Rupert, lass sie.«

»Saubande!« Rattles' Patenonkel setzte sich auf den Rand eines der um den Kamin gestellten Sofas; er war bemüht, dabei nicht die frisch aufgeschüttelten Kissen zu zerquetschen. Gekonnt auf der Kante balancierend, saß er dort, ein drahtiger Mann, einen halben Kopf kleiner als seine Frau, Anfang fünfzig, der sein straffes, weißes Haar täglich mit einer Büffelhornbürste pflegte; er sprach mit geschwellter Brust, und bei jedem Wort umspielte ein Staunen seine Lippen, als wunderte er sich insgeheim noch immer über den eigenen Erfolg.

Aus dem ersten Stockwerk des Hauses kamen gedämpfte Töne eines Liedes von The Smiths.

»Recycling ist für die Engländer ein absolutes Fremdwort. Diese Sarah Murphy hat bei uns zu Mittag gegessen und hat gesehen, wie wir unsere Altgläser in den Geschirrspüler getan haben, damit sie keine Fliegen ansetzen. Das arme Ding ist nun vollkommen traumatisiert.«

Ihr Mann klopfte eine Zigarette auf der Tischplatte auf.

»Trotzdem kann man seine Kinder nur nach England in die Schule schicken.«

»Ich war sehr erleichtert – die Leute sind hier auch nicht klüger als bei mir auf dem Internat.«

»Ja, aber die geben den jungen Leuten immerhin das Gefühl, zu irgendeiner Art von Elite zu gehören.«

»Genau darüber habe ich persönlich mit dem Präsidenten meines College gesprochen!« Rattles lehnte sich in dem Sofa zurück und schlug die Beine übereinander; er hatte rechtzeitig sein schwarzes Paar Schuhe angezogen. »Die halten sich gar nicht für eine Elite. Die sagen, sie hätten kein Geld und wären einfach nur so da.«

»Ist er adelig?«

»Wahrscheinlich will er nur eine Spende von deinen Eltern.«

»Das Wort ›elitär‹ ist in der ganzen Uni voll verpönt. Sogar in Christ Church tragen die Leute neuerdings Nasenringe und setzen sich für Gesamtschulen ein.«

»Ich finde das arrogant.« Meike Fillinghausen nestelte an der Brille auf ihrer Stirn und schlug die Augen auf. »Nicht jeder hat das Glück, in Oxford zu studieren. Man sollte seinen Hof dann schon bewahren!«

»Aus dem, was du sagst, spricht der typisch deutsche Klassenhass!«, grollte der Bankier in Rattles' Richtung.

»Ich leide nicht unter Klassenhass!«

»Doch. Zumindest klang das gerade so.«

»Auch in England gibt es Klassenhass.«

»Aber nicht wie in Deutschland. Deutschland – sage ich immer – ist das Land von Marx und Engels.«

Während sie so diskutierten, glitt Rattles' Blick über die Familienfotos in ihren silbernen Stehrahmen, die ihn auf allen Seiten umgaben. In der Mitte jedes Fotos saß ein verwandtes oder befreundetes Ehepaar, umgeben von seinem Nachwuchs, der manchmal nachträglich ins Bild hatte retouchiert werden müssen, mit der Holzperlenkette des Rucksacktouristen oder dem Stethoskop der »Flying Doctors« um den Hals. Doch in den meisten Fällen legten großgewachsene Burschen persönlich die Hände auf die Lehnen von Louis-Seize-Stühlen und blickten hinter ihren Eltern mit festen, ein wenig uninteressanten Gesichtern in die Kamera. Sie wurden flankiert von ihren Schwestern und Frauen, langbeinigen Fohlen mit Pferdeschwänzen und Kreolenohrringen, deren Gesichter Rattles vergaß, sobald sein Blick zum nächsten Bild geschweift war; es blieb lediglich ein Eindruck von Khaki. Denn khaki waren die Hosen, khaki waren die Kostüme, khaki waren die Strähnchen der Frauen, und khaki waren die Sommeranzüge der großen wie der kleinen Herren, so dass ihn für einen Moment der Gedanke erheiterte, er würde Gruppenbilder des Afrikakorps betrachten. Auf manchen Fotos aber – und die sah er am liebsten an – explodierten die Herbstfarben der süddeutschen Aristokratie. Dann fielen die Aufschläge burgunderroter Cordhosen auf Schuhe mit Troddeln, grüne Aufschläge öffneten sich auf taubengrauen Jankern, Kinne sackten in den Paisley von Foulards, und im Hintergrund erhoben sich Giebel und Erker fränkischer Barockschlösschen in einen makellosen Himmel.

Rattles' Familie versandte keine Fotos.

»Auch in England werden Leute aus der Unterschicht beschimpft. Als ›Kevin‹!«

»Rupert hat recht, Daniel: Die Engländer prügeln sich manchmal, aber das ist am nächsten Morgen wieder vergessen. In Deutschland, da ist es anders. Da sitzt der Klassenhass so tief, weil die Leute unsicher sind. Sie vertragen sich nur, wenn alles gut läuft. Wenn es aber nicht mehr so gut läuft, da gehen sie sich gegenseitig an den Kragen, weil jeder Angst hat zu kurz zu kommen und sich fürchtet, dass ihm jemand etwas wegnehmen könnte. Die Leute reden sich ein, dass alle gleich sind, und hassen sich, weil sie wissen, dass sie es nicht sind. In England aber ist jeder stolz auf das, was er ist. Jede Klasse hat ihre eigene Kultur, die den Leuten Stolz gibt, Rückhalt, wenn's mal nicht so gut läuft, und mag es nur ihr Fußballverein sein. Oder, *on a national level*, die Königsfamilie. Eigentlich ist die Königsfamilie auch nichts anderes als ein Fußballverein. Die Royals werden von den Menschen so verehrt, da sie sich insgeheim in ihnen wiedererkennen, in dem Schicksal, in das du geboren wirst, ob du willst oder nicht. Die *circumstances*. Es ist wie beim Fußball, mit seinen Fouls und seinen Skandalen, den korrupten Bossen und ihren schäbigen Tricks, den Intrigen, dem ganzen Geld, das *involved* ist, den Pässen, dem Kampf gegen die eigene Müdigkeit, dem Schuss im letzten Moment, den Toren und den Eigentoren. Niemals aufgeben bis zum Abpfiff, die Königin dankt nicht ab. Nur Schwalben, die hassen sie. *Fair Play*, gleiches Recht für alle, und Respekt für jeden, der sich an die Regeln hält, ganz gleich, woher er kommt und was er daraus macht. Hier wird niemand an der Rampe von Auschwitz aussortiert, weil er ›minderwertig‹ ist. Wie dieser Ire da, der für Manchester United gespielt hat, wie hieß er noch?«

»George Best.«

»Ah ja, George Best. George Best, der alles hatte und aus dem am Ende nur ein Alkoholiker geworden ist. Sie haben ihn dafür geliebt! Stolz, und auch Rückgrat, wenn's darauf ankommt. Schau dir doch die englischen Society-Mädchen an! Die saufen wie die Löcher und nehmen Drogen bis zum Abwinken und gehen mit jedem Kerl ins Bett, der ihnen vor die Flinte läuft, aber auf einmal ziehen sie in den Krieg oder leiten ein Flüchtlingslager in Nepal oder gründen das Rote Kreuz, einfach so. Das ist hier so, die wurschteln sich durchs Leben, das typisch englische *muddling through* halt, jeder darf so, wie er will, doch wenn der entscheidende Moment kommt, steht er auf wie ein Löwe. *Rising to the occasion*, nennt man das hier. Die sind noch immer so stolz darauf, damals den Hitler gestoppt zu haben, so unfassbar stolz! Und wie recht sie damit haben, wie unfassbar recht! Haben wir denn damals den Hitler stoppen können? Die Deutschen, die haben eine große Klappe mit ihrem Idealismus und ihren Prinzipien, Otto Gernegroß, wie meine Berliner Großmutter zu sagen pflegte, wenn die Pantoffeln gewärmt sind und es ihnen gutgeht und keine Gefahr dabei droht. Doch wenn's hart auf hart kommt, dann knicken sie ein wie die Lämmer und flüchten sich ins Kollektiv. Niemand will Verantwortung übernehmen, es sind immer die anderen schuld: der Schiedsrichter, die Juden, die Reichen, das System. Schau dir doch nur die Politiker an. In der ganzen Welt versuchen die Politiker, Herren zu sein, nur in Deutschland, da sind sie Boofkes.«

»Englische Politiker sind auch Boofkes.«

»Aber die tragen immerhin anständige Anzüge.«

»Stimmt«, kicherte Rattles. »Beim Kohl schaut immer das Unterhemd durch. Und die Hose hat er sich über den Bauchnabel gezogen. Wie Gerd Fröbe!«

»Nur Helmut Schmidt. Der war ein Herr. Aber der ist auch Hanseat.«

»Der richtige Mann in der falschen Partei. Aber sonst ist es ein Trauerspiel, mit diesem Deutschland. Eine Tragödie!« Rupert Fillinghausen klopfte seine Zigarette am Aschenbecher ab. »Und wie verlogen die Deutschen sind! Glaubst du etwa, die hätten sich nach dem Krieg über Nacht verändert? Was für eine Lüge! Schau dir doch die DDR an, das sind die schlimmsten Sozialisten von allen! Gibt es ein Volk, das sich von seiner anderen Hälfte durch eine Mauer trennt? Reiner Klassenhass! Haben die Deutschen den Hitler stoppen können? Wer hat am Ende denn den Hitler gestoppt? Die Engländer, die waren es, die haben den Hitler gestoppt, mit gerade einmal tausend Piloten!«

»Dabei ist das eine Schande, beide Völker haben eigentlich so viel gemeinsam. Churchill, war der etwas anderes als der Bismarck seiner Zeit? Getrunken, das hat er. Es heißt, er wäre auf Jalta immer betrunken gewesen. Meine Freundin Harriet, Harriet Anchorage, die hat mir erzählt, was ihre Großmutter früher in der Kirche gesungen hat:

The rich man in his castle
The poor man at his gate
God made them, high or lowly,
And order'd their estate.

»Ich habe solche Engländer überall gesucht, aber nicht kennengelernt. Ich habe nur einen einzigen englischen Freund, und der ist das größte Lamm von allen.«

»Wie heißt er denn?«

»Alle nennen ihn Hoops.«

»Und bringt dieser Hoops dich weiter?«

Rattles zögerte für einen Moment. »Er hat sich für mich eingesetzt. Und ein Trimester später habe ich ihn verraten.«

»Verraten? Hast du ihm die Freundin ausgespannt?«

»Ich glaube, er hat noch nie eine Freundin gehabt. Und wir haben uns darüber lustig gemacht.«

»Ach du lieber Gott, ist das alles?«

»Das ist alles«, seufzte Rattles erleichtert. »Manchmal muss man Leute halt ein wenig schubsen –«

»Lass Hoops mal ruhig Hoops sein«, sagte Meike Fillinghausen warm. »Der schubst schon zurück, darauf kannst du dich verlassen. Schubsen, das können die Engländer. Vor allem von hinten.«

»Hast du eigentlich eine Freundin, Daniel?«

»Nein, aber ich hatte einen One-Night-Stand!«

»Einen One-Night-Stand? Da sind wir aber gespannt!«

»Eine Inderin. Ich meine natürlich, eine Engländerin indischen Ursprungs.«

»Eine Maharani?«

»Ihre Eltern haben einen Zeitungskiosk.«

»Du lieber Gott. Immerhin habt ihr dann genug zu lesen –«

»Ich weiß nicht, was an einem Zeitungskiosk so schlecht sein soll«, fuhr Rupert Fillinghausen hoch. »Die arbeiten doch Tag und Nacht.«

»Und ihr seid nicht mehr zusammen?«

»Nein. Sie hat mich nicht verstanden.«

»Dann ist sie auch nicht die Richtige gewesen.«

»Junge, wie können wir dir helfen?« Rupert Fillinghausen stützte seine Ellenbogen auf die Knie und schlug die Hände zusammen; im gleichen Augenblick aber fuhr er wie von der Tarantel gestochen empor. »Ich weiß, mit wem wir dich verkuppeln: Mit der Tochter von Heinrich und Elisabeth, die studiert doch in Oxford. Wie heißt sie noch mal?«

»Ach ja, natürlich, stimmt! Ragna.«

»Sie studiert doch an diesem College da, wie du – Dingsbums?«

»Ich rufe Elisabeth morgen an.«

»Junge, wir finden das für dich raus.«

»Daniel, du musst unbedingt Ragna kennenlernen.« Meike Fillinghausen machte eine bedeutungsvolle Pause. »Ragna kommt aus Blankenese. Sie ist eine Geborene, keine Geworfene.«

III. Trinity

Im Garten des Trinity College in Oxford hielt eine junge Frau eine Ansprache vor einer Gruppe betrunkener Studenten. Die Studenten kamen aus allen Ländern der Welt, Engländer waren nicht darunter. Es gab aber einen Italiener, der sonst aufrecht ging wie eine Kerze, sich diesmal jedoch an der Schulter eines Freundes festhielt, um nicht das Gleichgewicht zu verlieren. Dieser Freund war ein Franzose, der das Haar in Wellen an den Kopf gelegt trug. Er war bemüht, die Hände hinter dem Rücken zu verschränken, und grinste dabei lausbubenhaft von einem Ohr bis zum anderen. Vor ihnen war eine Eurasierin mit einer immensen Brille auf die Knie gesunken; die Zungenspitze lugte aus ihrem Mundwinkel heraus. Im Schoß barg sie das Haupt eines dritten kleinen Herren, der im Duft des frischgemähten Rasens lag und alle viere von sich gestreckt hielt. Sein Brustkorb hob und senkte sich, begleitet von einem rasselnden Geräusch. Zum Schutz vor der Sonne hatte er sich eine Art Lumpen über den Kopf geworfen; Talar und Anzug waren von Mehl und Eiern besudelt. Wie seine Freunde auch, trug er eine eigentümlich gestaltete Plakette als Anstecknadel im Revers, in grüner, schwarzer und goldener Farbe; sie wies ihren Träger als Mitglied eines Clubs aus oder einer anderen, nicht besonders geheimen Gesellschaft.

»*Hamburg is ze most British town on ze continent!*«, dozierte die junge Frau, als gäbe es kein Morgen. »*Zey say zat if it rains in London, people in Hamburg vould automatically open zeir umbrellas. Until rezently, shippers vhore bowlerhats and pin-striped suits on ze Ballindamm. It's ze most beautiful town in Europe.*

Everyzing is about classical hanseatic understatement. If you see a BMW *wiz no number on ze boot, you can be sure it's a* Dreier *in Munich and a* Siebener *in Hamburg.*«

Der kleine Herr auf dem Rasen nieste so heftig, dass ihm der Lumpen in einem hohen Bogen vom Gesicht flog; ein Wust blonder Haare stürzte in seine Stirn. »Krass! Da müssen wir alle hin. In einem Auto!«

»Mein lieber Rattles, mir gefällt der Gedanke, mit dem Auto zu fahren. Wir könnten eine kleine Rallye organisieren, meint ihr nicht?«

»Ah, Hamburg!«, rief Arcangelo Distante. »Ich bin sehr interessiert. Wir müssen alle unbedingt nach Hamburg fahren! Warum fahren wir nicht gleich? Aus welcher Stadt kommst eigentlich du, Ragna?«

Die spitzen Wangenknochen der Frau glühten.

»Ragna kommt aus Hamburg.« Rattles warf ihr einen eigentümlichen Blick zu. »Sie ist eine Geborene, keine Geworfene.«

»Was ist denn das nun schon wieder für eine seltsame Unterscheidung? Geboren oder geworfen, mir ist das gleich.«

»Das ist nur so ein Ausdruck«, sagte Ragna errötend und kühl. »Das sagen die Leute, die man halt so kennt.«

»Ich habe immer gedacht, Handelsstädte wären von Natur aus republikanisch, *nicht wahr*. Singapur, Hongkong, Den Haag, Manchester, Hamburg, Marseille, Maracaibo, meinetwegen Venedig –«

»Venedig? Ha!«

»Die Signoria, der Dritte Stand –«

»Wir sollten sofort fahren! Lasst uns alle Autos kaufen!«

»Ach, rutscht mir doch den Buckel runter mit eurer Klugscheißerei!« Rattles ließ sich zurück in Katinkas Schoß fallen. Ihm war wunderbar warm; Hummeln und Bienen summten um seine Nase; überall roch es nach Sommer. Neben ihm, an der Mauer, die den Garten des Präsidenten von ihrer langen Wiese trennte, ließen Goldruten ihre Triebe hängen, und Knöterich blühte neben Katzenminze; gegenüber, an der Grenze zu St. Johns College, auf der anderen Seite des Rasens, standen die gewaltige Steineiche und die Rotföhre, über den Dahlien raschelte wie Papyrus das Pampasgras, und Kardinal Newmans Büste stand, von Grünspan bedeckt, vor den Glyzinien.

Rattles schloss die Augen, und ihm war, als verwandle sich der Raum wieder in die viktorianischen Säle der *Examination Schools*, das Prüfungsgebäude der Universität an der High Street, mit ihren blauen Wänden wie aus Wedgewood-Porzellan und dem Schachbrettmuster der gefliesten Böden. Noch einmal sah er die Holzpulte und die Studenten in ihren Batman-Umhängen; das Kratzen der Kugelschreiber erfüllte seinen Kopf, während zwischen den Reihen Professor Adrian Shamrack patrouillierte, diesmal als Aufseher, und, um den Vorwurf der Parteilichkeit gar nicht erst aufkommen zu lassen, mit leblosen Pupillen glatt durch Rattles hindurchschaute, während sich seine Lippen an den Mundwinkeln öffneten und den Blick auf die Zähne freigaben –

Doch dann schlug Rattles seine Augen auf, und die Erinnerung war verflogen. Über ihm strahlte der Himmel in seiner Unendlichkeit, und – wie so viele Menschen vor ihm – erfasste nun auch Rattles, dass er hier nicht auf eine von innen blau angestrichene Schale blickte, sondern dass es vielmehr das Nichts selber war, der Äther, der eine Farbe hatte, ein inneres Leuchten und eine majestätische Stille, der die Stimmen seiner Freunde nichts anhaben konnten, die weiter über ihm hinwegplapperten, ohne dass er zuhörte, begleitet von den trockenen Holzschlägen eines Krocketspiels, das irgendwo vor den barocken Blumenvasen auf der langen Wiese von Trinity ausgetragen wurde.

Dort stützte sich die Nummer Acht auf ihren Schläger, den Bootclub-Hut auf den Hinterkopf geschoben. Er hatte die Ärmel seines heraushängenden Streifenhemdes hochgekrempelt, und seine bleichen Zehen leuchteten im Gras. Während Jane in Cockney vor sich hinschimpfte, nuckelte Tamsins Chemiker an seinem Pimm's, und Tamsin ging dazu in die Hocke, wobei ihr Bauch ein wenig über den Minirock rutschte, zu dem sie nur ein blauweißgestreiftes Bikinioberteil trug, und nahm mit dem Schläger zwischen den Beinen Maß.

Ein Wind kam auf und rauschte in den Bäumen.

Alfred eilte mit rotem Kopf in seinem Kittel über den Rasen, raunte Jane etwas ins Ohr und verschwand dann wieder, einen Tropfen an seiner Nase. Tamsin schickte sich an, den Ball der Schauspielerin aus dem Spielfeld zu schießen. Da wehten entfernte Jubellaute vom Eingang des College zu ihnen herüber, so dass alle vier ihr Spiel unterbrachen und geistesabwesend in Richtung Pförtnerhäuschen blickten.

Am Gatter bedrängten Studenten Paxman. Mehl staubte nach oben, Luftschlangen flogen, Schaumwein schoss in einem weichen Strahl aus der Flasche. Der künftige Nobelpreisträger stand in ihrer Mitte, bleich und geschmeichelt; er machte keinerlei Anstalten, den über ihm ausgeschütteten Materialien auszuweichen. Stattdessen wanderte sein Blick von Gesicht zu Gesicht, ein wenig enttäuscht darüber, dass sich nicht auch die Nummer Acht in der Meute befand, die ihn nach seiner letzten Prüfung hochleben ließ. Leistete nicht sogar Mr. Weasle einen Beitrag zu seiner akademischen Äquatortaufe, indem er so tat, als würde ihn der ganze Trubel nichts angehen, und stur in die andere Richtung blickte, hinaus auf die Broad Street?

Rattles' Lider wurden wieder schwer.

Das Sommerwetter hatte die ganze Stadt ins Freie gescheucht, und in der knisternden Spannung der Examenszeit leuchtete der Optimismus der Restauration aus dem honigfarbenen Sandstein des Sheldonian Theatre. Vor dem White Horse, zwischen Trinity und Blackwells Buchladen, saß Matthew Selwyn unter Blumen auf einer Bank und las seine Ausgabe des *New Statesman*; nur wenige Schritte weiter, nach der Kreuzung mit den modernistischen Rundecken des *PPE Reading Room* an der Ampel, war das Trottoir um die Kings Arms bis auf den letzten Zentimeter besetzt.

Denn dort ballten sich die Prüflinge, in Anzügen, sterbende Nelken im Knopfloch; sie trugen Fliegen und Blusen, Bequemschuhe und verwüstete *gowns*. Manche starrten in ihre Gläser oder lagen besoffen im Rinnstein – doch die meisten wurden von ihren Freunden gefeiert, die sie in Zivil umtobten, Fahnen in der Hand. Unter Georgskreuz und Union Jack drehten sie ihre Bierbäuche und bleichgepuderten Gesichter den Bussen zu, wo Touristen in der Sonne brieten – von Baseballmützen und Sonnenbrillen geschützt –, und bei jeder Lautsprecheransage verdunkelten Fotokameras ihre Gesichter, so, als würde eine Wolke über den Himmel ziehen.

Die Touristen fotografierten den Nachbau der Seufzerbrücke von Hertford College. Sie fotografierten das Mahnmal der Märtyrer. Sie fotografierten das Gatter von Trinity mit dem Pförtnerhäuschen und dem Front Quad dahinter – und sie fotografierten auch Rattles, der eines Sonntagmorgens nach einem Ball mit anderen Übriggebliebenen eine Stadtrundfahrt machte. Eine originelle Weste unter dem Frack, den er aus zweiter Hand bei Sweet Charity gekauft hatte, sank er auf seinen Sitz, dekorativ übernächtigt, und ließ mit seinen Freunden jedes neue College hochleben wie einen seit langem vermissten Freund.

In einem Bogen schwenkten die Busse nach Süden ein in die High Street. Sie fuhren vorbei an All Souls, dessen Eingang wie üblich verschlossen war, und sie fuhren am Queen's College vorbei, das offen stand, aber niemanden interessierte.

Vor dem Prüfungsgebäude der *Examination Schools* wartete man gerade auf die Staatswissenschaftler, mit Blumen und Champagner. Die Menge wurde von den Proktoren der Universität in Schach gehalten, massigen Schlägern mit Melonen, unterstützt von einer Abteilung der Thames Valley Police, in ihren schwarzen Hosen, neongelben Westen und Schirmmützen mit dem weißen, geometrischen Band.

Genau um halb eins erscholl in dem Gebäude eine Klingel. Nur wenige Minuten später ergossen sich Hunderte von Historikern, Philosophen, Politologen und Ökonomen auf die Straße, zunächst nur vereinzelt, dann in Gruppen, schließlich in einem nicht enden wollenden Strom. Cartouche riss sich die Fliege vom Hals, Filzhüte flogen, spitznasige Mädchen mit Überbiss kreischten wie auf einem Konzert. Ein Korken knallte; es gab einen Tumult, als zwei sechzigjährige Aufpasser den Übeltäter zu Boden schleuderten und versuchten, ihm den Arm auf den Rücken zu drehen – doch dann kam schon der beruhigende Turm von Magdalen College in Sichtweite, die Botanischen Gärten gegenüber und die Brücke über die Cherwell.

Von dem Geländer aus hatte man einen filmreifen Blick auf den Fluss und die Holzkähne, wo vor einigen Tagen noch Rattles gestanden und seine Freunde mit einer Stange durch Birkenpollen und Weidenkätzchen auf dem schwarzen Wasser gestoßen hatte. Er sah nach oben, wo Baseballmützen, Sonnenbrillen und Fotoapparate über den Brückenbogen lugten, ging in die Knie und versetzte dem Boot einen langsamen Stoß, so dass es sanft im Schatten unter den Zuschauern verschwand, davonglitt, und mit ihm das Lied aus Katinkas Grammophon:

Cruising on the river
on a Sunday afternoon.
With one you love, the sun above
wating for the moon.
The old accordion playing,
a sentimental tune,
cruising down the river
on a Sunday afternoon.

The birds above all sing of love
a gentle sweet refrain.
The winds around all make a sound,
like softly falling rain.
Just two of us together,
we'll plan a honeymoon.
Cruising down the river,
on a Sunday afternoon.

Rattles war in diesen Tagen überall. Er spielte Tennis auf einer Wiese. Mit seinen Freunden nahm er seinen Lunch unter hängendem Laub im Head of the River; danach dösten sie im Gras und bewarfen sich mit Erdbeeren, die Flecken auf ihren breitgestreiften Eisverkäuferhemden hinterließen.

Sie hatten Sommergrippen und besuchten sich gegenseitig in ihren Colleges. Sie sahen eine Produktion von Shakespeares »Was ihr wollt« in dem Garten von Worcester College, wo Orsino zu den Klängen einer Jazzband kokste; sie sahen »Charlies

Tante«, und sie bewunderten die Kostüme für Turgenjews »Ein Monat auf dem Lande«.

An anderen Tagen verabredeten sie sich fürs Kino.

Sie sahen »Wall Street« im Cannon in der George Street. Sie reisten nach Headington ins Not the Moulin Rouge und feierten »Die unerträgliche Leichtigkeit des Seins«. Sie aßen Popcorn im Penultimate Picture Palace, wo auf der Leinwand zwei Schauspieler aus ihrer Junggesellenküche in ein Cottage aufs Land flohen und dort von einem schwulen Onkel Monty verfolgt wurden, der ein Faible für Gemüse entwickelt hatte. Auf dem Heimweg hingen sie in Trauben aus den heruntergekurbelten Fenstern von Thierrys Peugeot und zeigten im Mondschein auf das Haus des Kinobesitzers, der einen überlebensgroßen Hai aus Fiberglas in seinen Dachstuhl gepfropft hatte, so, als wäre dieser wie ein Raumschiff vom Himmel gestürzt.

Thierrys und Arcangelos Club verfolgte kein Ziel; er bot seinen Mitgliedern lediglich eine Entschuldigung dafür, sich gemeinsam zu betrinken.

Für sie war er die exklusivste Organisation der Universität.

Mit ihren Anstecknadeln tanzten sie durch Porfirios Geburtstag im Jazzkeller des Debattierclubs und erlebten das Morgenrot auf einem Ball. Die Revers voller Blütenstaub und alle Fliegen gelöst, bestellten sie danach einen Fotografen zu den Stufen der Bodleian Library. Wenig später nahmen sie ihr Clubfoto bei Gillman & Soame in Empfang; es steckte in einem wappengeschmückten Passepartout und trug die Namen aller Mitglieder in historisierender Kalligraphie.

Schon bald erfanden sie Kinderschwestern und enteignete Onkel in Esztergom, die in ihren Wohnzimmern unter Gemälden von Dante Gabriel Rossetti saßen und durchs offene Fenster auf Fasane in ihren Parkanlagen schossen; mythische

Vorfahren waren als Tempelritter in Jerusalem gestanden, an der Flamme des Tabernakels über dem Heiligen Grab. Rattles gelangte zu der Überzeugung, dass sein Großvater das kleine, seit Generationen angesparte Familienvermögen nicht der Christengemeinde überschrieben, sondern in Juwelen getauscht und diese in einem Marmeladenglas unter den Birken vergraben hatte, überzog seinen Wechsel und zahlte alle Getränke.

Hooper und er waren seit dem Ende des letzten Trimesters zerstritten. Rattles vermisste ihn nicht – wohl auch, weil ihm das Schicksal nun Hooper in gehobenen Varianten präsentierte. Denn trotz der Wärme kleideten sich seine Freunde in altmodischen Tweed; sie banden sich gepunktete Fliegen um den Hals und korrespondierten mit Töchtern in London, die Kunstkurse belegten und in Auktionshäusern arbeiteten. Ihre Aufmerksamkeit galt nun Katalogen mit antikem Silber, und ihre Ausflüge führten sie zu Kirchen aufs Land. Das Englisch, das sie sprachen, war laut und affektiert; wie die Schreie bösartiger Kakadus gellte es durch die Gärten von Merton, über den goldenen Pelikan von Corpus Christi und die Kreuzgänge von New College, die sie abwechselnd als »unverfälscht« oder als »zu offensichtlich« bezeichneten. Und als sie in einer der letzten Nächte des Trimesters – nun vollends mondsüchtig geworden – mit ihren Bettlaken als Gespenster verkleidet durch die Stadt huschten, Gedichtbände von William Blake in der Hand, um sich *»Tyger tyger, burning bright, in the forests of the night«* gegenseitig in die Ohren zu gackern, da sah Rattles die schwarzwogende Meute vor den Kings Arms, durchsetzt von den Glutpunkten unzähliger Zigaretten wie von den Augen vieler Katzen, und ihm war, als wäre das der richtige Dschungel, wo Trommeln riefen und sich das wahre Leben abspielte.

Es war Roberts Reich. Dort hielt er Hof, in einem burgunderfarbenen Samtrock, dessen eine Schulter von der Sonne gebleicht war, da er fünfundachtzig Jahre lang unter demselben Fenster von Claire Castle gestanden hatte, dem Haus der Familie McMurray; neben ihm, auf dem Boden, guckten Emmas Knie aus den zerschlissenen Jeans. Zwar hatte auch Rattles begonnen, sich Schadstellen in ausgesuchte Stücke seiner Garderobe zu feilen, doch seine Löcher blieben an der falschen Stelle, und seine Lumpen waren aus dem falschen Tuch. Es war nur Apricot, die aus dieser Rotte hervorstach, duftig wie Seide, fern und unerreichbar; ihre Besuche waren selten und fielen in der Regel auf Freitag oder Sonntagabend, wenn sie, zu den Klängen von Maidstones Invicta Radio, in einem feuerroten Morris Minor über die M40 donnerte, auf dem Weg zu irgendeinem einundzwanzigsten Geburtstag auf dem Land oder wieder von diesem zurück. Sieh zu, dass du dir eine Einladung in eines der großen Häuser verschaffst!, hallte Rupert Fillinghausens Stimme noch immer in Rattles' Kopf, wie Hohngelächter, und als das schöne Wetter plötzlich aussetzte und mit einem Temperatursturz wieder der Regen begann, verfiel er in tiefe Melancholie.

Am nächsten Tag trafen sich Rattles und Arcangelo Distante im Macmillan Restaurant des Debattierclubs; sie waren die einzigen Gäste. Auf den Handzetteln am Eingang stand die These »This house regrets the night before the morning after«, das Thema der nächsten Debatte. Ein Stockwerk tiefer, an der Bar, hantierte eine Gruppe verschwiemelter Studenten in Hochwasserhosen und Krankenkassenbrillen mit verschiedenen Ausgaben des *Spectator*; im Fernsehraum maßen sich Sir Alec Guinness und William Holden in »Die Brücke am Kwai«. Rattles knabberte an seinen Fingerkuppen und starrte aus dem

Fenster, wo es Bindfäden regnete; Arcangelo studierte die Speisekarte.

»Ah, sehr interessant: Hier gibt es jede Woche dasselbe.«

»Wen soll ich bloß auf den Ball mitnehmen? Wen soll ich bloß auf den Ball mitnehmen?«

»Letzte Woche: Chicken. Und diese Woche: Chicken.«

»Aber letzte Woche war es Chicken Supreme. Diese Woche gibt es Coronation Chicken.«

»Ich nehme lieber Bœuf Bourguignon, oder Steak Pie? Oder Fish and Chips, oder Scampi und Chips? Eine Cola?«

»Ich möchte das Coronation Chicken. Du bekommst die Ofenkartoffel. Oder eine Pastete!«

»Letzte Woche hat Thierry hier Fisch gegessen.«

»Ich finde es sehr arrogant, dass er immer die Extrawurst spielt – an der Salatbar. Wahrscheinlich ist er Einzelkind. In Paris!«

»Haggis! Wer ist Haggis?«

»Das schottische Nationalgericht. Das gibt's immer in der Robert-Burns-Night zu essen. Sogar mal bei uns. Im College!«

»War das der Mann, der versucht hat, das Parlament in die Luft zu sprengen?«

»Nein, das war Guy Fawkes.«

»Ich möchte sofort Haggis essen.«

»Warst du schon mal in Schottland, Arcangelo?«

»Ja, natürlich. Vor vielen Jahren.« Er schlug sich beide Hände vor den Mund. »Hahaha!«

»Hast du schon von Claire Castle gehört?«

»Claire Castle?«

»War nur so ein Gedanke –«

»Rattles, du musst unbedingt eine Ballpartnerin finden.«

»Das ist gar nicht so einfach.«

»Komm, das ist das Einfachste auf der Welt!«

»Katinka? Geht mit Thierry. Jane? Laxmi? Verbrannte Erde.«

»Ich finde, du solltest Ragna fragen.«

»Eine Deutsche?« Rattles warf sich an die Brust, riss seine Augen auf und fuhr in seinem Stuhl zurück.

»Eine Deutsche.«

»Alter, kennst du Stefan Zweigs ›Die Welt von gestern‹? Da steht etwas wirklich Lustiges drin, ich weiß allerdings nicht, ob ich es noch richtig zusammenbekomme. Als nach dem Anschluss die Nazis in Wien das Kommando übernehmen, heißt es: ›Die bezaubernde Reihe kokett knicksender Stefferls, Liserls und Wannerls machte Platz dem blond bezopften, verschwitzten deutschen Trampelgretchen.‹«

Arcangelos Schultern schossen in die Höhe, seine Daumen legten sich an die Fingerkuppen, die Augen sprühten Funken. »Ragna!«

»Ich möchte eine englische Freundin haben.«

»Englische Frauen sind ungepflegt. Und betrunken. Sie stinken, und sie haben Läuse!« Sein Blick ließ keinen Zweifel daran, an welcher Stelle des weiblichen Körpers Geruch und Läuse zu finden waren. »Sie schneiden sich nicht die Zehennägel. Und die Fingernägel kauen sie.«

»Weißt du, ich finde, es muss nicht immer alles zu ordentlich sein.« Mit demonstrativer Lässigkeit kratzte sich Rattles am Kopf; dabei führte er die Schadstelle vor, die er in der letzten Nacht auf Ellenbogenhöhe in den Ärmel seines Bauernpullis gepult hatte.

»Ha!« Arcangelo zeigte mit dem Finger auf ihn. »Du siehst ja aus wie ein Internatsjunge.«

»Mein Lieber, ich bin ein Internatsjunge.«

»Oh, entschuldige, das wusste ich nicht.«

»Jaja, ist gut.« Rattles grub seine Hände in die Taschen, rutschte in seinem Stuhl nach vorne und starrte wieder aus dem Fenster. »Schau dir nur dieses Wetter an!«

»Ich finde das Wetter in England gar nicht so schlecht.«

»Wir müssen morgen alle Gummistiefel tragen. Bei der Eights Week!«

»Warst du schon mal auf einer Regatta?«

»Nein, noch nie.«

»Ragna kommt auch. Dann kannst du sie fragen.«

»Im Regen? Gute Idee, danach kann ich sic ja für den ersten Kuss gleich zu den Mülltonnen führen.«

»Morgen wird es nicht regnen. Es wird schön!«

»Fein, dann machen wir alle ein Picknick.«

Tatsächlich stand am nächsten Tag kein Wölkchen mehr am Himmel. Über Nacht schien halb London in die Stadt eingefallen zu sein, die Sonne blendete in den Augen, und alle Konturen waren scharf in der reingewaschenen Luft. Man schien kilometerweit sehen zu können, als Rattles und Arcangelo in einem beständig anwachsenden Zuschauerstrom ihren Picknickkorb über Wurzeln und Sand der Pappelallee trugen, die, südlich von Christ Church, über Wiesen zum Fluss Isis hinführt. Um sie herum grasten Kühe; hinter ihnen strahlten das Meadow Building, Merton College und Corpus Christi um die Wette; hoch über ihnen aber wogten die Zweige in der Sommerbrise gegeneinander und funkelten mit der hellen Unterseite ihrer Blätter.

Bald wälzte sich das Wasser trübe neben ihnen her; immer den Leuten nach ging es dann, munter über Stock und Stein, eine ganze Weile nach links die Isis entlang. Noch vor der Biegung zu den Bootshäusern lockte ein erstes Festzelt – einsam wie ein Strauchdieb – Wanderer mit dem Geruch von Grillgut vom Weg ab. Blazer und Strohhüte drängelten sich dort unter Planen an der Bar, ein Destillateur warb mit dem Slogan »A Spirited Eight«, und darunter kreischten Frauen in Sommerkleidern und zeigten ihre Zähne.

»Wir müssen anhalten!«, rief Arcangelo. »Lass uns umdrehen! Hier ist kein Platz für ein Picknick. Wir müssen Gin Tonics trinken!«

»Nein!«, rief Rattles. » Ich möchte die Regatta sehen!«

»Bleib bitte sofort stehen. Wieso schleppen wir den Picknickkorb mit uns herum, wenn du die Regatta sehen willst?«

Während sie sich stritten, hatte sie der Fußgängerstrom über einen rutschigen Brückenbogen ins Unterholz gedrückt; für einen Augenblick wurden sie auf allen Seiten von Grün umgeben; dann teilte es sich ein letztes Mal und gab den Blick frei auf die Uferbank. Dort standen – zwischen wogenden Menschenmengen und unter bunt im Wind wehenden Wimpeln und Bannern – die Bootshäuser der Colleges am Fluss aufgereiht. Da blähte sich der wütende Löwe von Balliol neben dem goldenen Geweih des weißen Hirsches von Jesus, Wolseys Kardinalshut von Christ Church, Sommervilles Sterne, das rote Lilienkreuz von St. Edmund Hall und, fast am Ende der Reihe, über dem Bootshaus von Trinity, das es sich mit Lady Margaret Hall und Magdalen teilte, Gelb und Azur mit drei Greifen und vier Fleurs-de-Lys.

»Wir müssen die anderen finden!«, rief Rattles über seine Schulter Arcangelo zu und wies mit dem Finger nach vorne, während die Fahnen wie ein Kranz um seinen Kopf herum aufflammten. »Vorwärts!«

»Wo sind alle?«

»Auf dem Bootshaus.«

»Auf welchem?«, schrie der Italiener und duckte sich, als vor ihnen die Crew von Pembroke ihren Achter aus dem Wasser hob, ihn auf die Schultern hievte, die Köpfe in den Rumpf des Bootes steckte und, auf dem Weg zurück in ihr Bootshaus, durch ein blindwütiges Drehmanöver beinahe den Platz leergefegt hätte. »*Cavolo!*«

»Trinity natürlich! Sie sind alle auf Trinity!«

Rattles zog Arcangelo am Picknickkorb die Bootshäuser entlang. Auf den Balkons und Dachterrassen über ihnen verjüngten sich die Zuschauerlinien zum Horizont bis zum Dörfchen Iffley, jenseits von Haystacks Corner und Weir's Bridge. Dort, außerhalb ihrer Sichtweite, unter Trauerweiden in den Biegungen des Flusses, mochte sich gerade eine Gruppe von Booten auf das nächste Rennen vorbereiten.

Sie hatten mehr als die Hälfte des Weges zurückgelegt, als es aus Lautsprechern am anderen Ufer wie Herrgottsdonner auf sie herabfuhr:

»The race has started.«

Knisternde Spannung senkte sich über die Bootshäuser.

»Wo sind wir?«, flüsterte Archangelo.

»Da drüben! Da drüben sind alle Frauen!«

»Queen's«, unterbrach der Lautsprecher nach bangen Minuten das Schweigen, *»is half a length down on Worcester.«*

Während das Bootshaus direkt hinter ihnen aufjubelte, hievten Rattles und Arcangelo ihren Picknickkorb die Treppe des nächsten Gebäudes empor. Im ersten Stock winkte die Nummer Acht hinter dem Tresen einer Bar, die an diesem Tag vor allem die Zuschauer auf dem Dach versorgte; dort, inmitten der ihnen zugewandten Rücken, standen auch Ragna, Porfirio und Katinka und spähten auf den Fluss hinunter.

»Worcester has got a bump on Queen's.«

Der Jubel auf dem anderen Haus steigerte sich zu einem Tosen; dabei kamen die ersten Boote wie Wasserläufer über die Isis herangeschossen. Rattles und Arcangelo stellten sich auf die Zehenspitzen. Vor ihnen plauderte Lady Brunton mit einer Matrone in einem knöchellangen Kleid, deren Mann eine Hand in die Außentasche seines Blazers geschoben hatte. Der ehemalige Präsident von Trinity und seine Frau hoben ihre Feldstecher. Es gab Champagner, Lager in Plastikbechern und Pimm's. Auf dem Wasser schossen die Boote an ihnen vorbei, auf denen kleinwüchsige und verbissene Steuerleute sich unter dem Fahrtwind nach vorne beugten und durch ihre Megaphone auf die Mannschaften einzeterten und -spuckten.

»Na?«

Ragnas Stimme bebte, als sie Rattles berührte und zwei Küsse in die Luft neben seine Ohren setzte.

Ihre Wangenknochen glühten.

Arcangelo wischte sich den Schweiß von der Stirn. Er verabschiedete sich unter dem Vorwand, Getränke zu holen; unten nahm das Rennen seinen Lauf.

»St. Peter's has got an overlay on Christ Church.«

»Hice! Hice! Hice!«, keifte es von Christ Churchs Boothaus herüber. Auf dem Dach hoben sich Fäuste über Irokesenschnitten und Hüten mit Blumengestecken; Ohrringe funkelten in der Sonne; der Wind wehte Haarsträhnen vor rote Lippen und riesige, schwarze Brillen.

»St. Peter's has bumped Christ Church.«

Alle Bootshäuser jubelten; nur Rattles zog ein langes Gesicht.

»Das Rennen ist vorbei.« Ragnas Blick schweifte in die Ferne, ihre Augen umnebelten sich. »Ich muss zurück in die Bibliothek.«

»Ah, Thierry! Ich habe überhaupt keinen Hunger. Wollen wir mit Porfirio unser Picknick essen? Rattles mag nicht.«

»Soll ich dich nach Hause bringen?«

»Ich möchte nicht, dass du die nächsten Rennen verpasst. Ich könnte mir das niemals verzeihen.«

»Das Rennen ist doch vorbei?«

»Na gut, ich gebe nach.«

»The race has started«, fuhr der Herrgottsdonner erneut auf sie herab, während Rattles und Ragna die Außentreppe des Bootshauses hinuntertrippelten, warme Hand in warmer Hand.

Einmal mehr legte sich knisternde Stille über den Fluss.

Sie liefen einige Meter.

»Trinity is half a length down on Lincoln.«

»Oh Gott!«, rief Ragna mit einem Seitenblick auf Rattles, »das ist ja furchtbar. Du musst sie unbedingt anfeuern!«

»Trinity!«, schrie Rattles, hob beide Hände und drehte sich am Ufer im Kreis. Ragna versuchte, sich an seinem Arm festzuklammern. Dann machte er einen Satz und boxte mit der Faust in die Luft, seine Zunge mal in der einen Backe, mal in der anderen, während vier Boote der Reihe nach um die Ecke gebogen kamen und direkt auf sie zuhielten.

»Lincoln has got an overlay on Trinity.«

Auf der Isis wühlte sich Trinitys Achter an erster Stelle der Ziellinie entgegen, die unendlich weit entfernt war. Bei jedem Schlag und gegen den Rhythmus versetzt, wuchsen über seinem Rücken die blauen Ruderblätter von Lincoln empor; dahinter stieg das blutrote Holz von St. Anne's sechzehnmal über das Wasser; am Ende, noch zwischen den Bäumen, warf Brasenose seine schwarzen Schatten über den Fluss.

»Lincoln still has an overlay on Trinity.«

Als Schlagmann stieß die Nummer Acht ihren Unterkiefer so

weit nach vorne, dass seine Zähne die Sonnenbrille berührten; an zweiter Stelle rollte Paxman seine Augäpfel in den Schädel; danach zerrte Matthew Selwyn wie ein Besessener an seinen Riemen, so dass ihm die Zunge wie ein Ballon aus dem Mund herausquoll; als Vierter plusterte Tamsins Chemiker seine Backen auf, bis man dachte, sie würden platzen. Im Heck des Bootes aber hielt Jane als Steuermann das Ruder eisenhart auf Kurs, eine Baseballmütze auf dem rasierten Schädel, ihr getupftes Halstuch flatterte im Wind, und dabei pöbelte sie durch eine Flüstertüte so gnadenlos in Cockney auf die Crew ein, dass allen Hören und Sehen verging.

»Fuck, you pussies!«, gellte es über den Fluss. *»Fuck! Fuck –«*

Damit flog das Boot von Trinity an ihnen vorbei.

Es gab eine lange Pause; schließlich kam von der Folly Bridge her die erlösende Ansage: *»All teams rowed over.«*

»Was für ein Glück!«, seufzte Rattles. »Wir haben unsere Position verteidigt.«

»Glück?«, erwiderte Ragna, Schweißperlen auf der Stirn. »Das war hart erarbeitet!«

Sie wählten einen anderen Rückweg, nach Nordosten durch die Auen der Isis, in Richtung von Magdalen, Ragnas College. Nach wenigen Schritten hatten sie Lärm und Trubel der Rennen hinter sich gelassen, und schon bald öffneten sich vor ihnen wieder die Felder, von Bäumen und Hecken eingefasst. Der Himmel war groß und weit, junge Burschen trabten an den Stangen eines Rugbytores vorbei, und dahinter erhob sich ein mittelalterlicher Glockenturm über den Dächern und dem Gewächshaus der Botanischen Gärten.

Die Sonne stand nun fast senkrecht über ihnen. Sie zogen sich ihre Pullover und Jacken aus und hängten sie über den

Arm; ihre Nacken bekamen Flecken, blondes Haar klebte in Strähnen an ihren Schläfen.

Als ihre Beine zu schmerzen begannen, erreichten sie eine Brücke, nicht mehr als ein Steg, die über ein tümpelartiges Bächlein führte; von beiden Seiten senkten sich Zweige auf das schwarze Wasser herab.

Wie ein Traumbild stand in der Mitte der Brücke eine einsame Tür. Sie hatte die Form eines Gatters aus eisernen Stäben, mit einer Dornenkrone aus Stacheln und Draht; dahinter krümmten sich die Bäume vom Weg und formten darüber ein Dach.

Als sich Ragnas Schlüssel im Schloss drehte, erklang ein Geräusch wie ein Schrei, das sie auffahren und nach hinten sehen ließ; doch sie waren allein. Sie balancierten mit ausgebreiteten Armen über den Graben; auf der anderen Seite war es schattig und angenehm kühl.

Rattles stürmte voran; er hatte kein Auge für das Zauberspiel des Lichtes um sie herum. Mal tanzte es golden am Boden zwischen den Farnen einher oder über die Rücken der lindgrünen Blätter; mal schimmerte es auf den Zweigen und kitzelte ihre Knospen; ausgegossen lag es auf dem Weiher; im nächsten Augenblick strich es wie Finger durch den Wald und zeichnete ein Muster auf den Boden, das, sobald ein Windhauch in den Bäumen rauschte, zitterte und verschwand, um an anderer Stelle wieder aufzutauchen.

»Krass, der ganze Fluss hat gejubelt, als Christ Church eingeholt worden ist. Sogar du!«

»Die Engländer sind in der Regel für den Underdog. Ich weiß auch nicht, was dieses ganze Gehabe mit Christ Church eigentlich soll.«

»Meine besten Freunde sind da!«

»Meinst du etwa Porfirio?«

»Zum Beispiel.«

»Der ist doch gar kein echter Freund.«

»Das sehe ich anders. Porfirio ist ein persönlicher Freund von mir. Und sehr wichtig!«

»Komm, der achtet nur darauf, wer so wer ist.«

»Das spricht umso mehr für ihn. Zu den Peers zähle ich ja leider nicht, ich bin ja nicht einmal in der Bullingdon. Ach, aus einer berühmten Familie müsste man stammen – wie Mountbatten!«

»Mountbatten? Schluck.«

»Ich glaube übrigens nicht, dass die Engländer für den Underdog sind. Für den Underdog zu sein ist eine sehr neidische, deutsche Charaktereigenschaft. Das ist fast schon ideologisch!«

»Oh, hast du etwa nicht auch deine Meinungen?«

»Weißt du, da habe ich mich sehr entwickelt.« Rattles verschränkte die Hände hinter dem Rücken und machte sein Lieblingsgesicht, während sie weiterspazierten. Einmal saß ein Mädchen im Gras, an einen Stamm gelehnt, mit einem aufgeschlagenen Buch im Schoß, doch sonst waren sie allein, hatten den Duft sonnenwarmer Borke in der Nase und hörten nur das Zwitschern der Vögel und das Summen der Bienen auf dem wilden Klee.

»Früher, da habe ich noch meine Werte gehabt, alles sehr deutsch, aber nun bin ich wirklich englischer geworden! Wer kann schon entscheiden, wer bei den ganzen Theorien recht hat? Mir reicht ein System, das allen Leuten gestattet, eine Meinung zu haben, aber welche Meinung nun die beste ist, kann man doch nicht sagen. Krass!«

»Ich sehe schon, du hast die Oxforder Schule des Essayschreibens verinnerlicht. Dieser Essay behauptet, dass: Bla. Einerseits: Bla; zum Beispiel: Bla. Andererseits: Bla; zum Beispiel: Bla. Deswegen: Blabla.«

»Ich meine es ernst! Ich wäre sogar bereit, eine Labour-Regierung zu unterstützen. Ich bin total entspannt!«

»Anarchist!«, warf ihm Ragna von der Seite an den Kopf; dabei ließ sie ihr Haar elastisch über das Gesicht schwingen.

»Ach, wie schön doch dieser Sommer ist!«, sagte Rattles sofort. »Und die Bälle kommen!«

»Weißt du schon, wen du fragst?«, kam es leise, mit einem Lachen.

»Die Engländer sind eher für den Überdog.« Rattles kicherte über sein Wortspiel und fasste sich dabei in den Mund.

»Wieso?«

»Das ganze Land dreht sich doch nur um seine Oberschicht. Auf ihren Schlössern!«

»Ich finde nicht so wichtig, ob jemand aus einer berühmten Familie stammt, ob er ein Schloss hat oder nicht.«

»Echt? Hier ist es doch das Einzige, was zählt! Ich sehe mich selber auf einem Schloss. Bei meiner Karriere. Als Berater. In der City!«

Ragnas Nase wurde spitz. »Dann musst du dich anders anziehen.«

»Was?« Rattles fuhr herum, wie von der Tarantel gestochen.

»Du bist zu korrekt.«

»Ich?« Fieberhaft wanderte er in Gedanken über seine Kleidung; befand sich an ihr tatsächlich keine einzige Schadstelle? Er wurde rot. »Ich habe mir nur heute meine neuen Sachen anziehen müssen, weil der Rest in der Wäsche ist. Sonst habe ich überall Löcher!«

»Den Engländern wäre so etwas egal.«

»Alle meine Sachen kommen aus England. Sogar die Unterwäsche ist von Marks & Spencer!«

»Ich meinte mit korrekt auch nicht ›ordentlich‹, sondern ›korrekt englisch‹. Du kleidest dich auf die falsche Weise richtig. Dein schönes Jackett, die Schuhe, das gestreifte Hemd: Das ist alles korrekt, aber es ist falsch, es so zu tragen, alles auf einmal. Das macht hier niemand. Du solltest dich lieber auf die richtige Weise falsch anziehen.«

»Krass! Was meinst du damit?«

Jenseits eines Brückchens, auf der anderen Seite des Baches, begannen die Gebäude von Magdalen College, wo sich Studenten aus klassizistischen Fensterreihen lehnten und von dort das zahme Damwild fütterten, das zu ihrer Erbauung in einem umfriedeten Park gehalten wurde.

»Du musst Stereotypen entweder übertreiben oder brechen. Aber wenn du sie brichst, dann nur so, dass du keinen Anstoß erregst. So eine Art konventioneller Tabubruch, jawohl.«

»Das mache ich doch!«

»Nein.«

»Und was soll ich jetzt tun?«

»Du könntest in den Bach springen.«

Rattles sah sie fragend an. »Glaubst du, das hilft?«

»Auf jeden Fall. Dann sehen deine Sachen wie geerbt aus.«

Denkst du etwa, sprachen seine Augen, dass ich mich nicht traue? Geschwind begann er, aus seinen Schuhen zu schlüpfen.

»Die Schuhe bleiben an.«

»Bist du sicher? Ich brauche sie noch zum Fußballspielen!«

»Ach, die sind sowieso noch nicht eingetragen.«

Rattles kletterte die Böschung hinunter, hielt sich an einem Ast fest und tapste vorsichtig in die Senke; dann gab er sich einen Ruck und stürzte sich mit dem gesamten Körper in den seichten Tümpel. Dabei kniff er seine Augen zusammen und drehte seinen Kopf ab, als wollte er sich nicht die Haare nass machen; so schlug er mit dem Ellenbogen auf eine Wurzel und wälzte sich, Wassertropfen und moderige Blätter in alle Richtungen verteilend, schreiend und planschend auf die Seite.

»Oh, Sie sind's. Rattles!«

Beim Klang dieser Stimme blickte Rattles aus seiner Kuhle nach oben, eine Girlande aus Wassergrütze auf seinem Kopf.

Zwischen den Zweigen beugte sich das Gesicht von Professor Adrian Shamrack auf ihn herab. »Genießen Sie den Sommer, da unten?«

»Nein«, entgegnete Rattles mit einem beifallheischenden Blick in Ragnas Richtung. »Wir versuchen nur, englisch zu sein.«

»Oh, ich verstehe. Wir haben übrigens auch eine Brücke. Vielleicht möchten Sie sie benutzen, wenn Sie Ihre Bemühungen fortsetzen wollen?«

»Nein, vielen Dank, ich fühle mich hier sehr wohl.«

Adrian Shamrack hockte sich auf einen Stein und stützte die Ellenbogen auf die Knie. »Sie wissen aber, dass sich die Vorstellungen vom Englischsein in den letzten Jahrhunderten nicht unbeträchtlich weiterentwickelt haben?«

»Ich weiß: Eton, Harrow, Rugby und der ganze pralle Kram!«

»Auch die Vorstellungen von Hygiene.« Er machte eine ausladende Handbewegung. »Auch wenn Hygiene hier nicht denselben gesellschaftlichen Stellenwert erlangt hat wie auf dem Kontinent. Vielleicht liegt das auch an der Qualität der Klempner –«

»Nichts gegen Klempner. Die Wasserleitungen funktionieren hier genauso wie überall sonst auch auf der Welt. Im College!«

»Warum singen Sie nicht während Ihres Bades ein Lied?«

»Was für ein Lied sollte ich denn singen?«

Professor Shamrack richtete seinen Oberkörper auf und griff sich mit beiden Händen ans Herz. Sein Mund öffnete sich zu einem schwarzen Loch, und von dort röhrte es aus der Tiefe seines Brustkastens empor:

The birds above all sing of love
a gentle sweet refrain.
The winds around all make a sound,
like softly falling rain.
Just two of us together,
we'll plan a honeymoon.
Cruising down the river,
on a Sunday afternoon.

Als Rattles aus seinem Traum aufschreckte, waren die Schatten auf der Wiese von Trinity länger geworden. Die Feuchtigkeit des hereinbrechenden Abends hatte sich durch seine Kleidung gefressen; mit einem bitteren Geschmack im Mund sprang er auf und klopfte sich Mehl, Luftschlangen und Grashalme von Armen und Schultern.

Seine Freunde waren verschwunden, das Krocketspiel beendet, Schläger und Becher lagen zerbrochen im Gras; nur zu seiner Rechten, wo sich ein Weg unter den Lindenbäumen zur Bibliothek wand, streifte eine Clownsgestalt einsam über das Blau des Eisenhutteppichs und flößte ihm Unbehagen ein. Er wandte sich ab und hastete, immer wieder zurückblickend, über den Kiesweg zu den barocken Blumenvasen am Zaun des Garden Quad, dessen Flügel ihn bald von drei Seiten umschlossen.

»Im prüden England –«, verletzte auf einmal der Klang deutscher Worte sein Gehör. Tatsächlich hatte sich eine Gruppe von Touristen im Durham Quad versammelt; im Trenchcoat stand die Reiseleiterin am Eingang zum Speisesaal und griff sich an die Brille. »Ambiente altfeudaler Esskultur für die noblen Ladies und Lords – gewöhnungsbedürftige Geschmackserlebnisse – der Präsident des College, Sir Brunton – Eliten – man will gar nicht wissen, was das alles damals gekostet hat –«

Beim Klang seiner Muttersprache beschleunigte Rattles seinen Schritt; schon in einer Woche würde er zurück nach Deutschland müssen. Deutschland! Dort, wo sich niemand entschuldigte oder anzustehen wusste; wo er niemals gleichzeitig mit Historikern, Chemikern und Australiern am selben Tisch sitzen durfte, sondern wo sich jede Berufsgruppe voneinander abgrenzte; wo Berliner Komödianten im Fernsehen Spastiker imitierten und sozialdarwinistisch eingestimmte Zuschauer als Hetzmeute im Takt dazu klatschten wie die Affen; wo man den schicken Leuten ihren letzten Pfennig aus den Taschen zog, um sich die Stimmen von Studienräten und Rentnern zu kaufen, während der Rest des Landes in Adiletten am Baggersee grillte, Mundart sprach und sich für soziale Gerechtigkeit interessierte – und über allem schwebte dazu auch noch der dicke Kohl in seinem Unterhemd, mit einem Wort: Es war die Hölle.

Hohl hallten Schritte hinter ihm über das Pflaster, dunkel fiel ein Schatten aus dem Garten über den Hof, wanderte die Mauer entlang, schien nach ihm zu greifen – doch als Rattles sich umwandte, war es nur einer der Touristen, der ihn mit seinen Blicken verfolgte, ein graumelierter Stenz mit Schnurrbart übrigens, vom Scheitel bis zur Sohle in karierten Tweed gehüllt.

»Mal sehen, ob ich wenigstens Post bekommen habe«, schlurfte Rattles durch den Torbogen, vorbei an der Anschlagtafel; dann tat sich vor ihm, wieder einmal, die großzügige Fläche des Front Quad auf, mit den beiden gewaltigen Atlaszedern, dem Storax und dem Catalpabaum, der begonnen hatte, an seinen Zweigen bohnenartige Früchte auszutreiben. Rattles legte beide Hände auf den Kopf und begann zu rennen. »Die Prüfungsergebnisse!«, keuchte er, »die Prüfungsergebnisse müssten längst aushängen! Wie konnte ich das vergessen?«

Ein Menschenträubchen hatte sich vor dem Pförtnerhaus versammelt. Tamsin tanzte mit Jane durch ein Wölkchen aus Formalin, Paxman entfernte die Reste seiner Äquatortaufe mit dem Wischmob, und drinnen fuhr Matthew Selwyn mit dem Finger über die Namen am Anschlagbrett. »Ach, habe ich's mir doch gleich gedacht.«

»Was?«, fuhr ihn Rattles atemlos an. »Hab ich bestanden?«

»Natürlich hast du bestanden.«

»Wieso ›natürlich‹?«, fragte Rattles; alle Engel sangen derweil in seinem Kopf.

»Leute wie du bestehen immer.«

»Ach ja? Und du?«

Matthew Selwyn blickte mit einem unergründlichen Gesichtsausdruck aus dem Fenster. »Ich habe auch bestanden.«

»Herzlichen Glückwunsch«, sagte Rattles tonlos.

»Jetzt denkst du sicher, die Welt gehört in Zukunft dir.«

Rattles wandte sich verärgert ab, als sein Blick noch einmal sein Postfach streifte. Schräg aufgestellt in dem Wabenwerk der schmalen Schächte stand darin diesmal tatsächlich ein Kuvert.

Rattles wog den Brief neugierig in der Hand. Er war ungewöhnlich klein und so fest verklebt, dass er nur mit einem Messer geöffnet werden konnte. Sein Daumen fühlte den Reliefdruck unter dem Umschlag; die hellblaue Tinte der Adresse, mit dem altmodischen *Esquire* hinter seinem Namen, verriet die Handschrift einer Dame.

Sein Herz begann zu klopfen, und seine Kopfhaut kräuselte sich, als, mit hochgezogenen Schultern und schrecklich vom Kopf abstehendem Haar, eine Gestalt gegen das Sonnenlicht durch die Türe hereingewankt kam und frontal mit ihm zusammenstieß. Rattles riss seine Hände nach oben und ließ den Brief fallen, der quer durch den Raum zu Boden segelte, ausgerechnet Matthew Selwyn vor die Füße. Dieser gab aufkreischend Fersengeld, Rattles aber prallte nach hinten gegen die Postfächer – und blickte direkt in das verwüstete Gesicht eines Clowns. Sein Gesicht war weiß wie der Tod, die mit Kreuzen überschminkten Augen sprühten Funken, und ein Pesthauch aus Alkohol und Milchsäure fuhr aus der blutroten Mundpartie, die sich zu einem polternden Lachen verzog: »*Gotcha!*«

»Oh, Robert!« Mit einem pfeifenden Geräusch entwich die Luft aus Rattles' Lungen. »Genießt du den Sommer da in deinem Kostüm?«

Von der Perücke rieselten Sägespäne auf einen Samtrock. »Hoffentlich habe ich dich nicht über den Haufen gerannt, Rattlepoops; du bist die am schwersten greifbare Person im ganzen College.«

»Der Nasentag ist doch vorbei?«

»Irgendwie ist jeder Tag ein Nasentag, nicht wahr?« Er schniefte verschwörerisch. »Komme gerade von einer Zirkusparty in einem Riesenzelt in Jericho. Strohballen inklusive, haha. Alles sehr künstlerisch, ein Heidenspaß, die ganze Angelegenheit. – Übrigens, was ich eigentlich sagen wollte: Ich sehe, du hast unsere Einladung bekommen.«

Rattles hob den Brief auf, der angeschlagen in der Ecke lag; die Profilsohle von Roberts Stiefel hatte ihren Abdruck auf dem Umschlag hinterlassen, auf der Marke mit dem Bildnis der Queen und dem Schriftzug mit seinem Namen. Darüber drehte ihnen Mr. Weasle den Rücken zu und blickte stur hinaus auf die Broad Street.

»Ist der von euch?«

»Oh, tut mir leid.«

»Mach dir keine Umstände.« Mit zwei, drei Schlägen klopfte Rattles die Erde von dem elfenbeinweißen Papier. »Ha! Wie neu.«

»Apricot und ich haben beschlossen, dass es an der Zeit ist, dich nach Schottland zu lotsen.«

»Apricot!«, rief Rattles inbrünstig. »Wie geht es ihr?«

»Meine Mutter improvisiert gerade eine kleine Zusammenkunft für sie und lässt fragen, ob du nicht Lust hättest, nächstes Wochenende zu uns zu stoßen. Wenn du nicht gerade auf irgendeinem Ball Neuschwanstein in seine Einzelteile zerlegst oder andere Verpflichtungen hast. Weiß der Teufel, was ihr in Deutschland im Sommer so treibt.«

Bei diesen Worten leuchtete Rattles' Seele auf wie ein Haufen Reisig, in den man Zunder geworfen hatte. Nun würde er, am Ende seines ersten Jahres in Oxford, nicht mit eingezogenem Schwanz nach Hause schleichen; nun war ihm, als bräche eine graue Wolkendecke auf und als stürzten durch dieses Loch im Himmel Sonnenstrahlen auf einmal hinab in tiefe Buchten, teerig glänzend zwischen den Brauntönen einer baumlosen Landschaft von archaischer Wildheit, hoch oben im Norden der Britischen Inseln.

Er sah Hochmoore, Hügel und Berge. Auf Schüsse aus Schrotflinten folgten die Flügelschläge von Moorhühnern, die über Heidekraut flappten; Hinkelsteine wurden geworfen, Burgen verfielen, Wildlachse standen vor Anglern in kristallklaren Gewässern, und der Whisky brannte wie Feuer in Rattles' Kehle.

Er triumphierte. »Großartig!«, rief er, »fabelhaft! Ich komme natürlich sehr gerne.« Am liebsten hätte er den Clown umarmt.

»Wir dachten uns schon, dass du jemand bist, dem so etwas Spaß macht. Verrückter Haufen, alle miteinander. Diese Hauspartys gibt es schon seit Jahren. Ein wenig frischer Wind, du weißt schon, und der ganze Rest. Wird dir auch helfen, dich etwas zu entspannen, nach dem ganzen langweiligen Prüfungskram. Du kannst einige Gin Tonics trinken und ein wenig die Füße hochlegen. Wenn man dich lässt. Die Wochenenden meiner Schwester sind manchmal etwas laut.«

»Ach, was heißt hier schon ›laut‹?«

»Übrigens, diese Freundin von dir, du weißt schon –«

»Welche?«

»Verstehe! Noch immer der alte Draufgänger!« Roberts Zunge wanderte durch seine blutrote Mundpartie. »Deine Freundin aus der Turl Street –«

»Meinst du Laxmi?«

»Richtig, Laxmi, das war's.«

»Die habe ich schon seit Wochen nicht mehr gesehen.«

»Schade. Richte ihr meine Grüße aus, wenn du sie siehst. Vielleicht hat sie ja Lust, mitzukommen. Je mehr, desto lustiger!«

»The Royal Opera House, please. Covent Garden.«

Die Magnolien auf beiden Seiten von The Little Boltons standen in vollem Saft, als Rattles mit Rupert und Meike Fillinghausen in ein Taxi stieg und auf einem der Klappsitze Platz nahm, mit dem Rücken zum Fahrer, vor dem Innenfenster, seinen Pateneltern gegenüber.

Die Luft war staubig und schwül. Stimmengewirr hing in Glocken über den Brasserien auf der Brompton Road. Vor den Anglesea Arms standen die Gäste bis auf die Straße, die Immobilienanzeigen in den Schaufenstern von Savills wiesen steigende Wochenmieten oder Preise für Erbpachten aus, und hinter den Hecken der Privatparks auf den Plätzen des Royal Borough of Kensington and Chelsea war das Geräusch von Tennisbällen zu hören.

»Was war das noch mal für eine Prüfung, die du bestanden hast?«

»Prelims.«

»Oh. *Prelims.*« Wieder sprach sie das Wort betont englisch aus.

»Preliminary Examinations.«

Rupert Fillinghausen beugte sich nach vorn und gab Rattles einen Klaps aufs Knie. »Na fein, Junge.« Für einen Moment verloren beide den Augenkontakt.

Meike Fillinghausen rückte sich zurecht, schlug die Beine übereinander und blickte auf die weiß vorüberziehenden Portiken. »Was bedeuten deine *Prelims* eigentlich?«

»Dass ich weiter studieren darf. Und am Ende gibt's dann noch die richtigen Prüfungen, die Abschlussprüfungen, *Finals* genannt.«

»Das heißt, du hast extra eine Prüfung ablegen müssen, nur um für die nächste antreten zu dürfen?«

»So ungefähr.«

»Oh Gott, wie furchtbar. Das ist ja wie in China. Da muss man sich auch an einer Schlange anstellen, um ein Ticket zu ziehen, mit dem man sich dann an der nächsten Schlange anstellen darf. Wie gemein!«

»Eine Schikane ist das! Ich halte ja diese ganze vermaledeite Paukerei ohnehin für Quatsch. Was für Arschlöcher! Die alten Hamburger Kaufleute waren ohnehin immer dagegen, dass ihre Kinder studieren, das entfernt sie nur von der Mannschaft und bringt sie auf dumme Gedanken –«

»Mal was ganz anderes.« Meike Fillinghausen schürzte ihre Lippen und sah Rattles mit einem verspielten Lächeln von der Seite her an. »Hast du wieder mal einen von deinen One-Night-Stands gehabt?«

»Nein, leider nicht.«

»Und was war mit Ragna?«

»Wir sind gute Freunde.«

»Mehr nicht?«

»Mehr nicht.«

»Oh.« Sie klang enttäuscht. »Ich habe mit Elisabeth telefoniert, die hat mir gesagt, ihre Tochter fand dich eigentlich ganz spannend.«

Rattles wand sich.

»Warum lässt du ihn nicht in Ruhe mit deiner dummen Ragna? Der Junge hat doch alle Zeit der Welt!«

»Rupert –«

»Ist doch wahr!«

»Ich glaube«, tippte Meike Fillinghausen mit ihrem Zeigefinger auf Rattles' Knie, »da hast du einen Fehler gemacht. Und um in solchen Situationen in Zukunft ein wenig nachhelfen zu können –«

»Ach ja!«, fuhr ihr Mann in seinem Sitz empor und griff, unter dem *poppy*, in die Innentasche seines Anzugs. »Da du ja jetzt ein richtiger englischer Gentleman geworden bist –«

»Der noch heute Nacht nach Schottland fährt –«

»Wo es kalt ist –«

»Und manchmal regnet –«

»Und du der einen oder anderen Dame begegnen magst –«

»In einer Phase ihres Lebens, in der sie vielleicht nicht immer eine Dame sein muss –«

»Haben wir gedacht, dass dir das vielleicht Freude bereitet.« Rupert Fillinghausen überreichte Rattles ein kleines, in Seidenpapier eingeschlagenes Futteral. »Ist nur ein Angebot; wenn du es nicht magst, dann tausch es einfach um.«

Mit dem Zeigefinger fuhr Rattles unter die Klebestreifen und drehte im nächsten Augenblick einen silbernen Whiskyflakon in seinen Händen, in einer Schutzhülle aus marmoriertem Schweinsleder. Auf der Vorderseite war in Fraktur sein Spitzname eingraviert:

Rattles

»Ich habe auch so eine Flasche, seit zwanzig Jahren. Ich tu da immer den Balvenie rein, der Lagavulin ist mir zu teerig.«

»Nein! Mein englischer Spitzname – in Nazischrift.«

»Von mir aus hätte es ja dein richtiger Name getan und eine normale, anständige Schrift auch. Aber bitte, ich halt mich da raus.«

»Ach was, Rupert! Die Engländer lieben so etwas.«

Rattles' Miene war lang, als sie das Foyer betraten; ein Durcheinander aus englischen, französischen und amerikanischen Stimmen umgab sie. Sein Gesicht wurde noch länger, als sich zwei Gestalten durch den Pulk der Greise und ihrer kanadischen Frauen schoben, Greise mit Hörgeräten am Ohr und kreidestrichdicken Nadelstreifen auf den Anzügen – zwei

Saufkumpane wahrscheinlich, mit ihren Bartstoppeln der vergangenen Nacht, ihren verfilzten Haaren, blutunterlaufenen Augen und Miasmen übelriechenden Atems, in Decken mit einem orange-, rost- und scharlachfarbenen Schottenmuster gewickelt, Bananenfrappés in der Hand – doch schon umfing sie der Theatersaal, mit seiner Katzenmusik aus dem Orchestergraben und den Logen in Rot und Gold.

Rattles öffnete das Programmheft.

Seine Gesichtszüge erstarrten endgültig, als er las, dass das Stück offenbar passend zur Nazischrift ausgesucht worden war, handelte es sich doch um die Adaption einer Tiroler Sage, der Geierwally. Gnadenlos hob sich der Vorhang vor einem Alpenpanorama mit schneebedeckten Bergen, enzianblauem Himmel und Steinhäusern mit bemalten Fensterschlitzen, aus denen es wie aus einer Spieluhr herausgejodelt kam, von allen Seiten stürzten Bayern auf die Bühne, Spanferkel wurden gebraten, Fässer gerollt und Humpen gehoben, in Lederhosen und Dirndl trampelte das Volk Hand in Hand um einen Maibaum, unter Gejauchze und Geschrei, das plötzlich erstarb, als eine Frauengestalt vor das Dorf trat und ihre Hand auf den wogenden Busen legte.

Rattles kannte die Arie zwar aus einem Film, ihr klagender Sopran erschütterte ihn dennoch bis ins Mark:

Ebben? Ne andrò lontana,
come va l'eco della pia campana …
là, fra la neve bianca,
là, fra le nubi d'ôr …
laddove la speranza, la speranza
è rimpianto, è rimpianto, è dolor!

O della madre mia casa gioconda
la Wally ne andrà da te, da te,
lontana assai, e forse a te,
e forse a te, non farà mai più ritorno,
nè più la rivedra. Mai più, mai più.

Die Melodie spukte durch Rattles' Kopf, als im Laufe der Vorstellung seine Glieder leicht wurden, die Augen jedoch schwer und er beinahe eingeschlafen wäre, die silberne Flasche auf seinem Herzen. Sie spukte durch seinen Kopf, als sich die Geierwally am Ende in eine Lawine stürzte, in ein Flattermeer diagonal nach oben geblasener Seidenbänder, aus dem sie ihre Arme streckte, und als dann der Vorhang fiel.

Die Melodie spukte durch die Londoner Nacht, als die drei sich nach der Vorstellung während eines Wolkenbruchs im Ausgang drängelten, um zögerlich das Gebäude zu verlassen. Sie begleitete die Tänze mit Plastiktüten, mit deren Hilfe sich Passanten unter den Laternen von Covent Garden voreinander aufspielten, und sie begleitete die Taxis, die sich an den Restaurantketten vorüberschoben wie ein Schwarm kleiner, schwarzer Wale, mit ihren in der Gischt verschwimmenden Lichtern.

»Junge, hast du alles?«

»Sicher.«

»Ruf an, wenn du noch was brauchst.«

»Mach ich.«

»Wo fährst du noch mal hin?«

»Rupert, das hat er doch gesagt! Zu diesem Richard da!«

»Robert.«

»Richtig. Robert.«

»Ach ja, der Robert. – Ist das eigentlich ein Freund von dir?«

»Mein bester Freund. Im College!«

Sie erreichten den Bahnhof von Euston und stapften zu dritt zum Gleis, wo die blauen Keksdosen des *Caledonian Sleeper* auf sie warteten. Auf dem Bahnsteig davor rauchte eine Gruppe von Paschtunen filterlose Zigaretten; zwei Geschäftsleute hasteten vorbei, Bartstoppeln auf den Wangen und Anzugtaschen über der Schulter; daneben wackelte ein libanesischer Hänfling im Rhythmus, der aus seinem Walkman tackerte. Mögliche Gäste von Robert McMurrays Hausgesellschaft waren nicht auszumachen, nur am Ende des Zuges gab es einigen Radau, wo ein Berg aus Hutschachteln, Angelruten und Schrankkoffern bewegt werden musste, und dort leuchteten Karos und Tweed.

Der Pfiff des Schaffners ertönte, und Rattles saß allein in seinem Abteil. Durch das Fenster sah er seine Pateneltern winken, und für einen Augenblick wurde ihm schwer ums Herz, als sie immer kleiner wurden. Doch kaum hatte er es sich in Fahrtrichtung bequem gemacht, da rieb er sich schon mit diebischer Freude die Hände, als der Zug, noch vor Mitternacht, den Bahnhof verließ und Geschwindigkeit aufnahm, um ihn über Nacht hoch in den Norden der Britischen Inseln nach Edinburgh zu bringen, von wo er dann nach Claire Castle weiterreisen würde, in das Haus der Familie McMurray.

»Die Welt«, sprach Rattles zu sich, »gehört jetzt also mir. Was tun? Ach, erst einmal füll ich mir meine Whiskyflasche auf. Ob es einen Speisewagen gibt? Und vielleicht treffe ich dort auch die anderen.« Im nächsten Moment hatte er seinen Platz wieder verlassen und arbeitete sich durch die Gummischleusen der Zwischenabteile von Waggon zu Waggon auf die Reisegruppe mit den Hutschachteln zu.

So schwankte Rattles auf einem blauen Teppich über die engen Korridore der Schlafwagen, während sie über die Gleise rasten. Die Nachtlichter hatten die Scheiben undurchsichtig gemacht, mit dem Knall des Vakuums donnerten draußen monströse Züge vorbei – und dann war ihm, als mischten sich in das Rauschen der großen Maschine die Wortfetzen eines vielleicht schon im nächsten Waggon vor ihm gesungenen, ja, im Chor gegrölten Liedes.

Er hielt inne und lauschte, eine Hand an die Ohrmuschel gelegt, den rechten Schuh nach hinten auf die Kappe gestellt.

»Rule, Britannia! – Britannia –«

Im Fenster überprüfte er noch einmal sein Erscheinungsbild: Seine Haare fielen in einem Wust in die Stirn, der Bauernpullover wies gleich mehrere Schadstellen auf, darunter hing ihm das Streifenhemd ungebügelt aus den Jeans, und seine schwarzen Schuhe waren mit dem Straßenkot Londons befleckt. War das nun auf die richtige Weise falsch oder doch auf die falsche Weise richtig? Die vorstehende Oberlippe seines dicken, ein wenig empfindsamen Munds zitterte; dann wies er mit dem Zeigefinger auf sein Spiegelbild, gab sich einen Ruck und stieß mit entschlossener Miene die Tür zum Speisewagen auf.

Hutschachteln, Angelruten und Schrankkoffer stapelten sich bis unter die Decke; davor hoben zwei Mittfünfzigerinnen ihre Teetassen an den Mund, spreizten den kleinen Finger ab und feixten sich an. Untereinander eingehakt, saß die Reisegesellschaft an Tischen und auf Stühlen, die tollkühnerweise nicht mit dem Boden verschraubt waren – in Jagdkostümen oder schottischer Nationaltracht mit waschechten Kilts, ja, sogar ein richtiger Ritter war darunter, in voller Rüstung, mit heruntergeklapptem Helm. Über Biergläsern und Whiskyflaschen drehten sich die anarchischen Gesichter durch Schwaden von Zigarettenqualm zu ihm hin um. Dort, mit dem Rücken zum

Eingang, erhob sich der Stenz, dem Rattles erst vor wenigen Tagen im Durham Quad ausgewichen war, um das Hüsteln und Räuspern und Kichern mit Handbewegungen aufzunehmen und einem neuen Höhepunkt zuzuführen.

Die Passagiere lösten sich aus der wechselseitigen Umklammerung, hoben ihre Arme und wackelten mit den Fingern: »Oooooooooooh!«

»Auf die Mittsommernachtsreise des – Hamburger Polarclubs!«

»Der Hamburger – Polarclub!«, jubelte der Speisewagen zurück.

»Hummel Hummel!«

»Mors Mors!«

»Von Ohlstedt – zu den Hebriden!«

»Oooooooooooh!«

Der Stenz reckte sich, steckte beide Zeigefinger in die Luft und ließ sie dann, während ein Zittern seinen Körper vom Scheitel bis zur Sohle durchlief, mit einer dramatischen Geste zu Boden sausen.

»Rule, Britannia!«, schmetterte der ganze Waggon aus vollem Hals drauflos und setzte sich, erneut untereinander eingehakt, kreuz und quer in Bewegung. *»Britannia, rulez ze vaves –«*

Rattles machte auf dem Absatz kehrt, warf die Tür zu und lehnte sich, schweratmend, von außen gegen die Platte.

Die ekelhaften Gesänge, die schunkelnden Horden und ihr Bier waren schlagartig wieder aus seinem Leben ausgesperrt, wie ein entsetzlicher Alp. Schweißperlen standen auf seiner Stirn, doch ein erleichterter Seufzer befreite sich aus seiner Brust. Nun gab es wieder nichts außer der Nacht mit dem Tosen der großen Maschine und den im Vakuum vorbeidonnernden Zügen; nichts außer dem Korridor, der ihn zurück zu seinem Abteil führen würde und so, in letzter Instanz, nach Claire Castle, dem Haus der Familie McMurray.

Er fasste sich mit beiden Händen an den Kopf und begann zu rennen, doch kaum hatte er die ersten Schritte getan, wurde es laut hinter ihm, und eine schwere Hand legte sich auf seine Schulter.

»*Would you care to join us? We did not intend to chase you away*«, kam es in dem schönsten Englisch, das Rattles seit langem gehört hatte. Tatsächlich war ihm der Stenz gefolgt, in seinem Kilt, mit lose am Gürtel baumelnder Felltasche und einem karierten Tweedsakko. Er war ein Mann in seinen besten Jahren, gut gebaut und sich dessen bewusst; doch der Kopf saß zu fest auf dem Nacken, und in seinen Augen lag der unausgesprochene Vorwurf des trotzigen Kindes.

»*I do not vont ze musick to be destroyed –*«, stammelte Rattles, von der Anstrengung der letzten Wochen ermüdet.

Der Stenz zog seine Augenbrauen nach oben und fragte auf Deutsch: »Sie sind doch nicht etwa ein Landsmann?«

Rattles errötete. »Ich komme aus Frankfurt.«

»Frankfurt?« Der Fremde musterte Rattles über den Rand seiner Lesebrille. »Frankfurt, Frankfurt. Kennen wir uns nicht?« Überfallartig streckte er ihm die Hand entgegen. »Schlemmer.«

»Ich wüsste nicht, woher.«

»Ach ja! Habe ich Sie nicht in Oxford gesehen, in einem dieser Colleges? Wie hieß das gleich noch mal?«

»Balliol.«

»Nein, das war's nicht. Ja, richtig, das war im Durham Quad von Trinity. Sie sind Student?«

»In Oxford!«

»Na.«

»Ich bin in meinem ersten Jahr.«

Der strenge Blick des Stenzes wurde milder. »Nein, ein Oxforder Student! Am Trinity College! Warum haben Sie Balliol gesagt? Unsere Reiseführerin, bei all den Schwächen, die sie manchmal in ihrer Diktion hat – übrigens eine Dame von bemerkenswerter Sachkenntnis und Kompetenz –, hat uns berichtet, beide Institutionen wären einander in herzlicher Rivalität zugetan, ja, manchmal sogar in offener Feindschaft. Halt!«, rief er plötzlich und streckte Rattles die Fläche seiner erhobenen Hand entgegen. »Kein Wort mehr! Ich nehme alles zurück! Ich habe Ihre Satire sehr wohl verstanden. Englischer Humor!«, seufzte er, und sein Blick wurde glasig, »Ach ja –«

»Es tut mir sehr leid, aber –«

»Leid? Was tut Ihnen leid? Nein, da muss Ihnen nichts mehr leidtun. Glückauf, junger Mann! Stellen Sie Ihr Licht nicht allzu sehr unter den Scheffel! Wir werden noch alle große Freude an Ihnen haben.«

»Es geht nicht; morgen früh muss ich in Edinburgh sein.«

»Gehen Sie auch wandern?«

»Nein, ich bin eingeladen«, wisperte Rattles selig. »Aufs Land!«

»Dann erzählen Sie uns davon!« Der Fremde stierte auf einen Punkt am Boden, während ihm das Blut in den Schädel stieg. »Kommen Sie, ich stell Sie den anderen vor. Seien Sie ein *good sport.*«

Rattles ließ die Arme sinken und sich zurück in den Speisewagen bugsieren, wobei ihm ein wenig der Kamm schwoll. »Seien Sie ein *good sport*!«, maulte er in sich hinein, »Was soll denn das nun schon wieder heißen? Will mich der Kerl etwa manipulieren? Ich glaube, da werde ich ein ernstes Wörtchen mit ihm zu reden haben. Und vielleicht ist da ja noch ein Betthupferl für mich drin.«

Noch im Türrahmen verschlug es ihm den Atem; ein zweiter Blick verriet, dass an erotische Abenteuer in dieser Nacht besser nicht zu denken war, doch schon hatte ihn der Stenz an einen der Tische geführt und wies auf den Ritter, der von einer dicken Frau und der Reiseführerin eingerahmt wurde. »Das ist Kapitän Strüver, unser Ivanhoe.«

»Moin, moin«, quäkte es aus dem Helm.

»Sehen Sie es mir nach, aber ich habe vorhin Ihren Namen nicht verstanden.«

»In England bin ich vor allem unter meinem Spitznamen bekannt.«

»Und der da wäre?«

»Rattles.«

»Rattkes?«, echote die dicke Frau.

»Nein, Rattles.«

»Die Damen werden es nicht glauben, aber wir sind dem jungen Herrn schon einmal begegnet – und zwar vor einer knappen Woche, bei unserem Besuch am Trinity College in Oxford. Trinity College mit dem Garden Quad von Christopher Wren und der Kapelle mit der meisterhaften Retabelarbeit von Grinling Gibbons; welche Sinnlichkeit, ach ja – Herr Rattles absolviert dort sein Studium. Frau Ragusa hier, die unsere Wanderung durch das Vereinigte Königreich auf ihre genauso charmante wie fachkundige Weise betreut, hätte diese Gelegenheit zur Zeugenbefragung sicherlich wertgeschätzt. Frau Ragusa: Bitte!«

Die Reiseführerin erwiderte nichts auf das Signal zum Einsatz, sondern schürzte ihre Lippen und verlieh dabei ihrem Gesicht hinter der oktogonalen Brille einen Blick, der verraten sollte, dass ein Student an der feinen Universität höchstens ein Kuriosum sei, auf keinen Fall aber jemand, der sich einbilden dürfe, etwas Besseres zu sein.

Die dicke Kölner Frau auf der anderen Seite des Ritters aber blies ihre Wangen auf: »Du lieber Gott, Ihr Pulli ist ja voller Löcher! Haben Sie etwa die Motten?« Sie gab Rattles einen Klaps auf die Schulter und kicherte. »Oder sind Sie ein armer Stipendiat, möchten es aber nicht zugeben.«

»Mein Vater ist Direktor.«

»Wohl bei der Sparkassäh!« Ivanhoes Rüstung schepperte. »Geben Sie es zu! Mir können Sie es ruhig sagen.«

»Großartig! Fabelhaft!«

»Sie sollten sich ein Beispiel an ihm hier nehmen.« Die dicke Frau wies auf den Stenz mit dem graumelierten Schnurrbart. »Wissen Sie überhaupt, wer das da ist? Das ist Bernhard Schlemmer, pardon, Dr. Bernhard Schlemmer, einer der größten Gourmets unserer Zeit. Immer höflich und adrett gekleidet, ein richtiger Sir ist das, jawohl!«

»An der Loire Gourmet, Madame, an der Themse leider nur Gourmand. Jenseits des Flusses Tweed aber, kann ich Ihnen versichern, harren wahre Schätze unserer kulinarischen Entdeckung.«

»Sir Schlemmäh!«

»Hmmm, pochierter Hochlandlachs auf einem Bett grüner Bohnen im Speckmantel. Truthahnbraten an Apfelkompott und Brotsoße, dazu eine Pinte frisch gezapften Ales, lauwarm natürlich, meine Damen, wenn ich bitten darf. Ach ja –« Dr. Bernhard Schlemmer seufzte erneut; dabei warf er Rattles von unten einen lauernden Blick zu.

»Ich persönlich esse ja den Haggis ganz gerne«, antwortete dieser. »Und Fish and Chips, aber ausschließlich in Zeitungspapier. Mit Essig!«

»Mit Essig?«

»Ja, mit Essig.«

»Ach!«, rief Frau Ragusa. »Sie essen herzhaft? Ich dachte, im College wird jeden Abend angerichtet.«

»Wir essen gemeinsam. Im *gown*!«

»Jaja, im *gown*, natürlich.« Frau Ragusa nickte mehrmals schnell; dann lehnte sie sich zurück und setzte wieder ihren amüsierten Gesichtsausdruck auf. »Speisen so die Eliten?«

»Eliten? Ach wo, überhaupt nicht! Wir haben alle kein Geld und sind einfach nur so da.«

»Hab ich's doch gleich gesagt«, ließ die dicke Frau ihre Hand auf den Tisch fallen. »Arm wie die Kirchenmäuse sind die!«

»Der Abstieg Englands von der Supermacht zum kranken Mann Europas. Harold Wilson und der *Winter of Discontent*. Ach ja –«

»Ein Jammer!« Die dicke Frau schob Rattles die Speisekarte zu. »Wollen Sie etwas essen? Nun zieren Sie sich doch nicht so, ich lade Sie schon ein. Der arme Student! Nehmen Sie reichlich.«

»Was ich nun doch fragen muss«, unterbrach sie Frau Ragusa, »woher können Sie eigentlich so gut Deutsch?«

»Ich bin in Frankfurt geboren.«

»Sie sind Deutscher? Das hätte ich nicht gedacht«, rief die Reiseführerin verblüfft. »Ich hätte Sie ja für einen Engländer gehalten.«

»Natürlich ist er Deutscher«, rief die dicke Frau. »Das sieht man ja sofort. Ich hab das gleich gesehen!«

»Und woran?«

»Hey, alle mal herhören! Findet ihr nicht, dass er deutsch ausschaut?«

»Wer?«, rief das ganze Restaurant.

»Der da!«

»Ich?«

»Nun zieren Sie sich doch nicht so!«

Rattles' Kopf glühte.

»Und stolz ist er drauf. Wie ein Zaunkönig!«

»Ich bin überhaupt nicht stolz darauf, Deutscher zu sein.«

»Nestbeschmutzäh!«

»Mir doch egal, ob Sie Deutscher sind.« Die dicke Frau wiegte sich in den Hüften. »Ein Mann ist ein Mann ist ein Mann.«

»Da Sie sich zu uns gesellt haben, lieber Herr Rattles, möchte ich Sie einladen, mit uns und den Damen gemeinsam zu genießen.« Dr. Bernhard Schlemmer nestelte an seiner Weste und brachte eine goldene Repetitionsuhr zum Vorschein, die er an einer Kette vor sein Gesicht hob. Er betätigte einen Knopf; der Deckel schnellte zurück und rastete mit einer tonlosen Bewegung in der Luft in seinem Scharnier ein.

Leise und warm schlug der innere Mechanismus eine halbe Stunde nach Mitternacht.

»Mir ist aufgefallen, dass der Purser nicht nur über ein ganz passables Sortiment an schottischen Whiskys verfügt, sondern dass die strengen englischen Lizensierungsgesetze auf der Schiene außer Kraft gesetzt worden sind. Wahrscheinlich befinden wir uns bereits unter schottischer Jurisdiktion.« Sprach's, klappte Uhr und Kiefer zusammen und hob die Hand. »Herr Ober! Fünf Balvenie, bitte! Halt! Nein, bringen Sie gleich eine ganze Flasche.« Er fuhr auf seinem Platz herum und drohte Rattles mit dem Zeigefinger. »Aber nur ein Glas!«

Früh am nächsten Morgen wog Rattles seinen Bauernpulli in der Hand, während der Schaffner an die Türe schlug. Er warf Blicke über seine Schultern; er spähte ins Freie; er biss sich auf die Lippen. Es war ungewohnt still, graues Licht fiel ins Abteil;

vom Fenster gerahmt, schimmerte draußen ein Abschnitt des Bahnsteigs stumpf und feucht.

Wenig später sah man ihn gebürstet und geschniegelt durch den Waverley-Bahnhof von Edinburgh eilen. Die Schöße seines Mantels flatterten; er zog einen Schweinslederkoffer hinter sich her, den er bei einem Trödler erworben hatte, Aufkleber der Cunard-Line inklusive.

Als er ins Freie trat, lag die fremde Stadt auf den Hügeln um ihn herum. Wie eine Akropolis erhob sich eine Burg auf der Stätte Din Eidyn, von deren Zinnen Kanonen mit dem Wappen der Stuarts die Lowlands beherrschten. Es gab Hotels aus dem Zeitalter der Enzyklopädien und naturwissenschaftlichen Salons, Mietshäuser mit Giebeln und Schornsteinen, Kasernen, Obelisken und Pyramiden, alle aus demselben nüchternen Sandstein, der direkt im Umland gewonnen worden war, mal grau und mal braun. Der Himmel hing tief, und auch wenn sich immer wieder die Sonne durch die Wolken kämpfte, kam von Norden ein rauer Wind, und ein Schleier aus Regentropfen legte sich über Rattles' Gesicht.

Alles Weitere ergab sich scheinbar unbeabsichtigt, wie aus einer Laune des Schicksals heraus: Ein schwarzhaariger Mann hob am Taxistand eine Pranke mit einem Schlüssel. Passanten blieben fast beiläufig stehen; eine kleine Frau fragte in einem Singsang, ob dies die Autos für Robert und Apricot wären. Die Paschtunen rauchten ihre Zigaretten auf; Rattles half beim Beladen von drei Kofferräumen und fand sich dann auf der Rückbank eines Ford Mustang, die kleine Frau an seiner Seite. Der libanesische Hänfling kletterte vor ihnen auf den Beifahrersitz und schloss die Tür, aus den Kopfhörern seines Walkmans tackerte weiterhin Musik. Hinter ihnen füllte sich ein Honda Civic mit den Paschtunen und einer stupsnasigen Blondine.

Ein Fuchsschwanz zitterte; bei der Anfahrt wandte sich Rattles zu dem VW Polo um und tauschte einen kalten Blick mit Cartouche.

Der Wechsel zwischen Sonne und Wolken sorgte für ein gespenstisches Lichtspiel, als die drei Wagen an den aufleuchtenden Monumenten der Freimaurer vorbeiglitten; dann reihten sie sich in den Autobahnstau ein, auf der Hängebrücke über den Firth of Forth.

Sie standen gerade vor einer Mautstelle, als zu ihrer Rechten die Sonne durch die Wolken brach. Ihre Strahlen fielen durch die nietenbestückten Viadukte, die sich in drei gewaltigen biomorphen Bögen neben ihnen über das Wasser spannten, und ließen die Bucht um sie herum wie Quecksilber aufleuchten. Am Ufer wurde Jahrmarkt gefeiert. Von Stangen durchbohrt, hoben und senkten sich Karussellpferde im Kreis, in Schießbuden zitterten Plastikfedern, Geisterbahnen heulten, über den Zeltdächern drehte sich ein Riesenrad, und für einen Augenblick war es Rattles, als wären dessen Loren mit Gruppen bleicher Clowns bepackt, die ihre Arme ausbreiteten und Champagnergläser hoben; dahinter war in ihrer ganzen Schönheit auf den Hügeln noch einmal die Stadt Edinburgh zu sehen.

Als sie die andere Seite der Brücke erreichten, fuhren sie dann im Konvoi nach Norden. In den drei Wagen hatten die Gäste begonnen, ohne Punkt und Komma aufeinander einzureden; dabei behauptete der Honda Civic seinen Platz an der Spitze der Kolonne. Anderthalb Meter lange Bambusstäbe im Arm, hatten die Paschtunen auf seiner Rückbank wieder zu rauchen begonnen, in dem Wagen roch es nun durchdringend nach Cannabis. Die stupsnasige Blondine auf dem Beifahrersitz wandte sich um. »Was haltet ihr da in euren Händen?«

»Was meint sie?«, wisperte ein Paschtune in des anderen

Ohr; beide hatten Vollbärte, trugen Pumphosen, Shalwar-Kemis-Hemden und auf dem Kopf ihre platten Chitralis, an den Rändern eingerollt, ein eigentümlicher Hybride zwischen Turban und Hut.

»*Chi kar mikonid?* – Was tust du da?«, übersetzte der andere.

»Sag ihr, dass ich mein *dang* halte«, erwiderte der Erste und strich sich mit manikürten, sommersprossigen Fingern über den Bart.

»Er hält sein *dang*.«

»Darf ich ihn auch halten?«

Die Hände der Blondine glitten kichernd über den Bambusstab; ihre Stupsnase zitterte. Beide Enden trugen Eisenkappen, und der Gebrauch hatte das Holz auf Griffhöhe glänzend gemacht. »Ist er sehr alt?«

»Es ist der Stab meines Urgroßvaters.«

»Es ist der Stab seines Urgroßvaters.«

»Hat er eine Geschichte?«

Die beiden Paschtunen tuschelten, während im VW Polo hinter ihnen die weinerliche Frauenstimme erklang: »O. k., nur für die Übersicht. Wer ist wer? Wer ist der Typ mit dem Walkman? Im Auto hinter uns?«

»Der DJ; Apricot hat ihn erst vorgestern Abend aufgelesen.«

»Oh.« Sie machte eine Pause. »Und der hinter ihm? Neben Jemima Prescott? Was macht die jetzt eigentlich?«

»Agony-Aunt. Für ein Modemagazin.«

»Der Typ neben ihr: Ich glaube, ich kenne ihn.«

»Der im Regenmantel?«

»Ja, der, der aussieht wie Inspektor Clouseau.«

»Rattles.« Cartouche grinste maliziös. »Roberts Pudel.«

»Rattles? Was für ein eigenartiger Name!«

»Es ist sein Spitzname. Er ist Deutscher.«

»Deutscher? Heiliger Strohsack.« Ihre Tonlage wurde eine Terz tiefer. »Oh, verstanden. Wie wahnsinnig ungezogen von euch.«

»Es war Roberts Idee.«

»Ich frage mich, wie es ist, Sex mit einem Deutschen zu haben.«

»Exzentrisch. Wie Sex mit dem Schaffner. Oder mit einem Zwerg.«

»Glaubst du, dass die Deutschen beschnitten sind?«

»Würde mich nicht überraschen. Bei ihrem Reinlichkeitsdrang.«

Draußen nieselte es über raue, weiße Häuser. Die Frau ondulierte eine Locke mit dem Zeigefinger und blickte träumerisch auf Dunfermline. »Hast du jemals Sex mit einem Zwerg gehabt?«

»Nein. Aber Lucy.«

»Welche Lucy?«

»Hurenlucy.«

»Oh!«, sie machte eine verdutzte Pause. »Das sieht ihr ähnlich.«

In zitternder Äquidistanz zum nächsten Wagen und bei undefinierbarer, beständig wechselnder Witterung erreichte der Konvoi derweil den öden Bezirk von Perth und Kinross.

Schon als er den *Times*-Atlanten in der Bibliothek von Trinity dazu konsultiert hatte, war Rattles enttäuscht darüber gewesen, dass ihn die Einladung nur in die Lowlands führen würde und nicht in die Highlands. Nun, von der Rückbank eines Ford Mustang aus, unter einem Fuchsschwanz, offenbarten sich ihm diese Lowlands als eine Landschaft von rein transitorischem Charakter, zersiedelt und formlos, so, als wäre die geschäftige Tätigkeit Edinburghs, ja, ganz Nordenglands in die eiszeitlichen

Täler jenseits des Firth of Forth geschwappt, wo sie sich, als Karikatur, schleppend unter dem weiten Himmel verlief.

»Ist es nicht aufregend, was sie getan haben?«, fragte die kleine Frau an Rattles' Seite, unter einer schmetterlingsförmigen Sonnenbrille.

»Wer?«

»Toby und James, natürlich.«

»Wer sind Toby und James?«

»Die beiden Jungs im ersten Auto. In den Pumphosen!«

»Und die stupsnasige Blondine daneben?«

»Lucy.«

»Ich dachte, das wären Araber.«

»Zwillinge sind sie, von reinstem Somerset-Blut.« Sie lächelte zart. »Aber sie tragen die Tracht der paschtunischen Krieger.«

»Warum tun sie das?«

»*They went native.* Sie haben sich zu den Eingeborenen geschlagen.«

»Du meinst doch nicht etwa, sie sind durch Paschtunistan gereist?«

»Sie sind nach Afghanistan gewandert. Zu Fuß.«

Mit jeder Meile, die sie tiefer in den Norden der britischen Insel vordrangen, wurden die Häuser spärlicher und der Himmel weiter. Vom Rückspiegel baumelte eine Figur der Heiligen Maria, Mutter Gottes. Ohne die Lehne zu berühren, saß darunter der Fahrer mit dem Muskelbauch aufrecht in seinem Sitz, beide Ellenbogen in der Luft, trommelte mit seinen haarigen Fingern auf das Lenkrad und pfiff dazu ein Lied von Jethro Tull. Auf beiden Seiten reihte sich Feld an Feld und Acker an Acker. Die wenigen Dörfer dazwischen waren unsichtbar, zwischen Bäumen und Gütern verborgen, vielleicht in Bodenspalten versteckt.

Irgendwann verließen sie die große Straße und passierten nach einigen Kreisverkehren den verwaisten Thronstein der schottischen Könige bei Scone. Die Pappeln einer Allee bogen sich im Wind, am Himmel standen Schäfchenwolken, die Straßenschilder wiesen nach Blairgowrie, Coupar Angus, Alyth. Einmal mehr hatte sich die Sonne durch die Wolken gekämpft, es wurde freundlich und warm; auf dem Vordersitz war der Libanese in einen lallenden Schlaf gefallen, auf seinen Lippen eine Melodie von Amr Diab.

»Was sind eigentlich Paschtunen?«, fragte Rattles, nach einer Pause.

»Sie essen Hammelfleisch und haben die Sowjetunion besiegt.«

»Ah, verstehe.«

»Warst du noch nie in Afghanistan?«

»Nein.«

»Oh.«

Über einer Ortschaft aus weiteren rauen, weißen, fast fensterlosen Häusern stand eine Kornweihe in der Luft. Der Konvoi nahm die erste Abzweigung nach einer geschlossenen Filiale der Royal Bank of Scotland und holperte bald darauf auf einem Asphaltweg über offenes Feld. Wie Pferde, die den Geruch des nahen Stalles wittern, entwickelten Honda Civic, Volkswagen Polo und Ford Mustang nun einen besonderen Zug und jagten an Zäunen und Hecken vorbei, deren Zweige gegen ihre Fenster droschen.

Rattles' Gesicht verlor alle Farbe, als ein Pick-up ihnen entgegengerast kam und beide Fahrer, zu dem Donner der nun von allen Seiten auf sie hereintrommelnden Äste, in den Straßengraben ausweichen mussten; gleich danach tauchten sie in eine Bodensenke, und sein Magen rutschte ihm bis in den Hals.

Die grünen Mauern des Hohlwegs wuchsen weiter über ihnen empor. An einer Stelle verließ der Fahrer den Honda, um eine Holzschranke zu heben. Sie fuhren eine Weile über kultiviertes Land; dann klebten, hinter einem Hügel, die palladischen Bausteine einer Fassade von Robert Adam an dem Körper eines wahrscheinlich viel älteren Hauses. Der Schotter knirschte unter ihren Reifen, und der Konvoi kam zum Stehen.

Seinen Koffer in der Hand, blickte Rattles zu den Sprossen der Schiebefenster empor wie zu den Sprossenfenstern in The Little Boltons. Doch hier war der Sandstein nicht gestrichen, dreieckige Giebel wechselten sich mit halbrunden ab, über dem zweiten Stockwerk hing ein Portikus auf spindeligen Säulen wie das Dach eines Bierzeltes, und dahinter ragte der Stumpf eines mittelalterlichen Wehrturmes über die Fassade, derb und bauchig wie ein verlassener Bienenstock.

Das Gepäck war entladen, die Gäste hatten sich über den Kiesweg zum Hintereingang aufgemacht, doch Rattles blieb mit offenem Mund wie angewurzelt stehen. Unwirklich spiegelte sich das Mauerwerk des Turmes in einem Teich, der sich an einer Seite des Hauses entlangzog, und während Rattles andächtig innehielt, löste sich ein Stein aus der brüchigen Form und stürzte glucksend ins Wasser. Es quakte und zirpte in der Uferböschung, eine Rohrdommel stieg über das Schilf, und dann öffnete sich beim zweiten Anklopfen die Tür.

Rattles stand einer hohlwangigen Frauengestalt gegenüber, es war wohl die Magd, an deren Schürze noch das Blut eines Schlachtvorganges klebte. Ihre Locken hatten die Farbe von Asche, ein Teppich aus Schuppen hatte sich über den Talg ihres dunkelblauen Pullovers gelegt, und vom Saum des gleichfarbigen Rockes, zwei Handbreit unter dem Knie, zogen sich Laufmaschen die Nylonstrümpfe hinunter bis in die entsetzlichen Sandalen; deren Absätze waren bis unter die Fersen abgelaufen, und Haut schimmerte zwischen den Riemen durch, wo sich die Zehennägel durch den Stoff gewetzt hatten. Sie sah Rattles nicht einmal an, während sich die Falten zwischen ihrer Nase und den Mundwinkeln vertieften, sondern schlug nur bitter den Blick zu Boden.

Tief im Haus, hinter ihrem Rücken, schrie ein Kakadu. Der Wind raschelte in den Bäumen, und der Gestank nahegelegener Schweineställe senkte sich auf sie herab.

Die Arme!, fuhr es Rattles durch den Kopf, sie geht sicher so gekrümmt, da sie noch hinter dem Ofen schlafen muss.

»Guten Tag!«, rief er, und Tränen des Mitleids schossen ihm in die Augen. »Machen Sie sich meinetwegen keine Mühe. Ich trage mein Gepäck gerne selbst!«

Die Magd nestelte an ihrem Kragen und setzte sich eine Lesebrille auf, die vorher an einer Plastikkette um ihren Hals gebaumelt hatte. Ihr Blick fiel auf den dunklen Schatten, der schweigend an Rattles' Seite getreten war: *»Oh, it's Cartouche!«*

»Hello, Lady McMurray.«

Die schwarzen Augen der Frau begannen zu funkeln, ihr Brustkorb weitete sich, und als sie den Besucher an seinen Schultern schüttelte, traten Sehnen auf ihren Handrücken hervor. »Dann hast du's also endlich in unsere Hütte geschafft! Was macht Afrika?«

»Steht noch.«

»Gut«, sagte sie und blickte wieder zu Boden; der Lichtschein, der ihre Züge belebt hatte, flackerte noch einmal auf und erlosch. »Die anderen schwärmen auf ihre Zimmer aus. Keine Ahnung, wer heute alles in mein Haus einfällt. Ihr müsst todmüde sein. Apricot kümmert sich.«

»Bitte machen Sie sich unseretwegen keine Umstände.«

»Ich muss mich entschuldigen; ich glaube, ich bin heute keine gute Gastgeberin.«

»Sie sind zu freundlich.«

»Es ist eine komische Sache mit dieser Türe«, fuhr sie fort, ihre Augen weiterhin auf den Boden geheftet. »Eigentlich benützen wir sie überhaupt nicht mehr.« Sie streifte Rattles mit einem hässlichen Lachen. »Wie dumm von uns. Es wäre so viel praktischer!«

»Oh, übrigens: Rattles, ein Freund von Robert. Aus Oxford.«

Rattles ergriff die Hand der Hausherrin, die zwischen seinen Fingern verwelkte, und machte eine tiefe Verbeugung dabei. Angesichts seines wie ein Klappmesser nach vorne schnellenden Oberkörpers griff sich diese an die Brust, wobei ihr die Brille wieder von der Nase stürzte, rief: »Meine Güte, jetzt haben Sie mich aber erschreckt« und wich einen Schritt zurück in die Eingangshalle hinein.

Im Dämmerlicht nahmen die beiden Paschtunen Gestalt an und der libanesische Hänfling mit einem Aluminiumkoffer in der Hand. Letzterer sah nicht zur Türe hin, sondern die Freitreppe empor, die sich auf dem ersten Absatz gabelte. Aufwendig gerahmt, hing dort das lebensgroße Porträt eines Offiziers bei der Schlacht von Waterloo auf seinem Pferd, mit der Bärenfellmütze und der weißen Kokarde der Scots Greys. Angesichts der Flammen, die im Hintergrund aus dem Dachstuhl von Hougoumont und aus dem Hof von La Haye Sainte schlugen, nickte der Musiker und murmelte, in einem historischen Déjàvu, das ihn später selber verblüffen sollte: »Ich wollte, es wäre Nacht – oder die Preußen kämen.«

Auf der Balustrade, die das Treppenhaus im ersten Stock

umgab, waren Schritte zu hören, fest und leicht. Ein Paar Mokassins federte den blutroten Läufer herab, Stufe um Stufe, mit Münzen in den Laschen. Aus den Schuhen wuchsen Beine, mit jedem Schritt ein Stückchen mehr, in Angorastrumpfhose und einem Minirock, der den Po umspannte wie ein Gürtel aus Krepp. Ein Kamelhaarpullover zeigte sich, und dann schimmerte das von einem Samtband zurückgehaltene Haar von Apricot um ihr breites, brutales Gesicht mit den beiden vielleicht ein wenig zu weit auseinanderliegenden Augen.

»O. k.!«, rief sie und wedelte mit einem Zettel in der Luft, »Darf ich bitte kurz um eure Aufmerksamkeit bitten?«

Zu ihren Füßen füllte sich das Treppenhaus mit den Insassen der drei Autos und ihrem Gepäck sowie mit anderen Gesichtern, die Rattles nicht kannte.

»Also, erst einmal: Schön, dass ihr alle da seid. Ihr müsst *tot* sein. Die Arrangements sehen aus wie folgt: Also – Toby und James, ihr seid in einem Zimmer. Das Doppelbett hat schon bessere Tage gesehen, aber seit eurer Reise macht das Gerücht die Runde, dass ihr es vorzieht, auf dem Teppich zu schlafen – wenn ihr euch nicht woandershin verirrt. – Jemima – uuuh, wie aufregend!« Apricot wackelte mit den Fäusten vor ihrem Gesicht herum und trampelte auf der Stelle. »Du teilst deine Hütte mit *Hurenlucy*. Natürlich nicht nur, um sie zu zähmen!«

Die Namen neuer Gäste wurden ausgerufen, die entweder vor ihnen eingetroffen waren oder noch erwartet wurden. Rattles, der zunächst große Augen bekommen hatte, lächelte nun ungläubig, sah zu Boden und schüttelte den Kopf, beide Hände in die Hüften gestemmt. Während er noch ein Versprechen in den Augen dieser Hurenlucy suchte, wurde er von Apricot unterbrochen, die ihre Anweisungen mit den Worten schloss: »Und Rattles – du teilst ein Zimmer mit Cartouche.«

Bestürzt drehte Rattles sich zu Lady McMurray, die ja anscheinend in einem besonderen Verhältnis zu seiner Heimsuchung stand. Er sah, wie sie, in einem Winkel des Vestibüls, mit eigentümlichen Schritten ihre Beine über den Boden ziehend, rückwärts in einer Türe verschwand. Ihre Handfläche schimmerte bleich; er verstand diese Geste als Einladung zu einem Gespräch und folgte ihr flink.

Unter einer Stuckdecke mit Rosetten und Girlanden zogen sich Fenstertüren und Vorhänge die eine Seite des korallenroten *Drawing Rooms* entlang; an der Wand standen Hepplewhitestühle und Beistelltische mit Fotorahmen und Fayencen. Durch die Fenster strahlte das Sonnenlicht über eine Orgie von Büchern und Stoffen; es fiel auf die Vorhänge und den Chintz der Sofagruppen; es spiegelte sich auf poliertem Rosenholz, brach sich in kristallenen Dekantern und ließ die Bilder an der Wand aus ihren Rahmen treten, in Gehröcken, mit hohen Krägen und dünnen, zitternden Nüstern, ihre Gesichter vom Ausritt gerötet, Peitschen in der Hand.

Eine neue Wolke schob sich vor die Sonne; das Zimmer versank im Halbdunkel. Rattles trat einen weiteren Schritt nach vorne, als ihn ein schleifendes Geräusch erstarren ließ, gefolgt von einem Röcheln.

Er war in dem Zimmer nicht allein.

Zunächst sah er nur eine Gruppe kleiner Corgis, die ihm von einem Flokatiteppich entgegengeschwänzelt kamen; dann aber bemerkte er in einem Ohrensessel vor dem Kamin die gekrümmte Gestalt eines Greises, der ihn wie eine Eule durch seine riesige Brille musterte.

Der Wind rüttelte an den Fenstern; die Wolken zogen weiter. Lichtstrahlen stürzten wieder in den Raum und nun auch auf Rattles, dem in diesem Moment der Mantel von den Schultern glitt. So stand er nun da, im großen Wohnzimmer von Claire Castle, in seinem frischgereinigten Blazer, mit Trinitys Greifen auf dem Windsorknoten der Krawatte, und seine goldenen Knöpfe funkelten auf der Brust in der Sonne.

»Mein Gott!«, posaunte der gekrümmte Greis, »haben Sie mich aber erschreckt! Sind Sie der Catering-Service?«

»Ich bin Rattles, ein Freund von Robert. Vom College!«

»Ah, der junge Mann aus Deutschland. Wir hatten sehr wenige von Ihrer Sorte hier, in den letzten fünfhundert Jahren.« Er überlegte; es sah aus, als ob er einschlief. »Woher kommen Sie?«

»Aus Frankfurt.«

»Frankfurt? Frankfurt, Frankfurt. Ja, Frankfurt! Ich erinnere mich. Ich habe Bomben darauf geworfen. Im Krieg.«

»Das tut mir leid.«

»Nein, das braucht Ihnen nicht leidtun. Mir sollte es leidtun. Ich schäme mich noch heute!« Der Greis funkelte Rattles vergnügt an. »Sind Sie wenigstens gut untergebracht?«

»Ja, sehr gut.«

»Ich glaube, Sie lügen.«

»Nein, ich bin sehr gut untergebracht.«

»Ich wiederhole mich zwar, aber ich glaube, Sie lügen.«

»Ich habe diesen Zimmerkameraden zugewiesen bekommen, mit dem ich mich nicht vertrage.«

»Wie heißt er?«

»Cartouche.«

»Cartouche!« Das Gesicht des Greises leuchtete auf. »Eine Frau?«

»Nein, ein Mann.«

»Verdammt.«

»Es ist nicht nur das.«

»Nicht nur das? Oh, nun haben Sie mich aber neugierig gemacht. Erzählen Sie!«

»Wir vertragen uns nicht. Ich bin ihm nicht – cool genug.«

»Donnerwetter! Das ist Apricot. Wie typisch von ihr.«

»Warum?«

»Sie hat so ihre Art.«

»Das verstehe ich nicht.«

»Niemand hier kann seinen Zimmerkameraden ausstehen.« Die Schultern des Greises hüpften vor Lachen. »Ich kann meine Zimmerkameradin seit einem Vierteljahrhundert nicht ausstehen. Seit unserer Hochzeit! Das hat auch Apricot damals arrangiert –«

»25 Jahre sind eine lange Zeit.«

»Ja, nicht wahr?«

»Ich glaube, ich geh dann mal.«

»Sie gehen schon! Warum?«

»Wir werden gleich auf unsere Zimmer gebracht.«

»Ich denke, Sie wollen da nicht hin? Entscheiden Sie sich endlich!«

»Nun, irgendwo muss ich ja schlafen.«

»Bleiben Sie, bleiben Sie«, rief der Greis und schlug mit der Hand auf das nächste Sofa. »Machen Sie es sich bequem. Und ziehen Sie diese lächerlichen Sachen aus, Sie sehen ja aus wie die preußische Garde. Streifen Sie die Schuhe ab, lösen Sie Ihr Haar, Sie wissen schon, was ich damit meine. Ziehen Sie sich alte Cordhosen an. Das wird Ihnen guttun, in Ihrem Zustand. Soll ich Ihnen welche leihen?«

Rattles hatte seine Schuhe bereits abgestreift, als in seinem Rücken die Stimme von Apricot erklang: »Rattles, bist du hier? Oh. Wie schön, dass ihr es euch gerade bequem macht.«

»Ich habe ihn für einen Vertreter gehalten. Hahaha!«

»Großartig! Aber nun, Dad, muss ich Rattles leider packen und ihn auf sein Zimmer bringen. Er muss *tot* sein. Und Cartouche!«

»Was ist das mit diesem Cartouche?«, hörten sie den Greis durch das Haus ihnen nachrufen. »Ich habe gehört, sie vertragen sich nicht –«

»Ich freue mich *so*, dass du mit Dad geplaudert hast. Alle *lieben* ihn.«

Rattles folgte Apricot zurück in die Eingangshalle und von dort in eine Türe rechter Hand der Freitreppe. Sie führte in ein zweites Treppenhaus, klein und eng, das sich in einem Auf und Ab über Fluchten und Korridore ins Innere des Hauses schraubte.

»Natürlich ist er vollkommen wahnsinnig«, tönte es stolz von vorne, während Apricots spindelige Beine die Treppe emporgaloppierten. »Alle Schotten sind vollkommen wahnsinnig.«

Schon nach der ersten Flucht wich der Läufer einem Untergrund aus Holz, der unter ihren Schuhen polterte; die Farben des Vestibüls hatten einer Tapete mit verblichenen Rosen Platz gemacht, deren Ecken sich vom Putz der Wände schälten.

»Ach ja, da ist noch diese Sache zwischen dir und Cartouche.« Halb vom Geländer der Stiege verdeckt, warf Apricot Rattles einen komplizenhaften Blick von oben zu. »Es ist nicht ganz unbeabsichtigt, dass wir euch zusammengelegt haben. Die schwierigsten Freundschaften halten am längsten. Ich bin sicher, ihr könnt das miteinander klären.«

»Wo ist er?«

»Schon auf dem Zimmer. Glaube ich.«

»Wo ist der Turm?«

»Dahinter!« Apricot schlug mit der Faust gegen die hohle

Wand. »Großvater hat ihn einmauern lassen; den benutzt sowieso keiner mehr.«

Wie soll ich bloß den Weg zurück finden?, griff sich Rattles in den Mund, während er Apricot über einen ausgetretenen Korridor folgte, und in der Nacht wieder von unten nach oben?

»Dahinter ist das Bad. Und hier«, stieß sie eine Türe auf, »ist dein Zimmer. Fühl dich wie zu Hause.«

Die Fenster waren hochgeschoben, und auf dem hinteren der beiden Eisenbetten räkelte sich mit hochgestellten Cowboystiefeln Cartouche. Auf dem Nachttisch, neben einem Briefständer voll Broschüren und Postkarten mit einer aquarellierten Ansicht des Hauses, standen zwei frische Gin Tonics, mit Eiswürfeln und je einer Scheibe Zitrone. Tröpfchen von Kondenswasser hatten sich an der Außenseite der Gläser gebildet; Cartouches Drink war bereits zu zwei Dritteln geleert.

Rattles machte auf dem Absatz kehrt. »Was sind die Pläne?«

»Im Grunde genommen, kannst du jetzt tun und lassen, was du willst. Angeblich macht sich gerade eine Gruppe auf zu einem Spaziergang, du bist natürlich herzlich eingeladen, daran teilzunehmen. Am Nachmittag gibt es Gesellschaftsspiele im Garten. Um sieben treffen wir uns alle auf einen Drink. Abendessen gibt es dann ungefähr um acht. Wenn die Küche bis dahin nicht zusammengebrochen ist.«

Apricot verschwand; Cartouche sah nicht von seinem Lager auf. »Wo sind deine Schuhe, Rattles?«

Rattles durchfuhr es heiß und kalt, als er an seinen Khakihosen hinunterblickte auf die Kniestrümpfe von Marks & Spencer; seine Schuhe standen tatsächlich noch unten, im *Drawing Room* von Claire Castle! Beinahe schon wäre er zurückgeeilt, um nach einer Irrfahrt über Treppenstufen und Korridore die Lederware aus der Turl Street wieder einzufordern, doch dann schleuderte er nur seinen Blazer wie einen Feuerbrand von sich aufs Bett und hievte seinen Koffer daneben, wo er mit einem Zittern landete. Die Verschlüsse schnappten zurück; mehrere Lagen gefalteter Kleidungsstücke kamen zum Vorschein, von kreuzweise gespannten Riemen gebündelt.

Cartouches Blick widmete sich wieder seinem Drink. »Weißt du eigentlich, wie es mit dem Trinkgeld für die Angestellten aussieht?«

»Was für ein Trinkgeld?«

»Angeblich müssen wir dem Personal Trinkgeld geben.«

»Und wie viel?«

»Zehn, vielleicht zwanzig Pfund. Zusätzlich zum Zugticket und Gastgeschenk also jetzt auch noch Trinkgeld.«

»Und wie das?«

»Auf dem Nachttisch hinterlassen. Bei der Abfahrt.« Er ächzte. »Ich dachte, jemand wie du würde das wissen.«

»Ich war noch nie in Schottland.«

»Join the club.«

Rattles gewann sogleich an Statur.

»O. k., Rattlepoops«, knarzte Cartouche, »um eines von Anfang an klarzustellen: keine Schwulitäten.«

»Von mir hast du nichts zu befürchten«, erwiderte dieser hohl.

»Nein?« Cartouches braune Augen ruhten auf Rattles; sie wurden groß und kalt. Dann erhob er sich, schlurfte mit gegeneinandergedrehten Knien über den Teppichboden, der sich dünn und trocken wie Papier über dem Estrich wellte, und kippte den Inhalt seines Seesacks in den Schrank. Ohne dessen Türe zu schließen, warf er sich in Cowboystiefeln wieder aufs Bett, steckte sich den Bleistift in den Mund und verschränkte seine Arme hinter dem Kopf. »Was starrst du mich so an?«

»Ich starre nicht dich an, ich starre auf dein Gepäck.«

»Keine Zeit zu packen.«

Rattles löste die Spannriemen und hob mit spitzen Fingern ein Hemd nach dem anderen aus dem Koffer. »Wer ist eigentlich die junge Frau, die mit Jemima das Zimmer teilt?«

»Wer?«

»Lucy.«

»Ach so, du meinst Hurenlucy.«

»Lucy!«

»Hurenlucy.«

»–«

»Sag mal ›Hurenlucy‹, Rattles.«

»Sag ich nicht.«

»Warum nicht?«

»Ich finde das respektlos.«

»Respektlos!« Cartouche lachte trocken. »Für sie ist das ein Kompliment. Für mich übrigens auch. Wie schaut's mit dir aus, Rattles?«

»Eure Probleme möchte ich haben!«

»Mal was anderes: Hast du mit dem Libanesen gesprochen?«

»Der auf dem Vordersitz? Er hat die ganze Zeitlang geschlafen.«

»Sieht für mich aus wie ein Dealer.«

»Ja!«, schrie Rattles entsetzt. »Das ist mir auch aufgefallen!«

»Dann ist das jetzt ja geregelt. Ich geh mal Emma suchen.«

»Oh, Emma. Ist Emma auch hier?«

»Vielleicht. Vielleicht auch nicht«, antwortete Cartouche, weiterhin mit dem Bleistift im Mund und seinen Händen hinter dem Kopf verschränkt. »Ein paar Nasen sind zwei Dörfer weiter untergebracht, bei Apricots Tante, mit Butler, in noch so einem historischen Ding.«

»Ach nein. Warum das denn?«, grinste Rattles von einem Ohr zum anderen.

»Glaubst du etwa, wir wollen auch noch ein Hotel bezahlen?«, fuhr Cartouche empor. »Das Geld, das Emma überhat, gibt sie Greenpeace. Und dem Kampf gegen die Apartheid!«

»Ich mag Emma. Wir hatten immer eine besondere Beziehung.«

»Ach ja? Dann wirst du heute aber kein großes Glück haben, Rattlepoops.«

»Warum?«

»Emma ist krank. Sie möchte niemanden sehen.«

Noch in ihrer Reisekleidung, verbrachten sie den Nachmittag beim Volleyballspiel vor dem Haus. Durch die geöffneten Fenstertüren huschten die Corgis einen Abhang hinunter über die vor dem *Drawing Room* begradigte Fläche; Bäume, Sträucher und Hecken waren an dieser Stelle nicht gepflanzt worden, da vor ihnen das Land bis zum Horizont sanft abfiel und man so einen unverstellten Blick über die sich in verschiedenen Farben vor ihnen ausbreitenden Felder hatte.

Rattles, der an der Schule ein passabler Tennisspieler gewesen war, servierte seine Bälle, indem er sie hoch in die Luft warf, ihre Fluglinie mit dem ausgesteckten Arm im Hohlkreuz begleitete und sie dann, auf dem Scheitelpunkt der Parabel, für die andere Seite oft unerreichbar mit der Hand über das Netz drosch; zwei Punkte später initiierte er selber einen Angriff, indem er einen gegnerischen Ball annahm, um ihn sich von der eigenen Mannschaft auflegen zu lassen und ihn dann, mit Anlauf hoch vor den durcheinanderpurzelnden Paschtunen aufsteigend, zwischen diesen hindurch auf den Rasen zu schmettern. In den Blicken der Zuschauer las er Bewunderung und wandte sich ab, um mit durchgedrückten Schultern zurück an seinen Platz zu schwanken; dabei wischte er sich mit dem Handrücken den Schweiß von der Stirn und schob seine Zunge zunächst in die eine, dann in die andere Backe.

Cartouche war verschwunden, und er blieb auch verschwunden, als Rattles in sein Zimmer zurückkehrte, um sich frisch zu machen und für den Abend umzukleiden. Er streifte seine durchgeschwitzten Kleidungsstücke ab, breitete sie auf dem Bett zum Trocknen aus und begann mit anschwellender Stimme das Triothema des ersten Marsches aus »Pomp and Circumstance« von Edward Elgar zu singen: »*Land of hope and glory, mother of the free; how shall we extol thee, who are born of thee* –« Dann schlang er sich das größere der beiden für ihn bestimmten Handtücher um die Lenden, das an der Leine und nicht maschinell getrocknet worden war und deswegen wie Schmirgelpapier an seinen Hüften schabte, und tappte in Lederpantoffeln mit Goldkrone über den Korridor zum Bad.

Er zog an einer Schnur hinter der Tür und schaltete das Licht ein, auch wenn er zu dieser Tageszeit noch ohne Beleuchtung ausgekommen wäre. Denn der große, spartanisch eingerichtete Raum war freundlich und hell, und durch die hochgeschobenen Fenster strich klare schottische Landluft um seine Knöchel. Der Boden war mit demselben Teppich beklebt wie sein Gästezimmer auch, obgleich er rund ums Klo und um die auf vier Füßen freistehende Wanne den letzten Rest Farbe verloren hatte. Dazwischen wuchs das Waschbecken aus einer achteckigen Säule, die, wie alle andere Sanitärkeramik auch, die Aufschrift »Armitage Shanks« trug. Darunter stand ein Magazinständer mit zerlesenen Ausgaben von *Horse and Hound*.

Rattles faltete sein Handtuch in der Mitte und legte es, mangels Alternativen, über den Rand der Badewanne, an dessen Innenseite sich ein Ring nicht mehr entfernbarer Sedimente entlangzog; dann drehte er an den Armaturen, und sogleich trommelte ein weicher Strahl klaren schottischen Bergwassers in das emaillierte Becken – zunächst eiskalt, dann kochend heiß, schließlich in einer angenehm dampfenden Temperatur.

Für einen Augenblick ließ er sich von dem rauschenden Wasser hypnotisieren, und als sein Kopf das Denken einstellte, breitete sich ein sonniges Wohlgefühl in seinem Herzen aus – doch just als er nach vorne überzukippen drohte, nieste er zweimal heftig, kniff die Augen zusammen und hielt seine Hand wieder unter den Strahl: Dieser war auf einmal eiskalt.

Es war schon viertel vor sieben, als Rattles die Hähne zudrehte, seine Zähne zusammenbiss und in das klamme Badewasser stieg, das die Wanne nicht einmal bis zum unteren Rand der Sedimentablagerung füllte. Bald hatte er sich eingeseift, jedenfalls so gut es ging, und alle Körperhaare standen ihm unter der Schaumkrone zu Berge; als seine Lippen blau angelaufen waren, fiel sein Blick auf den Waschtisch und eine tonnenähnliche Konstruktion darüber, die mit den Armaturen durch ein System verkalkter Rohrleitungen verbunden war.

Konnte es sein, fuhr es ihm in der Wanne durch den Kopf, dass der Waschtisch an einen Boiler angeschlossen worden war, um, in einem Beispiel von typisch schottischem Pragmatismus, einen zweiten Wasserkreislauf zu schaffen, der den Badenden – wenigstens für eine Katzenwäsche – unabhängig vom Warmwasserhaushalt des Anwesens machte? Schnell wischte er sich den Schaum vom Leib, erhob sich und trat nackt vor die Gerätschaften und den Spiegel.

Die beiden Hähne, der eine für heißes Wasser und der andere für kaltes, waren so eng am Becken angebracht, dass sie keinen

Platz mehr für die Hände ließen; darunter vereinigten sich zwei Kalkstreifen im Abfluss. Der Pfropfen fehlte. Auf der Ablage stand ein Glas mit brüchigem Goldrand, einer um einen heringsdosenähnlichen Silberschlüssel eingerollten Tube Zahnpasta und einer Bürste, deren Borsten bis auf die Länge von einem Millimeter abgearbeitet worden waren.

Rattles drehte an den Verschlüssen. Mit einer dumpfen Detonation sprang direkt vor seinem Gesicht die Gasflamme im Boiler an. Wasser schoss kochend aus der Leitung, Dampf nahm ihm die Sicht, das ganze Badezimmer begann unter seinen Füßen zu beben.

Während sich das Glas mit dem Goldrand, bedrohlich klappernd, wie ein Lemming auf seine selbstmörderische Wanderschaft an den Abgrund machte, versuchte Rattles, seine Hände zu säubern, indem er sie zwischen den Wasserhähnen am Porzellan hin- und herwetzte – doch mitten in der Bewegung zog er mit einem zischenden Geräusch die Luft ein und führte seine Finger an die Lippen. Fluchend schloss er die Wasserhähne, da er fürchtete, der Boiler könnte explodieren, doch als der Gasbrenner nicht aufhörte zu arbeiten, ergriff er das Glas und stellte es mit seiner verbrühten Hand auf den Boden.

Die andere Hand war unversehrt, aber noch immer mit Seifenschaum bedeckt. Einer spontanen Eingebung folgend, wischte er sie zwischen seinen Beinen ab; nun bedeckte eine weiße Kruste seinen Schritt. Er riss eines der Handtücher von seiner Halterung, die dem Textil mit einem Schauer kleiner Mörtelstückchen folgte, und begann hektisch, sich das Geschlecht zu frottieren, als plötzlich die Türe aufflog, Hurenlucy in das Zimmer schoss und, in ihrem kleinen Schwarzen, nach zwei Schritten wie angewurzelt stehen blieb.

»Uups – es tut mir ja so leid.« Sie schlug sich die Hand vor den Mund, eine Erschütterung durchfuhr ihren Körper, die Stupsnase wurde aschfahl, und dann quoll ein Schwarm schillernder Seifenblasen zwischen ihren Fingern hervor und stieg an die Decke. »Uups.«

Rattles sah sie drohend an. »Ich bin beschäftigt.«

»Das sehe ich. Macht es dir etwas aus?« Mit einer einzigen Bewegung hatte sie den Klodeckel hochgeklappt, sich auf die Holzbrille gesetzt und ihre Strumpfhosen bis in die Kniekehlen geschoben. Unter ihr, im Wasserbad der Schüssel, erklang ein Plätschern, das zunächst lauter wurde und sich dann, auf dem Druckniveau des Mittelstrahls, für eine scheinbare Ewigkeit konstant hielt; dabei gewann ihr Gesicht immer weiter an Farbe. »Was machst du da?«, fragte sie, den Blick stur auf die Türe geheftet. »Du wäschst dich doch nicht etwa, oder?«

»Nein, nein, nein!«, schüttelte Rattles den Kopf, während er sich das Handtuch mit den verbrannten Fingern vor den Schritt hielt. »Ach wo!«

»Ich glaube, du schwindelst. Du wäschst dich sehr wohl.«

»Nein, bestimmt nicht!«

Sie streckte ihm die freie Hand entgegen. »Lucy.«

»Rattles.«

»Apricot sagt, dass du aus Deutschland kommst.«

»Ja«, erwiderte Rattles mit erstickter Stimme.

»Zeig mir mal deine Finger, bitte. Ihr Deutschen steht wirklich auf Hygiene, nicht wahr?« Sie zog Rattles' Hand zu sich heran. »Oh, sind diese kleinen Fingerchen aber sauber. Ich könnte sie abknutschen, jedes einzelne von ihnen.« Sie wirkte für einen Augenblick unschlüssig, während Rattles unter seinem Handtuch mächtig anschwoll – doch dann gab sie ihm einen Klaps, flüsterte »genug davon«, ließ seine Hand los, zog die Strumpfhose hoch und schritt erhobenen Hauptes zur Tür.

Im Rahmen drehte sie sich ein letztes Mal um. »Wirst du heute Abend deine Peitsche und deinen schwarzen Ledermantel tragen?«

»Ich trage keine Ledermäntel und Peitschen!«, keuchte Rattles mit feuerrotem Kopf.

»Oh!« Hurenlucy riss die Augenbrauen nach oben und verschwand beleidigt um die Ecke.

Die Einladung, die er, vor einer scheinbaren Ewigkeit, in seinem Postfach in Trinity College gefunden hatte, empfahl *Black Tie* als die dem Anlass entsprechende Kleidung zum Essen. Nach einem Fauxpas bei einem Ball am Ende von Michaelmas wusste Rattles, dass damit nicht das Tragen einer schwarzen Krawatte, sondern eines Smokings gemeint war. Hurenlucys offensichtlich ernstgemeinter Vorschlag aber, in einer Art Kostüm für eine Fetischparty zu erscheinen, stürzte ihn nun in die größten seelischen Qualen. Freilich, seine Garderobe saß perfekt, in der Brusttasche zeigte ein Einstecktuch seine akkurat gefalteten Ecken, und die Fliege hatte er sogar selbst gebunden; doch all das, stellte Rattles missmutig fest, als er sein Konterfei im Spiegel betrachtete, war offenbar nur auf die richtige Weise falsch. Was gab's zu tun? Wenigstens das Haupthaar, das er sich nach dem Bad mit großer Anstrengung wieder verwüstet hatte, sollte an diesem Abend seine Sorge nicht sein – und als sein Blick auf den unbenutzten Topf Pomade in seinem Kulturbeutel fiel, hatte er plötzlich eine Idee.

Verstohlen blickte er über die Schulter, und als er sich vergewissert hatte, dass ihn niemand beobachtete, behalf er sich mit einer großzügigen Portion, verrieb sie zwischen den Handflächen und schmierte sie sich in einer wilden Bewegung über Schultern und Revers. Der Stoff, der eben noch fabrikneu geschimmert hatte, wurde dumpf wie die Unterwäsche der Herzogin von Alba, matt wie der Samtrock von Robert McMurray und weich wie der Talar von Professor Adrian Shamrack – er sah aus, als wäre er seinem Besitzer über den Chaiber-Pass gefolgt, auf der Ladefläche eines Lastwagens der Mudschaheddin, als hätte er den Karakorum überquert, Machu Picchu gesehen und wäre, an der Seite von General Gordon, auf die Treppenstufen des Gouverneurspalastes von Khartum getreten, den Pfeilspitzen und Musketen des Mahdi entgegen. Und in diesem Moment, als Rattles die Geschichte des gesamten englischen Empire für sich einforderte, erschienen deutlicher als jemals zuvor die Bilder von Emma, Jemima, Hurenlucy und Apricot vor seinem inneren Auge, und aus lauter Vorfreude schwoll auch wieder sein Glied, durch den knopflosen Hosenstall seiner Boxershorts mehr ermutigt als gezähmt.

In seinen Wollsocken war Rattles schon zur Tür getapst, als er sich umwandte und noch einmal einen letzten Blick auf das Zimmer warf. Die Kleidungsstücke vom Nachmittag waren im Schrank aufgehängt, die Pantoffeln mit der Goldkrone standen ordentlich neben dem Bett. Er hatte seinen Koffer geschlossen und den Deckel in eine Art Anrichte umgewandelt, auf der frische Hemden, Bauernpulli und die Wäsche für die kommenden Tage in drei Stapeln aufgeschichtet lagen. Bei dem Anblick wurde er kreidebleich.

»Falsch!«, rief er und griff sich an den Kopf. »Ich muss mein Zimmer unordentlicher machen, sonst werde ich nachher noch geschimpft! Ach, das ist ja noch schlimmer als beim Bund –«

Wieder den Marsch von Edward Elgar pfeifend, schoss er seine Pantoffeln mit einem Tritt durch den Raum; dann fegte er mit der Hand die Kleidungsstücke vom Koffer und prügelte mit den Fäusten auf dem Bett herum, bis es so aussah, als wäre er es, der hier die Cowboystiefel trug. Nach vollbrachtem Werk nestelte er zufrieden an seiner Fliege: Es war nun kein Unterschied mehr auszumachen zwischen seiner Zimmerhälfte und der von Cartouche.

Das Licht der blauen Stunde war aus dem Himmel verschwunden, und ein erster Stern hatte einsam zu leuchten begonnen, als Rattles, zwar im Smoking, doch immer noch ohne Schuhe, die Stufen und Korridore des Treppenhauses hinunterstieg, um zu der Abendgesellschaft zu stoßen. Lachen und Gläserklirren wiesen ihm den Weg, und von der Auffahrt hörte er das Röhren ankommender und parkender Aston Martins.

»Apricot!«, bellte der Greis aus dem Wohnzimmer durch das Haus, als Rattles unter der Treppe auftauchte. »Wo bist du? *Are you ›at it‹ again?* Ich möchte mit deinem deutschen Freund reden. Wie heißt er noch mal? Joseph?«

Rattles fand seinen Weg ins Wohnzimmer versperrt von einem apfelwangigen Paar, ihrem Alter nach Freunde von Apricots und Roberts Eltern. Die männliche Hälfte, aus dessen Gesicht die animalische Zufriedenheit des Landwirts sprach, hatte Locken, die es fertigbrachten, gleichzeitig grau und gelb zu sein; zu seinem Smoking trug er grobe Wollhosen, kariert in dem Muster und den Farben seines Clans. Die beiden vermieden es tunlichst, auf Rattles' Strümpfe zu blicken, um nicht als unhöflich zu gelten, und Rattles vermied es diesmal, sich zu verbeugen, so dass allen nichts anderes übrig blieb, als sich gegenseitig in die Augen zu sehen und Grußworte zu stottern; als sie wieder verlegen voreinander standen, war es Rattles, der das Schweigen brach und verkündete: »Ich muss jetzt meine Schuhe suchen.« Das apfelwangige Paar lachte, wobei es noch apfelwangiger wurde, und so stürzten alle gleichzeitig auf die Wohnzimmertüre zu, in deren Rahmen sie sich ineinander verkeilten. Der Raum dahinter hatte sein Erscheinungsbild seit der Mittagszeit erheblich verändert.

Ein Teil der Möbel war beiseitegeschafft und durch einen Serviertisch ersetzt worden, auf dem sich Flaschen eiskalter Dom Pérignon und Berge von Plastiktüten mit Salt & Vinegar Chips stapelten. Aufgereiht wie Orgelpfeifen, standen davor Jemima, Hurenlucy und Apricot. Sie trugen Schwarz, hatten die Haare geföhnt, Lippen geschminkt, drehten je ein Glas zwischen den Fingern, und ihre Dekolletees leuchteten durch Brüsseler Spitze. Sie unterhielten sich mit einem aufgetakelten Weibsbild, das den Kopf wiehernd in den Nacken warf und eine Mähne prachtvoller Locken schüttelte; erst beim zweiten Hinsehen erkannte Rattles in ihr die hohlwangige Magd von der Tür.

»Ah, Rattles!«, rief die Hausherrin und wrang dabei ihre Hände ineinander. »Nun weiß ich endlich, wie Sie heißen. Lucy hat uns gerade von Ihrem Treffen im Badezimmer erzählt.« Sie wackelte mit dem Zeigefinger. »Das war sehr, sehr ungezogen von Ihnen. Aber ich sehe«, lächelte sie hässlich, »dass Sie anfangen, sich zu entspannen.«

Rattles war, als würde ein Ruck durch diese Mädchen gehen; als würden sie zu dritt in seine Richtung treten.

»Sie waren furchtbar heute Morgen. So streng!« Ein Schauer durchwanderte Lady McMurrays Körper; dann riss sie ihre wässerigen Augen auf und wies mit zitterndem Finger auf Rattles. »Sie haben mir Angst gemacht! Ich wusste überhaupt nicht, wohin ich gucken durfte –«

»Es ist schon gut, Mom.« Wieder warf Apricot Rattles ihren komplizenhaften Blick zu; diesem schlug das Herz bis in den Hals.

»Es ist schon gut, Lady McMurray!«, rief Rattles feurig und trat einen Schritt auf sie zu. »Sorgen Sie sich nicht! Denn ich bin nicht so furchtbar, wie ich aussehe«, raunte er und beugte sich verschwörerisch nach vorne, wobei es ihm wieder gelang, die Brauen in die Stirn zu ziehen und eine tiefe Falte zwischen seinen Augen entstehen zu lassen; dabei arbeitete sein Kopf fieberhaft auf der Suche nach einem humoristischen Ausweg aus der Situation. »Denn in Wahrheit«, schloss er schließlich matt, »bin ich nur auf der Suche nach meinen Schuhen.«

Vom Kichern der Mädchen getragen, wandte Rattles sich ab und tapste tiefer in den Raum hinein, mit seinen Porträts im Stil von Winterhalter und Gainsborough, ihren Reitpeitschen, den Krägen und zitternden Nüstern.

»Hallo Rattles – großartig, dich zu sehen!« Robert McMurray materialisierte sich vor Rattles, in seinem Samtrock, eine Champagnerflasche in der Hand, alle anderen Gläser im Auge. »Ich höre, du hast es dir schon in unserer Hütte bequem gemacht. Dad *liebt* dich, er möchte immerzu mit dir sprechen. Aber wenn du mich nun entschuldigst –«

Fieberhaft jagten Rattles' Augen über den Teppich, auf der Suche nach seinen Schuhen. Der Greis saß immer noch in seinem Ohrensessel neben dem Kamin, trug immer noch seine Brille, doch nun auch altmodisch geschnittene Abendgarderobe; dahinter rochierten die Paschtunen, bei denen nur noch Bärte und Chitralis an ihre Reise erinnerten. Vor ihm saß ein Mensch im Schneidersitz auf dem Boden; es war unklar, ob es sich um einen Mann handelte oder um eine Frau. Die Aufmachung dieses Hermaphroditen ließ Rattles für einen Moment das Fehlen seines Schuhwerks vergessen, ja, es trieb ihm sogar die Zornesröte ins Gesicht. Trug dieser nicht, in offensichtlicher Respektlosigkeit gegenüber ihrer aller und damit auch Rattles' Anstrengungen, Birkenstocksandalen mit Wollsocken und eine bestickte Weste über dem Leibchen auf der Hühnerbrust? Und, vor allem: Was lümmelte sich der Kerl auf dem Boden herum? Auf die falsche Weise richtig oder die richtige Weise falsch; das ging doch entschieden zu weit!

»Eines Tages wird er einer der reichsten Männer Europas sein«, flüsterte der Libanese in Rattles' Ohr. »Auf jeden Fall ist er jetzt schon der reichste Mann in diesem Raum. Er hat gerade Kensington geerbt. Sein Vater ist der Herzog von –«

»Woher hat er diese Verkleidung? Ist er etwa auch nach Paschtunistan gereist?

»Nein, er ist Töpfer.«

»Ach ja?«, Rattles sah den Libanesen verächtlich an; eigentlich wollte er nicht mit Drogenhändlern assoziiert werden. »Sehr interessant!«

Nun war es der Libanese, der Rattles vom Scheitel bis zur Sohle musterte. »Ach, und du bist also den Engländern nach Strich und Faden auf den Leim gegangen.«

»Was soll denn das heißen?«

»Mir ist aufgefallen, dass du immerzu auf Apricot starrst.«

»Sie ist unsere Gastgeberin!«

»Ist dir aufgefallen, dass zwischen ihr und Robert gar keine genetische Ähnlichkeit besteht?«

»Was willst du damit sagen?«

»Das ist der Grund, warum sie sich hier an nichts halten müssen.«

»Krass!«

»Weißt du, dass sie untenrum rasiert ist?« Der Libanese war nun so nah, dass Rattles seinen Atem roch. »Sie hat's mir vor einer Viertelstunde gegeben und gezeigt, auf dem Klo.«

Rattles stieg das Blut zu Kopf, es rauschte in seinen Ohren, und für einen Augenblick war ihm, als wäre er taub. Er ließ den Discjockey und möglichen Dealer einfach stehen und trat wie im Traum nach vorne, in den Gesprächskreis des Greises und des vor ihm sitzenden Hermaphroditen.

»Anständigkeit ist offenbar viel ermüdender als ihr Gegenteil«, ließ dieser gerade seine Finger kreisen. »Denn diejenigen, die sie aufrechterhalten, scheinen eine verblüffende Menge an Schlaf zu brauchen.«

»Entschuldigung«, sagte Rattles, »haben Sie meine Schuhe gesehen?«

»Ah, Joseph!« Der Greis hob eine Hand zum Gruß. »Kommen Sie, setzen Sie sich zu uns. Leisten Sie einem alten Mann Gesellschaft.«

»Oh, dich habe ich hier noch überhaupt nicht gesehen«, sah der Hermaphrodit zu Rattles auf. »Du siehst ganz ausgezeichnet aus, so rosig und gesund.«

»Ich suche meine Schuhe. Ich habe sie heute Mittag hier vergessen.«

Die Augen des Greises funkelten bösartig. »Waren das die schwarzen, über die vorhin alle gestolpert sind? Ich hätte mir beinahe das Genick gebrochen!«

»Haben Sie sie gesehen?«

»Ich habe sie dem Feuerwerker gegeben.«

Der Hermaphrodit wackelte mit dem Zeigefinger. »Das war sehr, sehr ungezogen von Ihnen.«

»Dem Feuerwerker!«, griff sich Rattles an den Kopf.

»Er schien sie nötiger zu haben als sie.«

»Jesus, jetzt zieh doch nicht ein solches Schnütchen, du brichst einem ja das Herz.« Der Hermaphrodit schlüpfte aus seinen Sandalen und schob sie großmütig in Rattles' Richtung. »Bitte, nimm meine.«

Rattles fuchtelte mit den Händen in der Luft herum. »Nein, nein, nein, vielen Dank, das ist absolut nicht nötig!«

»Ich wiederhole mich zwar«, röhrte der Greis, »aber Sie müssen sich entscheiden. Schon wieder! Ich erinnere mich noch sehr gut daran, dass Sie sich damit schwertun. Brauchen Sie nun Schuhe oder brauchen Sie keine?«

Mit hochrotem Kopf schlüpfte Rattles in das vorgewärmte Fußbett, als Apricot an sie herantrat. »Essen ist fertig. Dad, Henry – ihr seid im großen Zimmer. Rattles –«

»Wir statten deinen Freund gerade aus, da ich ihm die Schuhe weggenommen habe. Ich habe sie dem Feuerwerker gegeben, der vorhin wie ein aufgescheuchtes Huhn herumgelaufen und allen auf die Nerven gegangen ist. Wie heißt er noch mal?«

»Cartouche?«

»Ja, genau: Cartouche! Die Schuhe sind jetzt sicher auf Nimmerwiedersehen verschwunden. Ich sollte mich schämen, hahaha!«

»Großartig! Aber nun, Dad, muss ich dir Rattles leider entführen. Rattles: Lucy und Jemima warten auf dich.«

»Was geschieht gerade in Deutschland? Ist es gut oder schlecht?«

»Was immer es ist«, sah sich Rattles im Kreis um und lachte laut über die eigene Antwort, »es könnte viel besser sein!«

Die Abendgesellschaft war auf zwei Esstische in unterschiedlichen Zimmern verteilt worden. Im ersten Raum stand der größere Tisch, und es gab Gemälde von Vorfahren an der Wand; Rattles' Gruppe war dafür mit Apricot am Kopfende entschädigt worden, der Dunkelheit einer Holztäfelung, Kerzen und Perspektiven auf Kommoden, Zimmerfluchten und Fenster mit dem nächtlichen Schottland dahinter.

»Man spricht in Regierungskreisen«, raunte der apfelwangige Landwirt mit einem Blick auf das Tischkärtchen vor Rattles' Gedeck, »von Zeichen für ein allmählich zunehmendes deutsches Selbstvertrauen. Es heißt, Deutschland äußere immer offener den Wunsch, sein politisches Gewicht der ökonomischen Macht anzugleichen –«

»Natürlich nur im Rahmen einer europäischen Lösung!«, rief Rattles. Seine Worte füllten den Raum, seine Stimme war die geräuschvollste am Tisch, und dabei war er überzeugt davon, dass sein Englisch niemals besser geklungen habe als in diesem Moment.

»Ich glaube, das ist nur fair: Sie sind der Zahlmeister Europas, und wer zahlt, will auch mehr bestimmen.«

»Die Zeit der Nationalstaaten ist vorbei!«

»Die meisten Leute würden dem wahrscheinlich zustimmen.« Der Landwirt in der karierten Wollhose lachte kämpferisch, verschränkte die Hände vor der Smokingbrust und rutschte tiefer in seinen Stuhl. Er war auf einmal sehr klein, es gab wenig, das ihn äußerlich auszeichnete, doch seine schwarzen Augen glänzten wie Knöpfe, und die Locken, mal gelb und mal grau, erinnerten Rattles an die winterliche Wolle eines Schafs.

»Für sie wäre ein schottischer Nationalstaat wahrscheinlich eine furchtbare Idee.«

»England hätte auf jeden Fall Schwierigkeiten, dafür zu zahlen –«, löste sich einer der beiden Paschtunen aus Apricots Umklammerung, die ihn mit Fragen über seine Reise bestürmt hatte, und sah dabei über ihre Köpfe hinweg auf die Wand.

»Oh, oh«, kam es leise, aber vernehmlich aus der anderen Richtung.

»Bist du schon mal in Schottland gewesen, Rattles?«, unterbrach Jemima, die links von Rattles saß, das Schweigen.

»Nein, um ehrlich zu sein«, prustete Rattles drauflos, der sich mit jedem Schluck Wein immer mehr entspannte, »ist das mein erstes Mal.«

»Ich finde es *so* tapfer von dir, dass du gekommen bist. Du kennst hier *niemanden.*«

»Ich fühle mich bereits wie in meinem eigenen Wohnzimmer.«

»Großartig!«, rief der Landwirt. »Erzählen Sie uns bitte alle schmutzigen Details.«

Stimmen aus dem anderen Zimmer füllten die Räume von Claire Castle wie Buschtrommelklänge; sie halfen Rattles aus der Patsche. Mit artiger Verzögerung folgte er Apricot im Minirock, die sich als Erste vom Tisch erhoben hatte und ihren Teller mit der leergelöffelten Avocadohälfte zum Büfett im Nachbarraum trug, einer Mischung aus Korridor und Salon.

Ob sie wirklich rasiert ist?, fragte sich Rattles, und er wurde rot vor Enttäuschung und Wut. Sicherlich hat er nur angegeben – Typen wie der Libanese bekommen niemals jemanden ab!

Die Schalen wurden in einem Kübel entsorgt, der unter der Anrichte stand; dann bedienten sich die Gäste mit rosaroten Scheiben einer Lammkeule – das Tranchiermesser lag daneben auf dem Holzbrett – sowie mit Bratensauce und Gratin.

Rattles, der erst beim Aufstehen bemerkt hatte, wie betrunken er war, schwankte an seinen Platz zurück. Dabei prallte er zunächst gegen Hurenlucy, die seit ihrer Begegnung im Badezimmer kein einziges Wort mehr mit ihm gewechselt hatte, und wäre dann beinahe über die Corgis gestolpert, die wie Ratten über den Boden huschten und dabei Avocadoreste schwanzwedelnd auf den Flokatiteppich transportierten, in den *Drawing Room* und vor den Kamin.

Zwei Plätze an ihrem Tisch waren nun frei, und irgendwo hatte man ein Fenster geöffnet, so dass ein Luftzug ächzend durch die Räume fuhr, Rußfäden über den Tisch wanderten und an den Kerzenflammen zogen, die sich kurz im Wind neigten, mit einem kaum wahrnehmbaren Prasseln – dann öffnete sich die hintere Tür, und Emma barst in den Raum, barfüßig und bleich wie der Tod, eine Wolldecke auf den Schultern, mit dem Schlamm des letztjährigen Glastonbury-Festivals noch in den Fasern, die ihr Haar über den Hinterkopf schob.

Alle schreckten von ihren Plätzen empor. Das Mädchen blieb im Zimmer stehen und ließ einen glasigen Blick über die Anwesenden streifen. »Entschuldigung, Apricot, es tut mir so leid, aber hast du zufälligerweise Paracetamol? Oder Lemsip?«

»Aber, Liebling, wie *dumm* von mir, ich hab die Medizin doch draußen in die Halle gelegt. Bist du o. k.?«

»Danke«, piepste Emma und tappte kleinlaut durch die Vordertür, die sich hell auftat und wieder schloss, mit ihr verschwand das elektrische Licht; die Kerzenflammen richteten sich auf, und der Spuk war vorbei.

»Was geschieht nun?«, fragte Jemima mit geschürzten Lippen, das Gesicht wächsern vor der Holztäfelung, ihren Blick auf das blutig dampfende Fleisch geheftet.

»Apricot, euer Haus mag voller Schätze sein, doch am besten gefällt mir dieser«, sagte der Landwirt und wies auf einen silbernen Igel, schimmernd zwischen den Fässern für Pfeffer und Salz; sein Stachelkleid bildeten Zahnstocher aus Holz.

»Ein Riesenspaß, nicht wahr? Mom *liebt* es zuzusehen, wie sich alle *gemütlich* im Mund herumpulen.«

»Ja, eine Tischdekoration mit aufklärerischer Wirkung, so unschuldig und dennoch so teuflisch, ich verstehe! Sein Gebrauch entlarvt den Ehemann, den man sich gewünscht hat, als den Ehemann, der er leider ist. Kann man sich ein vergifteteres Hochzeitsgeschenk vorstellen? Und überhaupt: Es trennt den Gentleman vom Grobian, den unbekümmerten Gast vom befangenen, den Vielfraß vom Körnerpicker, alte Zähne von jungen und den tumben Garer faserigen Fleischs vom Sternekoch des zarten Bratens! Am besten, ich probier das gleich mal aus«, schloss er fröhlich und griff zu. »Mal sehen, wo ich lande.«

»Wirst du nachher eine Rede halten, Jock?«, hob Jemima ihren lockigen Kopf. »Er gilt nämlich als einer der besten After-Dinner-Redner des Landes«, flüsterte sie in Rattles' Ohr.

Wie im Traum glitt dessen Blick von Gesicht zu Gesicht. Die vielen Menschen in den letzten zwölf Stunden hatten ihn ganz durcheinandergebracht, alles in ihm spielte verrückt, und er war zu diesem Zeitpunkt bereits felsenfest davon überzeugt, noch nie in seinem Leben mit so vielen interessanten Leuten an einem Tisch gesessen zu haben wie jetzt. Ich aber trage noch immer Birkenstocksandalen, dachte er bei sich, und ein Schatten legte sich für einen Augenblick über ihn. Ist das nicht wie ein Fluch? Er wünschte, er wäre in England zur Welt gekommen, oder in Schottland, am besten gleich in Claire Castle. Aber halt!, durchfuhr es ihn. Obwohl ich meine Birkenstocksandalen wahrscheinlich niemals ganz ablegen kann, bin ich trotzdem hier zu Gast! All das spielt also keine Rolle mehr, wenn man einmal aufgenommen wurde. Man mag mich, und der Abend ist noch jung – ist das nicht großartig?

Jock brachte es fertig, gleichzeitig den Gebrauch des Zahnstochers zu inszenieren, sich eine Hand vor den Mund zu halten und dabei mit so viel Volumen in der Brust zu sprechen, dass man ihn bei geöffnetem Fenster noch in Perth hätte hören können. »Ich fühle, das Lamm hatte eine sorgenfreie Kindheit, mit heiterem Bocksprung über die Hügel der Hebriden, nicht weit von Fingals Höhle, obwohl der Vater ein Trinker gewesen sein muss, von Druiden genährt – und die Mutter erratisch. Aber halt!«, rief er in das allgemeine Gelächter, »auf meiner Zunge liegt der Geschmack einer Romanze, die sich in der Küche entfaltet, hier, unter diesem Dach! Na, wer kommt da des Nachts über die Flure geschlichen, unter der Ahnengalerie, gnädig übersehen von dem nicht nur aus Zufall schläfrigen Blick der Herren von Claire Castle? Wessen Hand tastet nicht nach tierischem, sondern nach allzu menschlichem Fleisch und bringt dabei den Salzstreuer zum Umsturz, zum kataklystischen Fall in den brodelnden Napf?«

»Ich kann diesen Kerl nicht ausstehen«, flüsterte Hurenlucy in Rattles' Ohr und tastete nach seiner Hand. »Und die Luft hier ist so drückend.«

»Schmückt sein Haupt«, fuhr Jock fort und warf einen funkelnden Blick in die Richtung des an ihrem Tisch sitzenden Paschtunen, »nicht die schlaffe Kappe des Muselmanen, birgt seine Hose nicht einen steinharten *dang*?«

»Vielleicht sollte ich ihn mal holen gehen«, blickte der Paschtune weiterhin auf die Wand.

»Oh, oh.«

»Planst du irgendwelche Reisen, Rattles?«, fragte Jemima schwer und laut.

»Ich mache diesen Sommer ein Praktikum, sogar bei einer schottischen Firma. In Düsseldorf!«

»Oh. Ich wusste gar nicht, dass Margaret Thatcher irgendwelche schottische Firmen übriggelassen hat – außer McDonald's natürlich«, schlug sie ihre Augen auf. »Welche ist es denn?«

»McKinsey!«, rief Rattles und lachte laut über seinen eigenen Witz.

»Die kenne ich«, mischte sich Hurenlucy ins Gespräch. »Die verfassen diese Sexualreporte, nicht wahr?«

»Großartig!« Jock schlug die Hände zusammen und blickte zur Decke.

»Nein. Es ist eine Unternehmensberatung.«

»Sehr strebsam.« Hurenlucy sah Rattles misstrauisch an. »Warum machst du denn das? Warum gehst du nicht reisen? Geh interrailen. Oder nach Indien.«

»Da ist gerade Monsun.«

»Dann geh in die Berge. Geh irgendwohin, wo es schmutzig ist. Meinetwegen sogar nach Afrika. Safari mit Speer und der eigenen Blutkonserve im Rucksack, du weißt schon.«

»Speer?« Jock riss seine Knopfaugen auf.

»Warum nicht?«, rief Hurenlucy beleidigt.

»Wisst ihr, wie die Farmer Nairobi nennen?«, tönte Rattles mit breiter Brust. *»Nairobbery!«*

»Das ist so wahr!«, stimmte der Paschtune ihm zu.

»Die Beratung hingegen –«, griff sich Rattles ans Revers und setzte zu einem längeren Vortrag an. »Zwar studiere ich Ökonomie, in Wahrheit aber«, schloss er und machte, wieder einmal, sein Lieblingsgesicht, »interessiere ich mich für Musik. Bei uns liegt das nämlich im Blut. Mein Onkel, das schwarze Schaf der Familie, war in seiner Freizeit sogar Saxophonist bei einer Schweizer Rockband. Mit Sonnenbrille!«

»Als gesunder junger Mann kann man sich doch noch anders beschäftigen, als sich seinen Weg nach oben zu arbeiten.« Jemima lächelte und machte dabei zarte Bewegungen mit den Händen. »Aber du bist wunderbar – und so strukturiert, so präzise und genau! Ich bin mir sicher, dass du es schaffst.«

Wieder wurde irgendwo ein Fenster geöffnet, wieder ächzte ein Luftzug durch die Räume, wieder wanderten Rußfäden über den Tisch und zogen an den Kerzenflammen, die sich erneut im Wind neigten, mit einem kaum wahrnehmbaren Prasseln – dann krachte und rumpelte es erneut vor der Türe, und – mit einem Bündel Feuerwerkskörper unter dem Arm – stürzte Cartouche in das Zimmer, in einer tizianroten Samtjacke, deren Futter an den Ellenbogen hervorquoll, speckigen schwarzen Steghosen und in Rattles' Schuhen.

»Ach, du schon wieder!« Rattles hob seine Hand und sah sich dabei nach Jemima und Hurenlucy um. »Salve!«, warf er seinen Kopf in den Nacken und gackerte: »Sei gegrüßt!«

Nichts an Cartouches Gesichtsausdruck erinnerte mehr an den Cowboy, der vor einigen Stunden in Rattles' Zimmer gelegen und seinen Gin Tonic geleert hatte. Nun lag ein panischer Zug in seinem Blick, der über die Tische und Kommoden des Raumes wanderte; Flecken hatten sich auf seinen Wangen gebildet, und sein Haar war noch von der Druckstelle des Kopfkissens zerzaust; dabei brachte er es fertig, mit der einen Hand an seinem Champagner zu nippen und sich gleichzeitig mit der anderen Hand die Fliege zu binden.

»Habt ihr das bengalische Feuer gesehen?«, presste er hervor. »Es muss hier irgendwo herumliegen. Oh, verdammt!«

»Hurra, Feuerwerk! Endlich!«, rief Hurenlucy und klatschte in die Hände.

»Rattles!« Cartouche sah ihm fast flehentlich in die Augen. »Wo ist das bengalische Feuer?«

»Oh, das bengalische Feuer«, prustete Rattles drauflos. »Vielleicht liegt es hier irgendwo herum. In meinem Wohnzimmer!«

»Das ist so unhöflich«, unterbrach ihn Hurenlucy und drückte beleidigt ihr Kinn auf die Brust. »Er braucht Hilfe.«

»Rattlepoops, du musst mir helfen, die Raketen bleiben nicht im Boden stecken, andere fehlen. Und das Feuerwerk ist meine Verantwortung.«

»Verantwortung!«, rief Rattles, stand auf, drehte sich wie ein Tanzbär und breitete die Hände aus. »Verantwortung!«

»Los, auf!«, rief Jock ermutigend. »Das ist Ihre Stunde; was wir hier nun brauchen, ist ein wenig deutsche Effizienz. Lasst die Panzer rollen!«

Wenig später verfolgte die Festgesellschaft von der Sicherheit eines Balkons aus zwei schwarze Silhouetten, die unter ihnen durch das Schilf des Teiches von Claire Castle brachen. Beide hatten sich die Schuhe ausgezogen und die Hosen über die Knie gekrempelt; Cartouche fluchte, Rattles kicherte. Mit schwerem Flügelschlag stieg die Rohrdommel über ihnen auf, die sie aus ihrem Schlaf gerissen hatten; der Wind rauschte in den dunklen Bäumen, über ihnen schien der Mond, die erleuchteten Fenster des Hauses spiegelten sich im nachtschwarzen Wasser.

»Hier«, zischte Cartouche, »das ist genau die Stelle. Apricot hat sie ausgesucht, natürlich, die alte Schnepfe.« Er imitierte den Singsang ihrer Mädchenstimme: »Ihr *müsst* das Feuerwerk hier aufbauen. Mom und Dad *lieben* es, wenn sich die Raketen *gemütlich* im Wasser spiegeln.«

»Großartig! Fabelhaft!«, gackerte Rattles hinter ihm im Schlamm, »Ihr müsst *tot* sein.« Bevor sie das Haus verlassen hatten, hatten sie im Wohnzimmer eine Tüte mit weiteren Feuerwerkskörpern gefunden; einer Eingebung folgend, hatte er zudem alle leeren Champagnerflaschen eingesammelt, derer er habhaft werden konnte.

Sie drückten die Flaschen in den Teich, bis sie durch ihr eigenes Gewicht Halt auf dem moorigen Untergrund fanden; dann verteilten sie sie zwischen dem Schilf und steckten die Leitstäbe der Raketen in die aus dem Wasser herausragenden Hälse.

Der kalte Schlamm zog Rattles die Wärme aus den Knochen, Borsten standen von seinen Waden ab, die Lippen waren angelaufen, er zitterte. »Du brauchst mich nicht mehr, oder, Cartouche?«

»Jetzt geht der Spaß erst richtig los. Du hast auch mitgemacht!«

»Deine Show.«

»*Cheers, mate.* Und: Viel Spaß!«

Die Birkenstocksandalen des Hermaphroditen und Rattles' Schuhe von Ducker & Son lagen nebeneinander im schottischen Gras. Rattles griff zu und schritt zum Haus, den Kopf zwischen die Schultern gezogen, Hosenbeine umgeschlagen, die Ware aus der Turl Street in der Hand, und schob seine Zunge mal in die eine Backe, mal in die andere. Hinter ihm explodierte die erste Rakete; ihr Feuer tauchte Claire Castle und die applaudierende Festgesellschaft in das rote Licht bengalischen Feuers. Ein letztes Mal hielt er und wandte sich um.

Zwischen den Rauchschwaden, die über den Teich und das Schilf zogen, sah er die Gestalt von Cartouche von Flaschenhals zu Flaschenhals geistern. Mal schüttelte er vor glühenden Fontänen ein Raketenbündel über seinem Kopf; mal duckte er sich, während das leuchtende Magnesium wie Trauerweiden aus dem Himmel stürzte. Einmal stolperte er und fiel der Länge nach mit der ganzen Visage ins Wasser; dann fauchte eine Rakete über den Boden und krepierte mit jämmerlichem Geheul im Rhododendron. Doch kaum hatte er sich wieder aufgerafft, stiegen Kometen mit breitem Schweif hinter ihm empor, um, hoch oben am Himmel, in natriumgelbe Kugeln zu zerbersten. Ein Kanonenschlag ließ ihnen fast das Trommelfell platzen, und dann prasselten die kleinen Detonationen einer Bombette auf sie herab, im Smaragdgrün und Azurblau ihrer Kupfersalze, in Rubidiums Purpur, dem weißen Licht von Titan.

Als Rattles über die Kieselsteine der Einfahrt balancierte,

schossen die Corgis aus dem Hintereingang auf ihn zu und schnappten nach seinen Beinen. Er schlug mit seinen Schuhen um sich und hätte dabei beinahe Apricot eins übergebraten, die, den Hunden gebückt die Köpfe tätschelnd, nachgehuscht kam.

»Rattles, du warst großartig; der Abend ist deiner.«

»Alle Ehre«, verriet seine grimmige Miene die wahren Gedanken, »gebührt Cartouche.«

»Ach Unfug! Ihr wart beide fabelhaft! Am besten, du lässt deine Schuhe zum Trocknen hier.« Apricot, nun wieder ganz die nüchterne Hausherrin *in absentia*, wies mit dem Finger auf einen Haufen Gummistiefel. Eine herunterklappbare Sitzbank nahm die Längsseite des Umkleideraums ein, darüber hingen Berge zerschlissener Wachsjacken an der Wand. Die Flanke eines Boilers brummte, und ein Licht glomm hinter dem Klappschalter; um die Ecke ging es zur Küche, aus der die Stimme von Lady McMurray kam, begleitet von einem Flapsen.

»Ach ja, die brauchen wir«, griff Apricot nach einem Bündel von Hundeleinen und stellte den Corgis nach, die, laut kläffend, vor ihnen ins Wohnzimmer zu den Avocadoresten schossen.

Von der Gegenwart der älteren Herrschaften befreit, wiegte sich ein Rest der Festgesellschaft in einer Gruppe vor dem Kamin. Überall im Haus rumorte und polterte es, Schatten strichen durch Türrahmen, Klospülungen rauschten, weiche Schritte folgten festen über die Bohlen des ersten Stocks. *»Pump up the volume, pump up the volume, pump up the volume«*, kam es aus den Lautsprecherboxen, und der Libanese schüttelte dazu die Faust in der Luft. *»Dance! Dance! Dance!«* Mit angewinkelten Armen und spitzen Handflächen die Silhouetten altägyptischer Tänzerinnen imitierend, bewegten sich die beiden Paschtunen an Rattles vorbei, draußen vor den Fenstern wummerte dumpf das Feuerwerk, und mit einigen Augenblicken Verzögerung fing sich sein Licht in Gläsern und Dekantern, geisterte über die Porträts der Herrenreiter an der Wand.

»Ah, Rattles!«, streckten Hurenlucy und Jemima auf einem Chintz-Sofa ihre Hände in die Luft. »Erzähl uns von deinen Taten.«

Mit einem Seufzen ließ sich Rattles zwischen sie in die Kissen fallen. Irgendjemand drückte ihm ein Glas in die Hand.

»Und wisst ihr was?«, rief Rattles. »Cartouche hat mir gesagt, die Raketen würden nicht stecken bleiben. Was habe ich getan? Ich habe ihm Champagnerflaschen gegeben!«

Aus vollem Halse losbrüllend, ließ Rattles eine Hand auf seinen Schenkel herabsausen. Er fühlte, wie sich die Finger der Frauen auf seinem Rücken verschränkten.

»Krass!« Er hielt einen Augenblick lang inne, das Glas in der Hand, in seinem Kopf arbeitete es. Dann breitete sich ein Grinsen über sein Gesicht aus, von einem Ohr bis zum anderen, da er wusste, dass er diesmal alles durfte – und in diesem Moment, als sich ihm die Versprechungen der Britischen Inseln zu offenbaren begannen, küsste Rattles zuerst Hurenlucy, dann küsste er Jemima, und dann küssten sich beide Frauen gegenseitig. Hurenlucy löste Rattles' Fliege, während Jemima an seiner Smokinghose zog. Dabei hakte Rattles Jemimas Unterwäsche auf, und während ihre befreiten Brüste im Licht des Kaminfeuers auf- und abhüpften, zog sich Hurenlucy mit überkreuzten Armen die Bluse über den Kopf.

»In Afghanistan hat es damals schon im Oktober zu schneien begonnen –«, redeten die beiden Paschtunen auf Robert McMurray ein, hinter dem Sofa im Abseits, vor dem Fenster, Gläser auf der Höhe ihrer Bäuche haltend, jeweils die andere Hand in die Gesäßtaschen geschoben, so dass nur noch der

Daumen über die Naht ragte. Draußen endete das Feuerwerk mit Böllern und schickte Reflexionen über ihre Gesichter; sie vermieden es, auf die Gruppe vor dem Kamin zu blicken.

Apricot war auf den Flokatiteppich gesunken und kroch im Feuerschein in Rattles', Hurenlucys und Jemimas Richtung. Das Samtband war verloren gegangen, ihre Haare waren vors Gesicht gestürzt, und sie hielt eine Hundeleine über den Kopf, während einer der Paschtunen zum Akkordeon griff.

»Rattles! Bist du bereit für das Corgispiel?«

»Macht dir das Spaß, Rattles?«

»*Yes*, natürlich.«

»Bist du dir sicher?«

»Absolut.«

»Du bist wirklich ein *good sport*. Ich hätte niemals gedacht, dass ein Deutscher einen so guten Sinn für Humor hätte.«

»Einen *großartigen* Sinn für Humor.«

»Großartig! Fabelhaft!«

»Seid bloß nett zu ihm!«

»Du bist so ein interessanter und amüsanter Mann! Und für alles, was du getan hast, wirst du nun tausendfach belohnt –«

Nackt an einer Hundeleine wurde Rattles eine Stunde lang von Zimmer zu Zimmer durch das Haus geführt. Mal lachte er, warf seinen Kopf in den Nacken und heulte dazu wie ein Wolf; in anderen Momenten aber starrte er nur auf seine Hände, die wie Maschinen auf dem Teppich ihren Weg fanden. Einmal bat er um Ruhe und verbrachte die Pause in Embryonalstellung, seine Knie zum Kinn gezogen, die verbrannten Finger im Mund, und grinste dabei zur Festgesellschaft empor.

Während die Prozession durch die Flure von Claire Castle zog, saß Lady McMurray in der Küche, trug wieder ihre Schürze und rupfte, unter dem Geschrei ihres Kakadus, den Truthahn für den Sonntagsbraten; anschließend öffnete sie seine Haut mit einem Messer und schob Butter in die Schlitze, damit jene die gewünschte, besonders krosse Konsistenz annehmen würde. Vor dem Herd stand Cartouche, in eine Decke gewickelt, Rattles' Schuhe aus der Turl Street wieder an seinen Füßen.

»Ich glaube, du hast heute Nacht einen ganz tollen Job gemacht, Cartouche.«

Er vermied es, in ihr Gesicht zu sehen, und fuhr sich durch das Haar. »Der Anfang war holperig. Rattles hat mir geholfen.«

»Warum habt ihr ihm überhaupt diese klobigen Sandalen angedreht? Das war ziemlich unhöflich von euch. Ich glaube nicht, dass sie ihm gefallen haben. Hast du sein Gesicht gesehen?«

»Natürlich habe ich sein Gesicht gesehen. Aber er ist nicht rot geworden, weil er die Sandalen nicht gemocht hat. Er ist rot geworden, weil er schüchtern ist, das ist alles. Dein Mann hat sie ihm angedreht, damit er sich wohl fühlt, und er hat sich ziemliche Mühe dabei gegeben. Du hättest ihn vorher sehen sollen! Der arme Kerl sah furchtbar aus, in seinem Blazer. Die Sandalen kommen aus Deutschland. Er sollte sie mögen.«

»Ich glaube nicht, dass er mit dem Tausch einen guten Deal gemacht hat.«

»Seine Schuhe sind ziemlich eng, ich weiß überhaupt nicht, wie er in ihnen klargekommen ist.«

»Lauf sie doch ein.«

»Alles klar.« Cartouche hinkte aus der Küche in das Zimmer vor dem Hintereingang und nahm wahllos eine Wachsjacke vom Haken. Als er die Türe geöffnet hatte, drehte er sich im Rahmen noch einmal um, legte zwei Finger an die Stirn und salutierte. »Ich glaube, ich geh mal nach den Schweinen sehen.«

Ende.

And did those feet in ancient time,
Walk upon Englands mountains green:
And was the holy Lamb of God,
On England's pleasant pastures seen!

And did the Countenance Divine,
Shine forth upon our clouded hills?
And was Jerusalem builded here,
Among those dark Satanic Mills?

Bring me my Bow of burning gold:
Bring me my Arrows of desire:
Bring me my Spear: O clouds unfold:
Bring me my Chariot of fire!

I will not cease from Mental Fight,
Nor shall my Sword sleep in my hand:
Till we have built Jerusalem,
In Englands green & pleasant Land.

Dank

Matthias Landwehr (Agentur), Christine Marth (Lektorat), Felix Rudloff (Verlag)

sowie

Arabella Cecil, Caroline Curtius, GD, Graeme Hall, Charles Hammon, Kevin Knott, Christian Kracht, Paul Lawrence, Adrian Michaels, Eloise Napier, Eckhart Nickel, Harriet Quick, Michael Reinermann, Jonathan Scott, Matt Tillett, Alex Wilson, Elena Winkel.

Beim Zitat aus George Bernard Shaws »Pygmalion« auf Seite 49 wurde auf die Übersetzung von Harald Mueller zurückgegriffen.

Das Zitat auf Seite 95 f. stammt aus Philip Ziegler, »Mountbatten. The Official Biography« (London 1985), und wurde ins Deutsche übertragen von Carl von Siemens.

Das Zitat von Quentin Crisp auf Seite 230 wurde ebenfalls von Carl von Siemens übersetzt.

Seite 75: »Let's Remember Pearl Harbour«, Text von Don Reid, Melodie von Don Reid und Sammy Kaye (1941)

Seite 156: Cecil Frances Alexander: »Maker of Heaven and Earth (All Things Bright and Beautiful)« (1848)

Seite 165 und 182: »Cruising Down the River«, Text und Melodie von Eily Beadell und Nell Tollerton (1949)

Seite 167: William Blake: »The Tyger« (1794)

Seite 191: Thomas Pynchon: »Die Enden der Parabel«, Reinbek bei Hamburg 1981, S. 19

Seite 191 f: »Ebben? Ne andrò lontana« aus der Oper »La Wally« von Alfredo Catalani, Libretto von Luigi Illica (1892)

Seite 220: »Land of Hope and Glory« aus: Pomp and Circumstance March Nr. 1 von Edward Elgar, Text von Arthur Christopher Benson

Seite 245: »Jerusalem«, Text von William Blake, Melodie von Sir Hubert Parry (1916)

Steffen Möller

Vita Classica

Bekenntnisse eines Andershörenden

480 Seiten. Klappenbroschur

Während alle anderen Supertramp oder AC/DC hören, lauscht Steffen Möller schon als Jugendlicher den Klängen Brucknerscher Symphonien. Witzig und trotzig schildert er das Schicksal eines Außenseiters. Nicht die spottenden Klassenkameraden, nicht die ignoranten Eltern, ja nicht einmal die erbarmungslose Klavierlehrerin können ihn von seiner Passion abbringen. Steffen Möller hat uns mit seinem Bestseller »Viva Polonia« die kuriosen Aspekte der Deutschen und Polen nahegebracht. Hier gibt er seine intimste Seite preis, gibt launige Statements zur illustren Klassik-Szene und schenkt uns tiefe Einblicke in eine faszinierende Welt, die für viele noch zu einer echten Entdeckung werden kann.

Steffen Möller

Viva Polonia

Als deutscher Gastarbeiter in Polen

Band 18045

Ich habe weder polnische Vorfahren noch einen Onkel im Bund der Vertriebenen. Ich komme einfach nur aus Wuppertal. Während des Studiums habe ich aus Spaß einen Polnisch-Sprachkurs in Krakau gemacht. Dort war es toll, ganz anders, als ich erwartet hatte. In den Geschäften gab es alles, sogar Nutella, und die Menschen waren so offen. Ich beschloss, nach Polen auszuwandern und habe es in all den Jahren keinen einzigen Tag lang bereut. Nach der Lektüre dieses Buches soll mir niemand mehr sagen, er wüsste nicht, wo das gelobte Land liegt. Viva Polonia! Mit Steffen Möllers persönlichen Reisetipps, Lieblingsrezepten und skurrilsten Orte in Polen.

Fischer Taschenbuch Verlag

fi 18045 / 1

Stephan Kulle

40 Tage im Kloster des Dalai Lama

408 Seiten. Gebunden

Der Journalist und Theologe Stephan Kulle gehört zu den profiliertesten Kennern des Papstes und des Vatikans. Für dieses Buch suchte er den anderen großen religiösen Führer unserer Zeit auf, den Dalai Lama. In dessen Kloster im nordindischen Exil gewährten ihm die Mönche 40 Tage lang einen ungewöhnlich offenen Zugang zum Innersten des tibetischen Buddhismus. Von der einzigartigen Atmosphäre des Klosters fasziniert, spürt er auch den Sehnsüchten vieler Pilger aus dem Westen nach, die zu diesem mystischen Ort voller Gegensätze reisen, um für sich Sinn und Orientierung zu finden. Dabei reflektiert er sein eigenes Leben, die westliche Gesellschaft und den christlichen Glauben. Ein packender und inspirierender Blick in eine andere spirituelle Welt.

fi 4-15098 / 1

Heike Groos

Ein schöner Tag zum Sterben

Als Bundeswehrärztin in Afghanistan

272 Seiten. Gebunden

Ein Knall zerreißt die flirrende Luft auf der Jalalabad Road in Kabul. Dann Stille. Für vier junge deutsche Männer wird der Weg zurück in die Heimat zur Todesfalle. Heike Groos, Bundeswehrärztin in Afghanistan, ist eine der ersten, die die verletzten Soldaten am Ort des Selbstmordanschlags versorgten. Wie Groos sind sie im Glauben an den humanitären Charakter ihres Einsatzes an den Hindukusch gekommen. Doch was die Soldaten, was die Ärzte erwartet, ist die erbarmungslose Realität eines Krieges. Wohin mit dem Schrecken, der Angst, dem Hass, den Bildern, die auch bleiben, wenn man der Hölle längst entkommen ist?

Krüger Verlag

fi 2-0877 / 1